Michael Reuter

Abschied von Sterben und Tod?

Ansprüche und Grenzen der Hirntodtheorie

Mit einem Gespräch mit
Andrea Fischer

Verlag W. Kohlhammer

Die Deutsche Bibliothek – CIP-Einheitsaufnahme

Reuter, Michael:
Abschied von Sterben und Tod ? : Ansprüche und Grenzen der
Hirntodtheorie / Michael Reuter. - 1. Aufl.. - Stuttgart ; Berlin ;
Köln : Kohlhammer, 2001
(Ethik aktuell ; Bd. 5)
ISBN 3-17-016695-6

Inhaltsverzeichnis

Vorwort

Im evangelischen Wochenmagazin *Chrisma* (10/2000) wird das Gespräch mit einer Patientin aufgezeichnet, die das Herz eines »hirntoten« Organspenders empfangen hat. Sie sagt: »Fremd angefühlt hat sich das Herz nie. Aus Mannheim soll es sein, habe ich gehört. Mehr will ich nicht wissen. Ich lass mir kein schlechtes Gewissen machen. Der andere Mensch wäre auch ohne mich gestorben. Man darf sich mit solchen Gedanken nicht konfrontieren. Ich lese auch die Beipackzettel von den Medikamenten nicht, die ich nehmen muss. Da wird man ja verrückt« (S. 54).

Dieses Buch ist für alle geschrieben, die das Risiko des Nachdenkens eingehen wollen – auch und gerade angesichts der Erfolge einer *»segensreichen« Praxis der Organverpflanzung*. Denn die guten *Ziele* der Transplantationsmedizin, hier: die gewonnene Lebenszeit der Herzempfängerin, sollten unsere Neugier in bezug auf die *Qualität der eingesetzten Mittel* nicht betäuben. Der Einsatz dieser Mittel beruft sich auf die *Hirntodtheorie*. Die nämlich erklärt *unumkehrbar bewußtlose Menschen* für tot und schafft damit die entscheidende Voraussetzung für die Verpflanzung »lebenswichtiger« Organe. Denn die Entnahme von Herz, Lunge, Leber, Nieren, Bauchspeicheldrüse usw. aus dem »hirntoten« Körper kann nur dann legitim sein, wenn dieser bereits eine *Leiche* ist.

Daß der Mensch mit dem endgültigen Gehirnversagen stirbt, will nun auf den ersten Blick gar nicht einleuchten: sein Herz schlägt, er wird künstlich beatmet, und »hirntote« Frauen können sogar schwanger sein. Glaubt man den Verfechtern der Hirntodtheorie, so gibt es *schwangere Leichen*.

Die öffentliche *Debatte um den besonderen Todesbegriff der Transplantationsmedizin* ist mit der »Hirntod«-Schwangerschaft von Erlangen 1992 angestoßen worden und hat mit der Verabschiedung des *Transplantationsgesetzes* von 1997 vorläufig ihren Abschluß gefunden. Die neue Stille um den menschlichen Tod muß allerdings erstaunen. Denn das Gesetz definiert weder den Tod noch legt es den Todeszeitpunkt fest. Und das, obwohl vom richtigen *Verständnis des menschlichen Todes* die Zulässigkeit der Verpflanzung lebenswichtiger Organe abhängt – schließlich steht deren Vereinbarkeit mit dem *Tötungsverbot* auf dem Spiel.

Mein Buch beleuchtet die *Grenzen der Hirntodtheorie*. Seine These lautet: *Es gibt keinen »Hirntod«*; der *totale Hirninfarkt* wird von Hirntodtheorien *im Interesse von Behandlungsabbruch und Organverpflanzung* zum Tod des Menschen umgedeutet.

Die ersten beiden Kapitel formulieren den Bedarf an einer *philosophischen Auseinandersetzung* mit der Hirntodtheorie. Das *Tötungsverbot als Angelpunkt der Moral* darf weder durch Umdefinierung des Todes unterlaufen noch im Interesse der Lebensrettung Dritter eingeschränkt werden. *Motive und vermeintliche Gründe der Hirntodtheorie* diskutiere ich im vierten und fünften Kapitel. Es gelingt der Hirntodtheorie nicht, das Leben der schwangeren »Hirntoten« und anderer Intensivpatienten mit totalem Hirninfarkt als bloßes Scheinleben zu entlarven. Die *Toterklärung irreversibel Komatöser mit endgültigem Gehirnversagen* tendiert zu Auffassungen, die noch mehr lebende Menschen, als die Hirntodtheorie vorsieht, zu »Leichen« oder Nicht-Personen erklären und so für die Interessen der Gesunden und Überlebenswilligen verfügbar machen. Gegen die Ansichten von Teilhirntodtheorien und bioethischem Personismus verteidige ich im sechsten Kapitel *das Personsein von Schwerstkranken und die Menschlichkeit der Moral*.

Am Ende jedes Kapitels sind Lese-Hinweise aufgenommen, die die umfangreiche aktuelle Debatte dokumentieren. Dort finden sich die bibliographischen Einzelheiten der im Text durch die Angabe der Seitenzahl (mit Kurztitel) ausgewiesenen Zitate.

Die Bundesministerin für Gesundheit Andrea Fischer tritt im *Gespräch über »Hirntod« und Intensivmedizin* (Kapitel 3) für die *Menschenfreundlichkeit der Medizin* ein. Der Ministerin und ihrer Mitarbeiterin Dr. Ute Winkler danke ich für die freundliche Unterstützung meines Vorhabens, trotz der *Vielzahl aktueller (medizin-)ethischer Konfliktfelder* die Auseinandersetzung um Sterben und Tod fortzuführen. Das Gespräch mit Frau Fischer wurde im Februar 2000 in Berlin geführt und in der redigierten Fassung von ihr autorisiert. Für die Beteiligung an dem Gespräch danke ich Dr. Martin Wallroth. Ohne die Anregung, die Kritik und v.a. den stetigen Rat des Herausgebers der Reihe *Ethik aktuell*, Prof. Dr. Anselm Winfried Müller, wäre mein Buch nicht zustande gekommen. Ihm gilt mein besonderer Dank. Wo mein Buch hinter unseren Gesprächen zurückbleibt, liegt die Verantwortung allein bei mir. Der Austausch mit Prof. Dr. Gerhard Krieger, Walther Gose, Prof. Dr. D. Alan Shewmon und den Teilnehmern am philosophischen Kolloquium von A. W. Müller haben zu Klarstellungen, Korrekturen und Vertiefungen meiner Position beigetragen. Egon Reuter und meiner Frau Christina Krajinski verdanke ich hilfreiche Fragen und Vorschläge.

Trier, im Dezember 2000   Michael Reuter

1 Der »Hirntod« – ein Thema?

1.1 Todesverdrängung und Moralphilosophie

Der Tod ist kein Thema, so könnte man meinen. Im Alltag begegnet er nur in außerordentlicher Gestalt: als obligatorischer Mord der Fernsehunterhaltung oder Schreckensbild der schlechten Nachrichten. Ansonsten sind wir durch Krankenhäuser und Altenheime versichert, dem Tod nicht unerwartet und allzu oft zu begegnen. Der oft gestellten Diagnose der *Todesverdrängung* will ich nicht widersprechen. Zu deutlich bestimmen immerwährende Jugend und Fitneß den medial gestützten Entwurf gelungenen Lebens.

Allenfalls die Koketterie mit dem Tod wird zugelassen. Und die reicht bis ins Schönheitsideal hinein – die Bevorzugung einer *skeletal appearance* macht aus weiblichen Models »Knochenfrauen«. Nicht nur die Modeindustrie hat mit den Folgen – Eßstörungen und anderen Formen krankhafter Geringschätzung des eigenen Leibes – zu kämpfen. Der Tod muß, soll er wahrnehmbar und marktförmig sein, zur Sensation verkommen. In der Ausstellung »Körperwelten« gewinnt man der Leiche und Leichenteilen die Anziehungskraft ab, den offenkundig Pietät und Menschenwürde verloren haben. Die ästhetisierende Entfremdung des medizinischen Präparats und die Umwidmung der Leiche zum Kunstobjekt brechen mit Tabus, die zu den Bestandteilen unserer *Achtung vor dem Verstorbenen* zählen.

Eine Analogie der Verdrängung des Todes ist die aufdringliche Thematisierung der Sexualität. Die Besinnung auf den Tod findet kaum Anstöße im gesellschaftlichen Lärm, die Besinnung auf das Geschlecht keine Ruhepunkte. Der Umgang mit Sterblichkeit und Sexualität verfehlt deren Bedeutung als *tiefgreifende Bestimmungen des menschlichen Lebens*. Viele der vorgestellten »Ideale« schaden der Gesundheit, physisch wie psychisch. Aufklärung tut not.

Der Tod und das gute Leben

Nun tritt jedoch die Moralphilosophie nicht an, um der Todesverdrängung zu wehren. Sie kann jedoch *Entwürfe geglückten Lebens*, die wesentliche naturale Bedingungen menschlicher Existenz ausblenden oder verzerrt zur Sprache bringen, nicht übergehen. Solche Trugbilder vom Glück stehen ihrem Anliegen entgegen, *das Verhältnis von guter Handlung oder Tugend zum Glück des Menschen* zu entfalten. Die Vernachlässigung dieser Aufgabe zahlt die Moralphilosophie mit dem Verzicht auf ein angemessenes Verständnis von menschlicher Natur und Moral. Und wenn die Ethik den Versuch unterläßt, die Moral als dem Menschen zuträglich auszuweisen, läuft sie Gefahr, ein bloßes Sollen zu predigen: die gute Handlung bzw. das gute Leben werden dann ihrer Attraktivität beraubt.

Todesbegriff und medizinische Ethik

Mein Anliegen ist allerdings weniger ambitioniert als das angedeutete Ethik-Programm der Verhältnisbestimmung von Tugend und Glück. Ich beschränke mich auf die *Untersuchung der Begriffe von Leben und Tod im Bereich der medizinischen Ethik.*

Ich nenne einige Gesichtspunkte, die deutlich machen, daß die Analyse des Todesbegriffs zu den Grundlagen der medizinischen Ethik zu zählen ist: 1. Die *Aufgabe des Arztes* ist nicht zu verstehen, wenn nicht die Grenzen des Lebens bestimmt werden, in dessen Dienst der Arzt sein Tun stellt. Spätestens mit dem Tod enden die Pflichten des Arztes. Die Medizin-Geschichtsschreibung zeigt, daß die *Anzeichen des unabwendbaren Todes* dem Arzt bis in unser Jahrhundert hinein das Ende seiner spezifischen Aufgabe bedeuteten. Neue therapeutische Techniken werfen dann die Frage auf, ob Lebensverlängerung zu den ärztlichen Pflichten zählt (vgl. S. 129ff.). 2. Mit den Möglichkeiten der modernen Medizin, vor allem mit der Etablierung der *Organersatz-Therapie* und entsprechender Krankheitsbilder, tun sich Heilungs- und Linderungschancen auf, die von der Verfügung über menschliche Organe und Gewebe abhängen. Von der genauen Bestimmung des Todeszeitpunkts hängt unter intensiv- und transplantationsmedizinischen Bedingungen die Schonung und Erschließung von »*human resources*« im buchstäblichen Sinne ab; denn einer Leiche wird kein knapper Intensivpflege-Platz zur Verfügung gestellt. Und aus dem Körper eines Verstorbenen kann man Organe, Organteile und Gewebe für die Verpflanzung entnehmen, ohne töten zu müssen. 3. Das Interesse zu wissen, ab wann ein Kranker und nunmehr Sterbender nicht mehr spezifisch ärztlicher Zuwendung bedarf, ist im Bereich der Transplantationsmedizin dem *Interesse* gewichen, *den Todeszeitpunkt möglichst frühzeitig festzustellen*, um über »lebensfrische« Organe verfügen zu können.

Transplantation und Tötungsverbot

Mit der *Organverpflanzung* ist der engere Kontext meiner Auseinandersetzung mit Hirntodtheorien benannt. *Hirntodtheorien* nenne ich Auffassungen, die besagen, daß mit dem endgültigen Gehirnversagen, dem totalen Hirninfarkt (vgl. S. 48f.), der Tod des Menschen eintritt. Der Plural »Theorien« verweist auf die Vielfalt der Begründungen und Gestalten der Behauptung, der »Hirntod« sei der menschliche Tod. Die Verwendung des Singulars (Hirntodtheorie) ist insofern berechtigt, als zunächst nur Auffassungen in den Blick kommen, die zum Tod des Menschen den endgültigen Ausfall *aller* Gehirnfunktionen fordern. Die voneinander abweichenden Spezifizierungen einzelner Gehirnfunktionen spielen also kaum eine differenzierende, die »Hirntod«-Diagnostik beeinflussende Rolle. Das ist der Fall bei *Teilhirntodtheorien*, denen zufolge der Tod schon mit dem irreversiblen Ausfall bestimmter Gehirnteile eintritt.

Die Anführungszeichen (»Hirntod«) verweisen auf die These meines Buches und halten die Differenz von »Hirntod« und Tod des Menschen fest: *Der »Hirntod« ist nicht der Tod des Menschen. »Hirntote« leben, sie sind Patienten, keine Leichen.* Ich werde zeigen, daß Hirntodtheorien den Lebens- bzw. Todesbegriff falsch deuten und damit mittelbar einen Angelpunkt unserer Moral, das Tötungsverbot, in Frage stellen. Zur begrifflichen Verknüpfung von Todesfeststellung und Tötungsverbot nehme ich in Kapitel 6 Stellung

In Kapitel 5 zeige ich, daß die Hirntodtheorie unhaltbar ist. Die uneingeschränkte Geltung des Tötungsverbots wird insofern unterlaufen, als nach der Hirntodtheorie bestimmte Schwerkranke oder Sterbende als vermeintlich Tote aus seinem Schutzbereich ausgegrenzt werden. Die Begründungen für die Hirntodtheorie fördern zudem die Bereitschaft, auch das Leben anderer Patientengruppen, wie anenzephaler Neugeborener oder Apalliker, anzuzweifeln.

Daß das *Tötungsverbot* überhaupt der Verteidigung bedarf und in der Auseinandersetzung um den »Hirntod« in Frage gestellt oder umgedeutet wird, zeige ich weiter unten (ab S. 20). Zunächst benenne ich im folgenden Abschnitt verbleibende Fragen nach der »Hirntod«-Debatte und damit den *Bedarf einer Auseinandersetzung um den »Hirntod«* trotz der Vielfalt neuer Konfliktfelder der Medizinethik, die öffentliche Meinungsbildung und gesetzgeberische Entscheidung herausfordern.

1.2 Fragen an »Hirntod« und Transplantationsgesetz

Die Behauptung, die Einführung des »Hirntodes« rüttle an einem Angelpunkt der Moral, verlangt nach Belegen: Es scheint doch, als habe die umfangreiche, auch strittige »Hirntod«-Debatte der 90er Jahre einen breiten Konsens entdeckt bzw. herbeigeführt. Diesen *Konsens in bezug auf die Bestimmung des menschlichen Todes* schreibe das *Transplantationsgesetz* (TPG) von 1997 im Interesse der Rechtssicherheit fest: Mit dem unwiderruflichen Gehirnversagen stirbt der Mensch. Der Ausfall des Gehirns unter intensivmedizinischen Bedingungen, d.h. insbesondere bei künstlicher Beatmung und medikamentöser Stützung des Kreislaufs, kann nun unbeirrt für die Gewinnung »lebensfrischer« Organe fruchtbar gemacht werden. Die medizinethische Aufmerksamkeit müsse sich nun auf andere Konfliktfelder der modernen Medizin und Biotechnik richten: genetische Information und Manipulation, Fortpflanzungsmedizin, Züchtung und Verpflanzung von tierischem und menschlichem Gewebe usw.

Doch der Eindruck täuscht. Das TPG ist keineswegs Zeugnis eines begrüßenswerten Konsenses zur Verhältnisbestimmung von »Hirntod« und menschlichem Tod (vgl. S. 16f.). Auch die Zielvorgabe der Beratungen zu einem bundesweiten TPG wurde nicht erreicht.

Der damalige Bundesgesundheitsminister Horst Seehofer hat das bundesweite Gesetzgebungsverfahren 1994 mit dem Hinweis auf den »unwürdigen Zustand« eröffnet, daß Deutschland wegen mangelnder Spendebereitschaft »Organimport« betreiben müsse. Deutschland war und ist ein schwaches Glied im Reigen der in der Stiftung »Eurotransplant« um der wechselseitigen Unterstützung bei der Organverpflanzung willen zusammengeschlossenen Länder. Die Gesetzesinitiative zielte auf die »Steigerung des Organaufkommens«.

Die beispiellose öffentliche Debatte um den »Hirntod« in Deutschland, vor allem durch den *Erlanger Fall* von 1992 (vgl. S. 17ff.) veranlaßt, hat aber keineswegs die Bereitschaft erhöht, die eigenen Organe nach dem Tod oder dem »Hirntod« für die Transplantation zur Verfügung zu stellen. Im Gegenteil: Der Streit zwischen Verfechtern und Gegnern der Organverpflanzung bzw. der Hirntodtheorie hat (auch in Nachbarländern) zu einem *Rückgang der Spendebereitschaft* geführt.

Begrüßenswerte Zurückhaltung?

Zudem wird, wer wissen will, ob der »Hirntote« tot ist, und sich eine Antwort vom angesprochenen Transplantationsgesetz erhofft, enttäuscht. Denn das TPG enthält keine ausdrückliche Bestimmung des Todes oder des Todeszeitpunkts. Die Zurückhaltung des Gesetzgebers in Sachen Tod wurde vielfach begrüßt. Welche Art von Zurückhaltung ist aber gemeint?

Daß der Deutsche Bundestag nicht *definiert, was der Tod ist,* war zu erwarten. Ein solches Unternehmen fällt schlichtweg nicht in die Zuständigkeit des Gesetzgebers. Der Verzicht auf eine *Todesdefinition* verlangte kein Lob, er ist selbstverständlich. Daß das TPG aber *ohne eine Bestimmung des Todeszeitpunkts* auskommt, ist beim engen Zusammenhang von Tötungsverbot und Transplantationswesen m.E. kein Vorzug des Gesetzes.

Der »Hirntod« wurde im Gesetzgebungsverfahren außerordentlich kontrovers diskutiert. Gegner und Befürworter der Hirntodtheorie waren sich aber weitgehend einig, daß der »Hirntod« *Entnahmevoraussetzung* für die Organspende bleiben solle. Konservative Gegner der Hirntodtheorie, solche also, die den Tod nach wie vor durch den Eintritt des endgültigen Kreislaufversagens bestimmt sehen, nehmen in Kauf, daß das Tötungsverbot für »Hirntote« ausgesetzt werden müßte. Die »Hirntod«-Kritik dieser Autoren teile ich; aber die Einführung einer um das Tötungsverbot gekürzten »Ethik der Organverpflanzung« lehne ich (mit anderen »Hirntod«-Kritikern wie z.B. Hans Jonas und Alan Shewmon) entschieden ab (vgl. S. 42f.). Damit folge ich auch dem Gesetzgeber: Nach § 3 Abs. 1 Nr. 2 TPG ist die Entnahme von lebenswichtigen Organen – des Herzens, der Leber, beider Nieren usw. – nur zulässig, wenn der Tod des Spenders festgestellt ist. *Tötung durch Organentnahme* bleibt verboten.

Die Strittigkeit des »Hirntodes« ist es wohl, die dem Gesetzgeber Zurückhaltung bei der Bestimmung des Todeszeitpunkts geraten sein ließ. Der Gesetzestext gibt dennoch deutlich zu erkennen, daß seine Verfasser die Hirntodtheorie befürworten: Der Tod des Organspenders soll nach »Regeln, die dem Stand der Erkenntnisse der medizinischen Wissenschaft entsprechen«, festgestellt werden (§ 3 Abs. 1 Nr. 2 TPG). Den *Stand der medizinischen Wissenschaft* stellt nun nach § 16 TPG die *Bundesärztekammer* fest, die seit 1982 unverändert betont, der Mensch mit endgültigem Gehirnversagen sei tot. Zudem findet die *»Hirntod«-Diagnostik* Eingang in den Zweiten Abschnitt des Gesetzes, der mit »Organentnahme bei toten Organspendern« (vgl. § 3 Abs. 2 Nr. 2 TPG) betitelt ist. Obwohl der Gesetzgeber also

nicht behauptet, der »Hirntote« sei eine Leiche, ist die Hirntodtheorie im Gesetzestext präsent.

Welche Regeln, welcher Tod?

Gerade die *unausdrückliche Schieflage zugunsten der Hirntodtheorie* läßt Zweifel an der Tauglichkeit des Gesetzes aufkommen. Welche Funktion hat der Eintrag der »Hirntod«-Diagno-
stik in den Gesetzestext, wenn die *Etablierung von Regeln der
Todesfeststellung* gleichzeitig an die Bundesärztekammer verwiesen wird? Die Bestimmung zur »Hirntod«-Feststellung verliert
ihre Pointe, wenn die Bundesärztekammer neue Regeln zur Feststellung des Todes einführt. Ich entwerfe zwei Szenarien, in denen der »Hirntod«-Eintrag im TPG dysfunktional würde:
     1. Nehmen wir an, die ärztliche Standesorganisation besinne
sich eines Tages auf den *alten Todesbegriff*, revidiere also die
Hirntodtheorie. Die Regeln zur Feststellung des »Hirntodes«
sähe man nicht länger als Regeln zur Todesfeststellung an. Es
gälten ausnahmslos die Regeln zur Todesfeststellung, die den
endgültigen Ausfall von Atmung und Herzschlag anzeigen. Der
»Hirntod« hätte allenfalls diagnostischen Wert in bezug auf die
Wiederbelebungszeit nach Herzstillstand (vgl. S. 102ff.). Die
Forderung des Gesetzes, vor der Organentnahme den »Hirntod«, also einen *Zustand des Sterbenden*, zu dokumentieren, wäre überflüssig. Unter dem Zeit- und vor allem Kostendruck im
Gesundheitswesen ist eine solche Forderung nicht einzusehen.
Für die Organentnahme bei toten Organspendern bedeutete die
Rückkehr zum herkömmlichen Todesbegriff allerdings nicht nur
eine diagnostische Beschränkung: Wenn der »hirntote« Organismus keine Leiche ist, darf man aus ihm keine lebenswichtigen
Organe entnehmen; und nach dem endgültigen Kreislaufstillstand kann man manche Organe (z.B. Herz und Lunge) nicht
mehr verpflanzen.
     2. Ebenso würde die Gesetzesbestimmung obsolet, wenn die
Bundesärztekammer eines Tages Regeln der Todesfeststellung
aufstellte, nach denen ein Tod schon vor dem Ausfall der »Gesamtfunktion des Großhirns, des Kleinhirns und des Hirnstamms« (§ 3 Abs. 2 Nr. 2 TPG) festgestellt werden könnte.
Solch einen Todesbegriff verfechten Vertreter von *Teilhirntodtheorien*, denen bereits das endgültige Funktionsversagen der
Großhirnrinde als Todeszeichen gilt (vgl. S. 189f.). Jetzt würde
die »Hirntod«-Diagnostik die Organentnahme aus der Leiche
nur zu Lasten der Vitalität der Organe verzögern.

Ein Einwand könnte lauten: Die »offene Flanke« des TPG zugestanden, hält doch die »Schieflage« zugunsten der Hirntodtheorie einen Todesbegriff fest, an dem sich auch die Regeln, die die Bundesärztekammer für die Todesfeststellung angibt, orientieren müssen. Meine Szenarien verkennen diesem Einwand zufolge den *Unterschied zwischen Todesbegriff und Regeln zur Feststellung des Todes*. Nur letztere fallen in die Zuständigkeit der Bundesärztekammer bzw. der medizinischen Wissenschaft. Immerhin ist im Gesetz von *Erkenntnissen* und nicht von *Konventionen* einer Standesorganisation die Rede. Der Todesbegriff aber sei hinreichend negativ ausgegrenzt, indem die »Hirntod«-Diagnostik in den Gesetzestext Eingang gefunden habe.

Dieser Unterscheidung von Todesbegriff oder Todesdefinition und Regeln zur Feststellung des Todes und der Betonung des Vorrangs des Todesbegriffs vor Regeln zur Feststellung des Todes stimme ich uneingeschränkt zu (vgl. S. 63). Das TPG zeugt aber gerade nicht von einem klaren Bewußtsein dieser Unterscheidung und scheint unkritisch die Definitionsversuche der Bundesärztekammer anzuerkennen. Die Unzulänglichkeit des Gesetzes bleibt daher Anlaß für die Frage, ob der »Hirntod« die Bestimmungen zur Leichenspende unterläuft und damit das Tötungsverbot aushöhlt.

Kinder »hirntoter« Eltern

Das Transplantationsgesetz markiert den Endpunkt der medizinethischen und -rechtlichen Debatte um den »Hirntod« in Deutschland. Ausgangspunkt der breiten öffentlichen Infragestellung der Hirntodtheorie war 1992 der *Erlanger Fall*: Ärzte versuchten die Schwangerschaft einer jungen Frau nach dem Eintritt des »Hirntodes« infolge eines Verkehrsunfalls bis zur Entbindung fortzuführen. Der Versuch schlug fehl, nach fünf Wochen medizinischen Bemühens kam das Kind in der 20. Schwangerschaftswoche tot zur Welt.

Die Frage drängt sich auf: Wie kann eine Frau schwanger und tot zugleich sein? Ein Jahr zuvor war, von den Medien bis dato unbemerkt, in Stuttgart das gesunde Kind einer »hirntoten« Mutter zur Welt gekommen. Die abnehmende mediale Präsenz des »Hirntodes« nach Verabschiedung des TPG von 1997 belegt die Nachricht von der Entbindung einer »Hirntoten« Anfang des Jahres 2000 in Spanien: In deutschen Tageszeitungen fand die Geburt des Kindes einer »Hirntoten« nur als Randnotiz Berücksichtigung.

Angesichts der Behauptung, eine tote Frau könne schwanger sein und ein gesundes Kind entbinden, geraten Hirntodtheoretiker in *Erklärungsnot*. Erst recht mag man nicht glauben, »Hirntote« seien Leichen, wenn Forscher behaupten, man könne eine »hirntote« Frau mit Samen eines »Hirntoten« befruchten und eine Schwangerschaft erfolgreich bis zur Kaiserschnittgeburt führen. Fortpflanzung oder Zeugung und Schwangerschaft dürfen nach der Hirntodtheorie nicht mehr zu den Merkmalen menschlichen Lebens zählen, wenn mittels zweier »Leichen« lebende Kinder zur Welt gebracht werden können. Mit Hans Jonas, dem frühesten und bekanntesten Gegner der Hirntodtheorie, bin ich der Auffassung, daß die Schwangerschaft »hirntoter« Frauen ein deutlicher Beleg für die Falschheit jedweder Hirntodtheorie ist. Wie ist aber zu erklären, daß der »Hirntod« mit dem Erlanger Fall nicht aus dem Vokabular der interessierten Öffentlichkeit verstoßen wurde?

Der öffentliche Protest anläßlich des Erlanger Falls richtete sich nicht zunächst und vor allem auf die Untauglichkeit der Hirntodtheorie. Die meisten Kritiker der ärztlichen Entscheidung für das Leben des Kindes empörten sich vielmehr über das Vorgehen der Klinik, die vermeintliche »Verzweckung« des mütterlichen Körpers als »Brutkasten«. In besonders perfider Weise sah man die in der Abtreibungsdebatte formulierten Ansprüche der Frau (»mein Bauch gehört mir«) mißachtet, um ärztlicher Willkür Tür und Tor zu öffnen. Hätte sich die öffentliche Empörung unmittelbar auf das *Todeskriterium* bezogen, müßte es verwundern, daß die Entscheidung der Ärzte für das Leben des Kindes nicht von vielen begrüßt wurde. Nehmen wir meiner noch zu entfaltenden These folgend an, daß eine »hirntote« Frau lebt. Dann ist ihre Entscheidung zugunsten des Kindes – nur des Arguments halber will ich annehmen, allein auf diese käme es an – zum Zeitpunkt des Unfalls, der sich jenseits der 12. Schwangerschaftswoche ereignete, bereits gefallen. Die Ärzte könnten sich also als Sachwalter der Komatösen verstehen, wenn sie das Leben der Mutter bis zur Geburt des Kindes aufrechterhalten.

Der Erlanger Fall zeigt: Die »Hirntod«-Debatte nimmt ihren Ausgang nicht von einer direkten Infragestellung der Hirntodtheorie, sondern von der Kritik an einem vermeintlichen Angriff auf die *Autonomie der Frau* bzw. von Patienten überhaupt. In der Folge wird die Hirntodtheorie verdächtigt, den Tod bzw. seine vorzeitige Bestimmung für die Organverpflanzung ebenso wie für das medizinische Experiment einer »Leichen-Schwangerschaft« zu instrumentalisieren: Die »hirntote« Schwangere muß tot sein, nicht nur, um über ihr Leben verfügen zu können, sondern auch, um die gegenwärtige Praxis der Organentnahme, zu deren zentralen Voraussetzungen der »Hirntod« zählt, nicht zu gefährden. Wird zugestanden, daß die »hirntote« Schwangere lebt, ist die Entnahme des Herzens und anderer lebenswichtiger Organe von »Hirntoten« nicht länger zu verteidigen, ohne das Tötungsverbot außer Kraft zu setzen.

Es stellt sich das Problem, den *Tod des Organspenders* nicht mit dem *Leben der Schwangeren* vereinbaren zu können; u.U. könnte also die Organverpflanzung nicht länger gerechtfertigt werden. Eine mögliche Lösung dieses Problems wird in einigen Kommentaren zum Erlanger Fall angedeutet. Man spricht dann von der »Mutter-Kind-Symbiose« und meint, die Schwangerschaft bedinge die außergewöhnliche Stabilität des mütterlichen Kreislaufes trotz des totalen Hirninfarkts. Andere »Hirntote«, auf die kein fötales Leben »abfärbt«, könnten gar nicht so lange weiterbeatmet werden wie Schwangere. Die Hypothese vom unaufhaltsamen, nur durch eine bestehende Schwangerschaft aufgeschobenen Verfall des »hirntoten« Körpers ist jedoch nicht haltbar (vgl. S. 49f.). Und schon unabhängig von empirischen Belegen zu Überlebenszeiten im »Hirntod« ist nicht einsichtig, daß die Schwangerschaft den postulierten Todeseintritt durch Hirnversagen »aussetzen« soll, wenn das angesprochene Lebewesen nicht mehr die Mutter, sondern so etwas wie ein *Superorganismus von Mutter und Kind* ist.

Die Autonomieforderung als Motor der Hirntodtheorie

Das primäre Anliegen vieler Kritiker der Hirntodtheorie ist die Verteidigung der *Selbstbestimmung des Patienten*: Die Schwangere soll nicht zum Spielball medizinischer Interessen werden; der »Hirntote« soll nur bei entsprechender höchstpersönlicher Vorausverfügung zum Organ-»Spender« werden dürfen. Zur Forderung von *Autonomie im Bereich von Krankheit und Sterben* nehme ich nur insoweit Stellung, als der Todesbegriff selbst im Horizont der Autonomieforderungen neu- oder umgedeutet wird. Die Tauglichkeit einer medizinischen Ethik, die vom Prinzip der Autonomie her entworfen wird, diskutiere ich also nur mittelbar.

Der Historiker Martin Pernick hat die Entstehung der Hirntodtheorie am Leitfaden der *Paternalismus-Kritik und Autonomie-Forderung* im Gesundheitswesen für die Vereinigten Staaten nachgezeichnet. Er unterscheidet eine pro- von einer antimedizinischen Phase der Verteidigung der (Ganz-)Hirntodtheorie. Um den Verdächtigungen einer zunehmend medizin- und arztkritischen Öffentlichkeit und ihren Vorwürfen des »Organ-Raubmordes« zu entgehen, hätten Transplantationsmediziner in den 60er Jahren den »Hirntod« eingeführt. Die Phase einer »promedizinischen« Verteidigung der Hirntodtheorie werde Anfang der 80er Jahre von einer »antimedizinischen« Inbesitznahme der Hirntodtheorie durch die Patientenrechte-Bewegung abgelöst. *Death-with-dignity*-Kampagnen wehren der zunehmenden Medikalisierung des Todes und erkennen in Euthanasie und »Hirntod« taugliche Mittel, um ärztliche Willkür am Lebensende zu unterbinden. Außerdem widerstehe die medizinkritische Öffentlichkeit durch ihr »antimedizinisches« Beharren beim klassischen »Hirntod«-Kriterium dem zunehmenden Interesse der Transplantationsmedizin, auch solche Patienten für tot zu erklären, die nur Teilfunktionen des Gehirns, vor allem aber das Bewußtsein, unwiderruflich verloren haben.

Die Verdrängung des Tötungsverbots

Das Transplantationsgesetz hält unmißverständlich daran fest, daß der Mensch, dessen Organe für die Transplantation entnommen werden, durch die Organentnahme nicht zur Leiche werden darf. Organspende darf nicht Tötung sein. Daß meine These von der *Infragestellung des Tötungsverbots im Kontext der medizinethischen Diskussion des Lebensendes* dennoch nicht der Grundlage entbehrt, zeige ich anhand dreier Gruppen von Vorschlägen (1.3 bis 1.5), die unbewußt oder sehr bewußt eine Revision der Moral im Umfeld von Organentnahme und Todeszeitbestimmung einleiten.

1.3 Die Aufhebung des Tötungsverbots im Interesse der Therapie

Nicht nur in Deutschland stehen im Zentrum der »Hirntod«-Debatte die kaum bezweifelten *Erfolge der Transplantationsmedizin.* Sieht man einmal von der Lebendspende und sogenannten *»non-heart-beating cadaver donors«* (vgl. S. 161f.) ab, ist der »Hirntod« *Entnahmevoraussetzung* von Herz, Lunge, Leber und anderen lebenswichtigen Organen. Die Frage, ob die Voraussetzung einer »segensreichen« medizinischen Praxis mit dem menschlichen Tod zusammenfällt, scheint manchem überflüssig.

In den Beratungen des Bundestages zum TPG bringt ein Abgeordneter diese Auffassung auf den Punkt, wenn er sagt: »Verfügbar ist und bleibt, egal wie man das nennt, der Körper eines Hirntoten. ... Ob man das Leben nennt oder nicht, das spielt dafür überhaupt keine Rolle«.

Und in der Tat plädieren sowohl Befürworter als auch Kritiker der Hirntodtheorie für eine Aufrechterhaltung der Transplantationsmedizin. Das »Hirntod«-Kriterium soll nach Auffassung der Kritiker zwar als Todes-, nicht aber als Entnahmekriterium abgeschafft werden; der Hirntod markiere den Punkt im Sterbeprozeß, ab dem *Tötung durch Organentnahme* erlaubt sei. Unstimmigkeiten herrschen fast ausschließlich über die weiteren Entnahmevoraussetzungen, im besonderen über die Notwendigkeit der persönlichen Zustimmung zur Organ-»Spende«.

Viele scheinen heute bereit, Verfügung über das menschliche Leben zuzulassen, wenn die Heilung von Krankheiten in Aussicht gestellt wird. Diese Bereitschaft ist gegenwärtig in der Diskussion um die Klonierung embryonaler Zellen zu beobachten. In der Ausgabe der Wochenzeitung *Die Zeit* vom 31. Mai 2000 wird zur Ablehnung der sogenannten »verbrauchenden Embryonenforschung« bemerkt, man solle bedenken, daß diese Forschung später einmal lebensrettende Therapien und Medikamente hervorbringen könnte. Der Autor führt aus: »Wer würde den Import solcher Mittel verbieten? Das verstieße gegen den freien Welthandel. Und gegen die Moral«.

Die genannte Einstellung erhöht wahrscheinlich die Bereitschaft, die Hirntodtheorie unbesehen zu übernehmen. Auch wer die Bereitschaft zur Organspende wie die Kirchen in einer gemeinsamen Erklärung von 1990 ein »Zeichen der Nächstenliebe und Solidarisierung mit Kranken und Behinderten« (S. 26) nennt, erschwert eine vorbehaltlose Auseinandersetzung mit der Hirntodtheorie.

Ein besonderer Tod

Die evangelische und die katholische Kirche stehen nicht in dem Ruf, das Tötungsverbot in medizinethisch sensiblen Bereichen zur Disposition zu stellen. Daß dennoch die *Versuchung* hoch ist, das Tötungsverbot im Sinne des Machbaren auszuhebeln, zeigen Forderungen nach »bereichsspezifischen« Todeskonventionen im Interesse der Organempfänger. Auch die immer wieder erhobene Forderung, zur Meinungsbildung über den »Hirntod« sollte insbesondere die Darstellung der Situation von

Kranken gehören, deren Leben von einer möglichen Organspende abhängt, weist in dieselbe Richtung: Man spricht dann von einer »Interessenabwägung« oder gar von der »Interessenkollision« zwischen dem Sterbenden und dem ein Transplantat ersehnenden Kranken.

Die Umschreibung einer solchen Interessenlage ist es wohl, die Peter Schick veranlaßt, die *Hirntodtheorie als Todes-Konvention* zu deuten. Er meint, unter bestimmten anthropologischen Vorstellungen der »Geistigkeit als Wesenskriterium des Menschseins« (S. 127) hätten Mediziner und Juristen einen Kompromiß geschlossen, demzufolge der Tod des Menschen bereits beim Gehirnversagen festzustellen sei. Auch Gerhard Pendl behauptet in seinem Buch *Der Hirntod*: Der Nachweis des Todeszeitpunktes sei eine »konventionelle Festlegung aus rechtsmedizinischen und auch juristischen Gründen« (S. 5). Einschränkend mahnt Schick, die den »Hirntod« betreffende Konvention zwischen Ärzten und Juristen gelte nur im »engen medizinrechtlichen Bereich des Abbruchs von Intensivbehandlungen und der Transplantationsmedizin« (S. 127): »Der Hirntod ist nur dann als ›Tod im Sinne des Gesetzes‹ zu qualifizieren, wenn hinter der Todesfeststellung Explantationsinteressen stehen oder zumindest das Interesse des Abbruchs einer Intensivbehandlung« (S. 128).

Hinter der Position von Schick steht wohl die *Überzeugung, der Todeszeitpunkt sei überhaupt eine Sache der Verabredung,* das Sterben ein kontinuierlicher Prozeß, in dem keine Zäsur eindeutig den menschlichen Tod markiert. Wenn es also ein berechtigtes Bedürfnis gibt, die Behandlung des »Hirntoten« abzubrechen bzw. seine Organe zu explantieren, dann könne – nur in diesen Fällen – der Tod bereits mit dem Eintritt des totalen Gehirnversagens festgestellt werden.

Eine implizite Voraussetzung dieser Position teile ich: Dem noch nicht Verstorbenen darf kein lebenswichtiges Organ entnommen werden. Tötung durch Organentnahme ist nicht erlaubt. Zum Behandlungsabbruch werde ich in Kapitel 4 ausführlich Stellung nehmen. (Ich denke, daß i.d.R. nicht erst mit dem Tod die Behandlungspflicht des Arztes erlischt; vgl. S. 129ff.). Die vorgestellte Position verkennt allerdings einen wichtigen Bestandteil unseres Todesbegriffs: *Der Tod ist keine konventionelle Größe.* Die Verwendungsbedingungen des Todesbegriffs gehen auch unter intensivmedizinischen Bedingungen nicht in unsere Verfügungsgewalt über. Mit einer medizinisch-juristischen »Todes-Fiktion« zugunsten der Transplantationsmedizin werden vielleicht Kontroversen vermieden. Das ist aber noch kein hinreichender Grund dafür, daß wir unseren Todesbegriff, der die

Natürlichkeit des Todes und damit seine *Unabhängigkeit von interessierten Vereinbarungen* umfaßt, in den genannten Fällen aufgeben sollten.

Bindet man die Definition des Todes derart eng an Interessen und Bedürfnisse wie Schick (der Bedürftige kann potentieller Organempfänger, aber auch der Arzt sein, der den Abbruch der Intensivbehandlung verantworten muß), ist nicht nachvollziehbar, warum nur Hirntodtheorie und Intensiv- bzw. Transplantationsmedizin ein eigener Tod zustehen soll. Warum sind nicht auch andere Bedürfnisse als die nach lebensfrischen Organen oder Entbindung von Verantwortung für die medizinisch-juristische Konvention maßgeblich? Und warum sollte man sich in den genannten Bereichen gerade auf die Hirntodtheorie einigen, wenn z.b. Teilhirntodtheorien größere Organressourcen erschließen würden? Apalliker und Anenzephale wären wohl die nächsten, kaum aber die letzten Opfer bedürfnisorientierter, von begrifflicher Kohärenz und Moral losgelöster Todeskonvention. Ein Ende der schiefen Ebene von Todes-Vereinbarung und Berechtigung tödlicher Eingriffe ist nicht abzusehen.

Die faktische *Instrumentalisierung des Todesbegriffs* ist offensichtlich. Die Vermeidung der Kollision mit Forderungen der Moral gelingt aber nicht, wenn moralische Angelpunkte wie das Tötungsverbot zur Verhandlungssache von Experten, seien sie Mediziner, Juristen oder Philosophen, erklärt werden. Schicks Deutungsversuch zur Hirntodtheorie verfehlt die Natürlichkeit des Todesbegriffs und unterläuft das Tötungsverbot.

Heilungsabsicht und Versuchlichkeit

Die uneingeschränkte Bejahung des Tötungsverbotes bei gleichzeitiger Förderung des Transplantationswesens (durch die Kirchen, das Transplantationsgesetz und die meisten Teilnehmer an den Auseinandersetzungen um den »Hirntod«) erlaubt noch keinen Rückschluß auf die Angemessenheit der Hirntodtheorie. Bei der Berufung auf das Tötungsverbot könnte es sich, wie der Theologe Dietmar Mieth meint, um ein »Vogel-Strauß-Argument« (S. 461) handeln: Zweifel am Tod des »Hirntoten« würden vielleicht im Interesse von Behandlungsabbruch oder Organentnahme gar nicht erst zugelassen (Mieth: »Lieber halte ich jemanden für tot als für lebend, wenn ich lebensbeendend in ihn eingreifen soll«). Vertreter verschiedenster Teilhirntodtheorien, die weniger zum menschlichen Tod fordern als den Ausfall *sämtlicher* Hirnleistungen, scheinen nur zu bereit zu sein, die

Todesgrenze gerade so zu ziehen, daß das Organaufkommen vergrößert wird. Das *Tötungsverbot* wird dann *als Funktion einer willkürlichen Todeszeitbestimmung* unterlaufen.

Im Zusammenhang mit der Kindstötung hat Anselm Müller auf den häufig tabuisierten Aspekt der *Versuchlichkeit* aufmerksam gemacht: »Befürworter der öffentlichen Euthanasie-Debatte reden über deren Bedeutung, als wären Menschen ... nicht ganz einfach der verständlichen *Versuchung* ausgesetzt, sich der Sorge und Mühe um schwer behinderte Kinder zu entledigen« (S. 463). Meine Fragen schließen sich an diese Überlegung an: Könnten nicht die Ärzte einer Gesellschaft, die allzu willig die Verantwortung am Lebensende an Pflegeheim und Krankenhaus abtritt, schlicht *versucht* sein, das Gehirnversagen zum Todeszeichen zu erklären? Durch eine solche Vorverlegung des Todeszeitpunkts werden doch nicht nur bestehende Kapazitäten, nämlich teure Pflegeplätze auf den Intensivstationen, geschont, sondern zudem neue Ressourcen, nämlich transplantable Organe, erschlossen und damit Chancen der Lebensrettung aufgetan.

Der *Spiegel* kommentierte in seiner Ausgabe 10/1997 die erste, 30 Jahre zuvor durchgeführte Herzverpflanzung wie folgt: »Aus zwei unwiderruflich dem Tode geweihten Körpern war ein überlebender entstanden – Triumph und Sündenfall der modernen Medizin zugleich« (S. 231). Nüchterner meint Peter Singer, die Hirntodtheorie sei trotz ihres revisionären Charakters nahezu unwidersprochen geblieben, da »Hirntote« nichts gegen ihre Toterklärung einwenden könnten, alle anderen aber von deren »Tod« profitierten: die Familien der »Hirntoten«, die Krankenhäuser, Transplantationschirurgen, Organempfänger, Menschen, die sich vorstellen, eines Tages selbst ein Organ zu benötigen, und solche, die befürchten, an einem Beatmungsgerät nach dem »Hirntod« am Sterben gehindert zu werden, die Steuerzahler und schließlich die Regierung. Menschen mit totalem Hirninfarkt für tot zu erklären, war nach Singer ein bequemer Weg, ihre Organe für die Transplantation verfügbar zu machen und ihre Behandlung abzubrechen.

Vielleicht überzeichnet Singer die Vorgänge um die *Umdefinierung des Todes*. Man wird nicht annehmen dürfen, allen »Beteiligten« sei in gleicher Weise bewußt gewesen, daß die »Erfolge« der Organverpflanzung um den Preis erkauft sind, den Geltungsbereich des Tötungsverbots durch Toterklärung eines bestimmten Patientenkreises einzuengen. Der von Singer angedeutete *Kalkül um den Nutzen der Hirntodtheorie* scheint mir aber tatsächlich eine große Rolle bei der *Aufweichung des Tötungsverbots* zu spielen.

Es liegt nahe, auf die Versuchlichkeit durch die Erfolge der Transplantationsmedizin aufmerksam zu machen. Denn tatsächlich sind Kritiker der Hirntodtheorie bereit, das Tötungsverbot um der Organverpflanzung willen in Frage zu stellen (vgl. S. 28ff.). Um so wichtiger ist es, an *moralische Grenzen des Machbaren* zu erinnern und die Einsicht zu stützen, daß der gute Zweck nicht die Mittel heiligt.

Moralische Grenzen des Könnens

Was die Transplantationsmedizin kann, ist nur als Leistung oder Erfolg zu beschreiben, wenn die transplantierten Organe *rechtmäßig* entnommen werden. Die Tatsache allein, daß die transplantierten Herzen, Nieren, Lebern, Lungen etc. vielen Schwerstkranken das Überleben ermöglichen oder die Lebensqualität vieler Patienten erhöhen, ist nicht hinreichend für die Erlaubtheit der Organentnahme. Der Zweck heiligt auch in der Medizinethik nicht die Mittel.

Das erkennen wir ohne Zögern an, wenn wir uns etwa über die Organbeschaffung von zum Tode Verurteilten in China empören oder die Kommerzialisierung der Organspende ablehnen. Unbestritten ist, daß der Ausschluß unerlaubter Mittel sehr schmerzhaft sein kann. Das gilt wohl für viele Möglichkeiten der Organverpflanzung (v.a. für die Verpflanzung von Herz, Leber und Lunge), wenn die These meines Buches stimmt. Dennoch verlangt die Moral von uns, mit diesen Beschränkungen zu leben.

Das mag ein Beispiel verdeutlichen: Nazi-Besatzer in Belgien nehmen eine wichtige Persönlichkeit des Widerstandes fest. Die Freunde des Gefangenen sind gewiß, daß ihr Mitstreiter unerträglicher Folter ausgesetzt werden und schließlich die Namen vieler Widerstandskämpfer preisgeben wird. Dürfen sie ihn daher, sollte sich die Gelegenheit ergeben, vor seinem Verschwinden in die Folterkeller der Nazis erschießen? Der Kalkül, der sein Leben gegen das der vielen in naher Zukunft Gefährdeten aufrechnet, ist moralisch belanglos. Wir wissen, daß wir auch unter widrigsten Bedingungen einen Unschuldigen nicht töten dürfen.

Einige Beiträger zur politischen Diskussion um den menschlichen Tod übersehen die Beschränkung des moralisch Möglichen durch die Forderung, *moralisch untadelige Ziele nur mit erlaubten Mitteln zu verfolgen*. Bei der Vorgabe zum Gesetzgebungsverfahren, daß das »Organaufkommen« durch ein Transplantationsgesetz gesteigert werden müsse (Horst Seehofer), vermißt

25

man einen Hinweis auf die Voraussetzungen und Grenzen dieses Unternehmens, seien sie moralischer oder anderer Art. Im nachfolgenden Gesetzgebungsverfahren wurden nicht selten der Todesbegriff der Hirntodtheorie und seine Alternativen allein danach bewertet, welche Auswirkungen sie jeweils auf das Organspendevolumen hätten.

Die Ausweitung der therapeutischen Möglichkeiten droht, zum alleinigen Maßstab des Machbarkeits-Urteils in Sachen Transplantation erklärt zu werden. Dann stehen allerdings noch ganz andere Möglichkeiten zur Rekrutierung von Organspendern offen als die Manipulation des Todesbegriffs.

Das Los entscheidet

Die ausdrückliche Abschaffung des Tötungsverbots im Interesse der Transplantationsmedizin und ihre Konsequenzen bedenkt John Harris. Er stellt eine »Überlebens-Lotterie« zur Diskussion, deren freiwillige Teilnehmer das Risiko, zum Opfer der Organentnahme zu werden, in Kauf nehmen, um im Zweifelsfall selbst von der Tötung eines anderen Lotterie-Teilnehmers zu profitieren. Motiviert ist die Teilnahme an der Lotterie dadurch, daß die Zahl der Organempfänger die Zahl der Opfer übersteigt. Jedem Getöteten können mehrere gesunde Organe entnommen werden, die mehreren Patienten zugute kommen.

Im einzelnen sollen wir uns vorstellen: Das Leben von Y und Z sei nur durch Organverpflanzung zu retten. Y benötige ein neues Herz, Z eine neue Lunge. Nun fordern Y und Z, den gesunden A zu töten, um ihr Leben zu retten. Ungerechtigkeiten bei der Auswahl von »Organspendern« sollten dadurch vermieden werden, daß jeder Bürger (oder jeder, der an der Organ-Lotterie teilnehmen will) eine Losnummer erhält. Ein unparteiischer Rechner wähle in tödlichen Konflikten wie dem beschriebenen ein Opfer aus. Die Lotterie funktioniere nach der Überwindung anfänglicher moralischer Bedenken durch Werbung und Erziehung so erfolgreich, daß auch bei Berücksichtigung der Opfer die Lebenserwartung innerhalb der Gesellschaft ansteige und sich die Bürger ihres Lebens sicherer als zuvor fühlten.

Wen das geschilderte Szenario abstößt, der erkennt an, daß die *Pointe unserer Moral nicht die Steigerung des Gesamt-Nutzens* ist. Das Tötungsverbot ist Bestandteil unserer Wertschätzung jedes einzelnen Menschen; in Harris' Lotterie fällt die Achtung vor dem Einzelnen dem Kollektiv, einem allgemeinen Gefühl der Sicherheit und dem Durchschnittswert an Lebenszeit zum Opfer.

Harris' Lösung erinnert an die bereichsspezifischen Todes-konventionen von Schick u.a. Seine »Todes-Lotterie« ist ebenso partikulär, verzichtet jedoch auf die Maske der Todesdefinition und besticht zusätzlich durch das *Moment der Zustimmung oder Freiwilligkeit*. Mit dem letztgenannten Moment komme ich auf eine Einschränkung des Tötungsverbots zu sprechen, die von vielen deutschen »Hirntod«-Kritikern verfochten wird. Offen-sichtlich kommt der *selbstbestimmten Aufhebung des Tötungs-verbots* in der deutschen »Hirntod«-Debatte die höchste Plausi-bilität zu.

1.4 Die Aufhebung des Tötungsverbots im Interesse der Selbstbestimmung

Der Erlanger Fall hat gezeigt, daß *Autonomie* der Horizont der Diskussion um »Hirntod« und Organverpflanzung ist. Der menschliche Tod und damit die Geltung des Tötungsverbots ist ein *sekundärer* Schauplatz von Auseinandersetzungen. Das zeigt, erstaunlich genug, gerade die engagierte »Hirntod«-Kritik in Deutschland.

Verhindert Selbstbestimmung Tötung?

Prominente »Hirntod«-Gegner, die das Todeskriterium der In-tensivmedizin für falsch halten, plädieren nicht etwa für ein Ende der Transplantationsmedizin, sondern für die sogenannte *enge Zustimmungslösung*: Organentnahme soll nur erlaubt sein, wenn der Spender im voraus sein Einverständnis erklärt hat. Der Theologe Johannes Hoff, der Mediziner Jürgen in der Schmitten, der ehemalige Bundesjustizminister Edzard Schmidt-Jortzig und sein Parteifreund Eckart von Klaeden, die Juristen Wolfram Höfling und Stephan Rixen u.a. bestreiten, daß der »Hirntote« schon gestorben ist. Der »Hirntote« lebt.

Ist also die Entnahme lebenswichtiger Organe unerlaubte Tö-tung? Die genannten Autoren sagen: Nein. Die persönliche Zu-stimmung zur Organentnahme nach dem totalen Hirninfarkt bewirke deren Erlaubtheit. Im einzelnen stellen sich die genann-ten »Hirntod«-Kritiker vor: Der jetzt unumkehrbar Komatöse (zu unrecht »hirntot« genannt) habe sich bei vollem Bewußtsein und besten Wissens und Gewissens für die Organspende ent-schieden. Sein Leben hängt nunmehr an Maschinen. Eine Aussicht auf Heilung oder irgendeinen anderen Behandlungserfolg besteht nicht mehr. Damit erlischt, so die »Hirntod«-Gegner, nicht nur die Pflicht, sondern auch das Recht zu ärztlicher Behandlung. Den Hirninfarkt-Patienten muß man sterben lassen, die weitere apparative Verlängerung des Sterbeprozesses ist nicht vertretbar. Nur beim Organspender dürfe man die Lebenserhaltung aufrecht erhalten, um die Vitalität seiner Organe für die Übertragung zu sichern und das Leben des Organempfängers nicht zu gefährden. Von einer Tötung durch Organentnahme könne nicht die Rede sein. Denn die Explantation sei ein Eingriff in das nur zum Zwecke der Organverpflanzung verlängerte Sterben des »Hirntoten«. Wenn aber die Pflicht des Sterbenlassens durch die persönliche Verfügung des Sterbenden zugunsten eines Schwerkranken aufgehoben wurde, dann hätten wir es bei der Organentnahme mit einem Akt selbstbestimmten Sterbens, keinesfalls aber mit einer ärztlichen Tötungshandlung zu tun.

Erneut zeigt sich (vgl. oben zum Erlanger Fall), daß oft *Selbstbestimmung* in der letzten, hier durch den Organspendewillen ausgedehnten Lebensphase, nicht aber der Tod, das eigentliche Thema des fachlichen und öffentlichen Interesses ist.

Länger sterben, weniger töten?

Der »Hirntote« lebt. Unter den Bedingungen von vorgängiger Einwilligung und Gehirnversagen des Organspenders fordern Hoff und in der Schmitten eine *Ausnahme vom Verbot der Tötung auf Verlangen*. Es sei doch weder erstrebenswert noch durchsetzbar, die Organtransplantation nur zu verbieten, um dem Tötungsverbot die Treue zu halten. Die Organspendebereitschaft unterscheide sich vom Euthanasieverlangen dadurch, daß nicht in eine *Lebensverkürzung*, sondern in eine *Sterbeverlängerung* eingewilligt werde. Mit dem »Hirntod« erlischt den beiden Autoren zufolge ein vom bloßen Überleben verschiedenes sinnvolles Behandlungsziel. Also müsse die Beatmung abgestellt werden, sofern der Patient nicht in eine Verlängerung seines Sterbens eingewilligt habe, um die Voraussetzungen für eine Organentnahme zu schaffen. Prägnanter formulieren Edzard Schmidt-Jortzig und Eckart von Klaeden: Mit dem endgültigen Gehirnversagen setze die Verpflichtung ein, den natürlichen Sterbeprozeß nicht weiter aufzuhalten. Dieser Pflicht entspreche das Recht, den natürlichen Sterbeprozeß dann zu verlängern, wenn es um die Rettung eines anderen Menschenlebens durch Organspende gehe.

Hoff und in der Schmitten schlagen zwar zugunsten der Transplantation eine »Ausnahme von dem Verbot der Tötung auf Verlangen« (S. 228) vor. Ebenso wie Höfling und Schmidt-Jortzig zögern sie aber, davon zu sprechen, daß man den »hirntoten« Patienten (bei vorliegender persönlicher Zustimmung im Interesse der Organverpflanzung) »töten« dürfe. Nur »strenggenommen« stelle die Entnahme von Organen wie Herz, Leber oder Lunge einen tödlichen Eingriff dar (Hoff/in der Schmitten, S. 227). Schmidt-Jortzig erscheint es sogar »widersinnig, bei identischer Grundsituation [gemeint ist der »Hirntod«] die sofortige Abschaltung lebenserhaltender Geräte gerade nicht als Tötung, die Organentnahme unter den gleichen Voraussetzungen dagegen als Tötung zu qualifizieren« (S. 21).

Die genannten Autoren werben faktisch für die *Tötung durch Organentnahme*; die Redeweise aber verdeckt die *radikale Abkehr von der Moral*. Der weitgehende Verzicht auf das Wort »töten« führt nämlich bewußt in die Irre.

Der Chirurg, der den »Hirntoten« z.B. durch Entnahme des Herzens tötet, unterstützt – sofern man Höfling Glauben schenkt – den Patienten nur bei der Ausübung seiner »Befugnis …, für sich eine andere Todesart [als den Abbruch der Intensivbehandlung] – konkret: Sterben durch Organexplantation – zu wählen« (S. 363). Ähnlich urteilen Schmidt-Jortzig (die Organentnahme sei die »kraft des autonomen Wunsches vorgegebene spezifische Form, ja das Ziel dieses individuellen Sterbevorgangs«, S. 21) und Rixen (in einer »Phase aufgehaltenen Sterbens«, S. 358, sei die Disposition über das eigene Leben um des Lebens eines anderen willen »Ausdruck selbstbestimmter Existenzgestaltung«, S. 375).

Wer vermutet schon, daß von den Voraussetzungen der *Tötung durch Explantation* die Rede ist, wenn Höfling den Organspendewillen das »Einverständnis mit der Verlängerung des Lebens im Interesse einer Lebensrettung bzw. Leidensminderung Dritter« (S. 363) nennt? Von der »Sterbeverlängerung« sprechen auch Hoff und in der Schmitten, wenn sie behaupten, daß ihr Vorschlag vom Arzt keine unerträgliche Tötung auf Verlangen einfordert: »Mit der – unbestreitbar tödlichen – Organentnahme zur Lebensrettung eines anderen findet die Sterbeverlängerung ihr Ende« (*Hirntote Patienten*, S. 330).

Das *suggestive Potential der Wortwahl* ist nicht zu unterschätzen: Niemand vermutet Anstößiges, wenn Leben gerettet wird. Und wer nimmt schon an, daß die (subjektlose) Beendigung einer Sterbeverlängerung gegen *grundlegende Rechte* verstoßen könnte?

»Hirntod« als Tötungsindikation?

Den Vergleich mit der – in Deutschland gesetzlich verbotenen – Euthanasie scheuen die genannten Autoren. Sie ziehen den *Vergleich mit der medizinischen Indikation der Abtreibung* vor. Hier werde wie beim »Hirntod« im Interesse von Leben getötet, und niemand empöre sich oder fordere die Einstellung der Abtreibungspraxis.

Mir scheint, der Vergleich ist nicht dazu geeignet, eine moralische Berechtigung der Tötung durch Organentnahme einzuführen. Ganz im Gegenteil: Ich sehe keine Gründe, den Vorschlag nicht im Sinne einer *Beförderung von Euthanasie-Gedanken* aufzufassen:

1. Wie weit sollen wir das *Töten »im Interesse von Leben«* verstehen? Wir würden wohl lieber verhungern, als einen der unseren zu schlachten. Wer Tötung durch Organentnahme zuläßt, wenn es um die Lebensrettung bzw. Leidensminderung Dritter geht, kann Organentnahme nicht von Euthanasie abgrenzen. Ist es abwegig, daran zu erinnern, daß sehr viele Menschen – Angehörige und Pflegende, vielleicht ein Großteil der Steuerzahler und Beiträger zu Kranken- und Pflegeversicherung – aufgrund des hilflosen Zustandes eines Sterbenskranken Einschränkungen erleiden, die mit seiner Tötung entfallen würden?

2. Die strikte medizinische oder vitale Indikation – nicht eine »sozialmedizinische« Aufweichung des Abtreibungsverbots – liegt dann vor, wenn vom Ungeborenen für die Schwangere eine tödliche »Bedrohung« bzw. *vitale Gefährdung* ausgeht. Der Arzt kann in diesem (heute nur noch äußerst seltenen) Fall nur entweder das Leben des Kindes oder das Leben der Mutter retten. Die Rede von einer »Indikation« – ob »medizinisch« oder »vital« – ebnet die Unterscheidung dieses besonderen Falles von anderen »indizierten« Abtreibungen ein und führt m.E. in die Irre. Aus der Zulässigkeit der Kraniotomie (die Zerschneidung des kindlichen Schädels im Falle der Lebensgefährdung durch eine Entbindung) könnte man auf die prinzipielle Erlaubtheit jeder »indizierten« Abtreibung schließen wollen. (Doch ist die *abortive Aufweichung des Tötungsverbots* und deren Verhältnis zur Anerkennung der Hirntodtheorie bzw. der Zulassung von Tötung durch Organentnahme nicht mein Thema.)

Der »hirntote« Patient stellt jedoch kaum eine Gefahr für den schwerst Herzkranken in Analogie zur vitalen »Indikation« dar. Beschreibt man ihn dennoch als tödliche »Bedrohung« für das Leben des potentiellen Organempfängers, kann man nicht umhin, das von John Harris entworfene Szenario einer »Überlebens-Lotterie« zu akzeptieren. Wenn der Patient mit Gehirnversagen für den unheilbar Herzkranken wie das Ungeborene für seine Mutter eine tödliche Bedrohung ist, dann ist doch auch der Gesunde eine solche Bedrohung: Mit seinen Organen könnten nicht nur der Herzkranke, sondern auch noch der Lungenkranke und mehr gerettet werden. Wer die Überlebenslotterie ablehnt, muß auch die Tötung durch Organentnahme ablehnen.

3. Das Moment der Einwilligung in den eigenen Tod teilt die vorgeschlagene Organentnahme beim Sterbenden nur mit der freiwilligen Euthanasie, gerade nicht mit einer wie auch immer »indizierten« Abtreibung.

4. Gegen die Empfehlung, den Umgang mit »Hirntoten« vom Umgang unserer Gesellschaft mit Ungeborenen abzulesen, ist einzuwenden, daß gerade durch die gängige Abtreibungspraxis das Tötungsverbot untergraben wird. Wer das Tötungsverbot für »Hirntote« zugunsten der Lebensrettung aussetzen will, kann schwerlich die massenhafte Tötung lebendiger ungeborener Kinder für seinen Vorschlag ins Feld führen. Die Abtreibungspraxis scheint Peter Singer Recht zu geben, wenn er behauptet, die traditionelle Moral – er charakterisiert sie durch den Begriff der Heiligkeit des Lebens – sei durch eine »Lebensqualität-Moral« abgelöst worden, derzufolge es gerechtfertigt sein kann, absichtlich den Tod eines unschuldigen Menschen herbeizuführen. Im Unterschied zu Singer bin ich aber nicht der Meinung, daß man die Ausrichtung an Lebensqualität im genannten Sinne Moral nennen kann. Wir haben es vielmehr mit einer »Lebensqualität-Unmoral« zu tun, deren Ausdehnung auf das Lebensende es zu wehren gilt.

Die schiefe Ebene der »Hirntod«-Kritik

Der Vergleich mit der medizinischen Indikation trägt nicht. Wer fordert, die Organentnahme beim lebenden »Hirntoten« zuzulassen, tritt für die freiwillige Euthanasie ein. Das belegen die einschlägigen Stellungnahmen: Edzard Schmidt-Jortzig beharrt in der Bundestagsdebatte darauf, beim »Hirntoten« werde das nur zum Zweck der Organentnahme apparativ verlängerte Leben in diesem »vom Inhaber selbst bestimmten Zweck erfüllt« (S. 21). Wie ist nach Maßgabe dieser Stellungnahme mit Patienten umzugehen, die ihrem apparateabhängigen Leben – nicht erst nach dem totalen Hirninfarkt kann Leben von Apparaten abhängig sein – keinen anderen Zweck mehr zu geben bereit sind, als etwa durch die Organspende anderen das Leben zu ermöglichen? Darf

31

ein Arzt jemanden auf Verlangen verstümmeln oder töten, der aus Hochherzigkeit oder Lebensmüdigkeit Gliedmaßen, Organe oder gar sein Leben für andere einsetzen will?

Die »Hirntod«-Kritik gerät auf eine *schiefe Ebene*; d.h. sie hat Affinitäten zu Positionen, die das Leben bestimmter Gruppen von Menschen für moralisch belanglos halten. Das zeigt sich, wenn Hirntod-Kritiker das Tötungsverbot für den »Hirntoten« zugunsten einer Güterabwägung »zwischen dem verlöschenden Leben und dem vollwirksamen Leben« (so Schmidt-Jortzig in der Bundestagsdebatte) verabschieden. Unter »Volleben« will Schmidt-Jortzig die »geistig gesteuerte Existenz« verstehen und nimmt unbesehen in Kauf, daß dieses Kriterium von anderen auch auf Apalliker, anenzephale Neugeborene, schwer geistig Behinderte, Patienten im fortgeschrittenen Stadium einer Demenz oder auf alle kleinen Kinder angewendet werden könnte.

Die erläuterten Versuche, Organentnahme beim »Hirntoten« zu rechtfertigen, ohne seinen Tod vorauszusetzen, schlagen fehl. Die Vorschläge verkennen zunächst die ärztliche Aufgabe (vgl. S. 129ff.): Der Arzt muß zwar den Behandlungsabbruch, der i.d.R. nach Eintritt des totalen Hirninfarkts geboten ist, verantworten; das heißt aber nicht, daß er zugleich berechtigt ist, den Menschen zu töten, zu dessen Lebensqualität er nichts mehr beitragen kann. Das zeigt sich in unserem moralischen Urteil: Den, der einen u.U. gebotenen Behandlungsabbruch unterläßt, verurteilen wir nicht in gleichem Maße wie den, der gezielt ein Leben (ob verlängert oder nicht) beendet. Man denke an Eltern, die mit allen Mitteln bemüht sind, ihre »hirntoten« Kinder nicht sterben zu lassen.

Die Erlaubnis, von lebenden »Hirntoten« Organe mit Zustimmung der Betroffenen zu entnehmen, würde außerdem *fremdnütziger Euthanasie* den Weg bereiten. Das Leben des »Hirntoten« wird von den genannten Gegnern der Hirntodtheorie herabgestuft zu einem verfügbaren Leben. Die Tatsache, daß der Organspender selbst es sein soll, der über sein Leben verfügt, ändert nichts daran, daß der Vorschlag das Tötungsverbot unserer Moral angreift.

Bis hierher bin ich von der Bedeutung des menschlichen Todes für die Moral ausgegangen. Die positive Antwort auf die Frage: »Stirbt das Lebewesen Mensch mit dem Absterben seines Gehirns?«, ist dann notwendige Voraussetzung der Entnahme lebenswichtiger Organe vom »Hirntoten«. Angesichts der Vorschläge von Kritikern der Hirntodtheorie wird aber die Frage aufgeworfen, ob der *Tod des Lebewesens Mensch* überhaupt von Bedeutung für die Moral sei. Ist nicht nur ein wie auch immer geartetes »Volleben« (Schmidt-Jortzig) moralisch relevant? Das behaupten die *Teilhirntodtheorie* und der *bioethische Personismus*, mit denen ich mich in Kapitel 6 (vgl. S. 189-199) auseinandersetze.

Die Pluralisierung des Todes

Einen weiteren Vorschlag, der das Tötungsverbot im Interesse der Selbstbestimmung unterläuft, unterbreitet der amerikanische Philosoph Robert Veatch. Er bindet die Todesdefinition aufs engste an persönliche Überzeugungen. Zugrunde liegt wohl die Erfahrung der bis in die 80er Jahre hinein disparaten Gesetzeslage in den Vereinigten Staaten: Gesetzliche Bestimmungen zum Todeszeitpunkt unterschieden sich z.T. erheblich von Staat zu Staat. Veatch schlägt vor, die Bestimmung des Todes und damit die Entnahmevoraussetzung für die Organverpflanzung von der persönlichen *Wahl unter »plausiblen« Alternativen der Todesdefinition* abhängig zu machen.

Meines Erachtens mißachtet Veatchs Wahl-Lösung einen entscheidenden Zug unseres Todesbegriffs: seine Eindeutigkeit und Natürlichkeit bzw. Nicht-Konventionalität. Die Bestimmung des Todes bzw. des genauen Zeitpunkts des Todeseintritts mag nicht immer eindeutig sein. Auch sind die Arten, den Tod zu erleiden, unzählbar. Doch wenn wir von »Tod« sprechen, meinen wir ein Ereignis, das uns alle unabhängig von unserer Auffassung von diesem Ereignis ereilt. In den Todesbegriff geht kein Moment der Abmachung ein. Auch der Selbstmörder kann in einem gewissen Sinne nicht *bestimmen*, wann er stirbt. Er kann sich nicht für »tot« erklären oder einen beliebigen »Tod« wählen, sondern muß sich *umbringen*. Sein Handeln zielt auf einen öffentlich zu identifizierenden Tod, nicht auf ein privates Erlebnis mit dem Etikett »Tod«.

Die Wahl-Lösung von Veatch ist allerdings weniger beliebig als mein Beispiel des Selbstmörders glauben macht. Zur Auswahl stehen bei Veatch nur »konsensfähige« oder »plausible« Todeskonzeptionen, die viel gemein haben, z.B. die endgültige Bewußtlosigkeit. Das Angebot ist dennoch keineswegs spärlich, der Vorschlag durchaus nicht konservativ: Den »Hirntod« – auch der »Teilhirntod« ist eine der von Veatch zugelassenen Optionen – können vom Tod, wie wir ihn kennen, viele Tage, Monate und sogar Jahre trennen. Der Neurologe Alan Shewmon beschreibt den Fall eines 18jährigen, der in seinem fünften Lebensjahr den »Hirntod« erlitten hat. Im apallischen Syndrom, dessen Erscheinungsbild oft dem entspricht, was Teilhirntodtheorien zum (vermeintlichen) Tod fordern, sind Überlebenszeiten von vielen Jahren keine Seltenheit. Der Todesbegriff ist nicht dafür gemacht, daß je nach persönlicher Entscheidung der eine auf der Intensivstation versorgt wird und der andere »lebensechter« Dummie in Crash-Tests wird (eine Verwendung, die Leichen heute finden).

1.5 Die Aufhebung des Tötungsverbots im Interesse des ethischen »Fortschritts«

Der Philosoph Kurt Bayertz fragt: Welche Rolle spielt die Tatsache, daß die Hirntodtheorie ihren Ausgang nicht von Überlegungen zum menschlichen Tod, sondern von *Fragen des Behandlungsabbruchs und der Transplantationsmedizin* genommen hat (vgl. S. 103-109)? Kann man wirklich behaupten, die Frage nach dem Todeszeitpunkt des Menschen müsse unabhängig von den »Erfolgen«, die die jeweilige Todesdefinition ermöglicht, geklärt werden? Muß nicht die Möglichkeit von Organverpflanzungen – wie faktisch geschehen – Einfluß auf die Definition des Todes nehmen?

Bayertz antwortet: Wenn die Möglichkeit der Organtransplantation einmal existiert, könne man die Definition des Todes gar nicht mehr unabhängig davon festlegen. Er meint mehr als bloß eine psychologische Notwendigkeit. Die Moral, in die der Todesbegriff via Tötungsverbot eingeht, sei prinzipiell nicht immun gegenüber dem technischen oder medizinischen Fortschritt. Ethische Prinzipien und die ihnen zugrundeliegende Begrifflichkeit seien ebensowenig Konstanten wie Behandlungsmethoden und Forschungsanliegen. Ist mit Bayertz' Antwort aber nicht der Willkür interessierter Toterklärung Tür und Tor geöffnet?

Ethikfolgenabschätzung?

Nach Kurt Bayertz ist die Definition des Todes *ein moralischer Akt*. Das Definieren müsse die Möglichkeiten der Transplantationsmedizin berücksichtigen. Theoretisch sei die Beibehaltung der Herz-Kreislauf-Definition des Todes möglich. Nicht aber, so Bayertz, ohne daß höherrangige Ziele angegeben werden, die die Bereitstellung von Organen für die Transplantation durch einen Wechsel zur Hirntodtheorie aufwiegen.

Die Entdeckung des »Hirntodes« fordere insofern einen Wandel der Moral, als sie die empirischen Voraussetzungen überkommener moralischer Regeln betreffe. Auch wenn Bayertz zugesteht, daß die Geltung der grundlegenden moralischen Prinzipien unberührt bleibt, so änderten sich doch die empirischen Anwendungsbedingungen dieser Prinzipien: Ob das Tötungsverbot auf den »Hirntoten« zutreffe, könnten unsere Sprache und Moral, die für den Hirntod nicht gemacht seien, nicht entscheiden. Wir müßten auf objektive Kriterien verzichten, nach denen der »Hirntote« lebendig oder tot, die »hirntote« Schwangere Mutter oder Leiche sei.

Auch könnten weder Metaphysik noch Natur die Frage nach dem menschlichen Tod beantworten. Eine von Menschen gemachte Moral entbehre der Autorität von Tradition und »höherer« Abkunft, ihre Geltung müsse sie von der Vernunft allein beziehen. Bayertz hält die *Bioethik* für *ein hervorragendes Beispiel der Institutionalisierung und Professionalisierung der moralischen Reflexion*. Die Hirntodtheorie belege den Erfolg institutionalisierter und professionalisierter moralischer Reflexion: Von Erfolg will Bayertz sprechen, weil die Hirntodtheorie zu einem »ebenso praktikablen wie normativ befriedigenden und weithin konsentierten Ergebnis geführt hat« (*Was heißt es, den Tod zu definieren?*, S. 126).

Was ist von Bayertz' Vorschlag zu halten, Moral unter Berücksichtigung technischer Neuerungen jeweils nach Erfolgsgesichtspunkten herzustellen bzw. zu optimieren? Die Alternative zu seinem Moralverständnis nennt Bayertz »fundamentalistisch«. Deren Schwäche sei neben dem ohnmächtigen Protest gegen den Lauf der Zeit v.a. die mangelnde moralische Bewältigung technologischer Innovationen. Ein moralischer »Fundamentalismus« verweigere sich einer Moral jenseits der glatten Lösungen und schlage die unausweichliche »Metaverantwortung« aus:

»Wo wir vor der Frage stehen, welche Orientierungen wir erst zu formulieren und zu akzeptieren haben, übernehmen wir eine *Metaverantwortung*: eine Verantwortung für die Folgen unserer moralischen Reflexion. Um ihr gerecht zu werden, bedarf es – über die Technikfolgenabschätzung hinaus – auch einer *Ethikfolgenabschätzung*« (*Ethik, Tod und Technik*, S. 99).

Der Tod – Faktum oder Norm?

In der Auseinandersetzung um den »Hirntod« spricht der Philosoph Michael Quante von einem »*Normativitäts-Deskriptivitäts-*

problem« (S. 169). Die Frage lautet: Entdecken wir mit dem Tod ein Faktum oder legen wir den Tod bzw. den Todeszeitpunkt nach Nützlichkeitserwägungen fest? Von Letzterem geht Bayertz aus: In den Todesbegriff selbst gehen ihm zufolge bereits moralische oder pragmatische Kriterien ein; die Todesdefinition sei *ein normatives, nicht bloß ein empirisches Unternehmen*. Sie ist, so Bayertz, eine *soziale Konstruktion* und als solche der menschlichen Vernunft aufgegeben. Und moralische Reflexion ist dann »erfolgreich«, wie wir gesehen haben, wenn sie zu »praktikablen«, »normativ befriedigenden« und »weithin konsentierten« Ergebnissen führt. Nun ist die Hirntodtheorie zwar ohne Zweifel praktikabel und weithin konsentiert, kann Bayertz sie aber auch als »normativ befriedigend« ausweisen?

Ich stimme Bayertz zu, daß die Moral gegenüber wissenschaftlich-technischem Fortschritt nicht immun ist. Nur des Arguments halber nehme ich im folgenden an, daß der »Hirntod« eine Veränderung darstellt, die die Moral nicht unangetastet läßt, also zu den tiefgreifenden Neuerungen zählt, angesichts derer moralische Orientierung selbst fraglich wird.

Auf jeden Fall hilft zur Beurteilung der moralischen Qualität einer nun neu zu erstellenden Todesdefinition die »Ethikfolgenabschätzung« nicht weiter. Denn die Folgen moralischer Reflexion können selbst nur nach *moralischen Maßstäben* beurteilt werden. Bayertz' moralischer Wandel wäre tatsächlich der Untergang der Moral, wenn eine neue Todesdefinition nicht nur bislang verbotene Handlungsmöglichkeiten eröffnete, sondern diese zugleich zu »normativ befriedigenden« erklärte.

Bayertz unterläuft ein Zirkelschluß. Er will sicherlich nicht, daß einfachhin technische Möglichkeiten nachträglich als moralische ausgezeichnet werden – dann wäre Moral überflüssig. Moral soll darüber entscheiden, welche Handlungen, die Wissenschaft und Technik als *möglich* ausweisen, *zulässig* sind. Dann kann die Moral jedoch nicht selbst von eben diesen wissenschaftlich-technischen Fortschritten Maßstäbe »normativer Befriedigung« übernehmen. Eine »Ethikfolgenabschätzung« gibt es nicht. Was Bayertz so nennt, ist *Technikfolgenabschätzung*, über deren Maßstäbe Uneinigkeit herrschen mag. Jedenfalls sind Praktikabilität und Konsensfähigkeit allein keine hinreichenden Bedingungen für die Zulässigkeit einer Handlung bzw. die Angemessenheit einer Todesdefinition.

Bayertz selbst spricht immer wieder von der »weltweiten Anerkennung« der »Hirntod«-Definition. Die Frage nach dem Behandlungsabbruch – einer der Anlässe für die Neudefinition des Todes von 1968 (vgl. S. 105-109) – nennt er »die Frage nach einem konsensfähigen und allgemeingültigen Kriterium« (*Ethik, Tod und Technik*, S. 86). Auch die Rede von »sozialer« (nicht z.b. individueller) Konstruktion des Todesbegriffs und »konsentierten« Erfolgen der Transplantationsmedizin gegenüber »ohnmächtigem Protest« belegen, daß Bayertz zufolge der Mehrheit – vielleicht einer Mehrheit von »Experten« – eine ausgezeichnete Rolle bei der »vernünftigen« Reform der Moral zukommen soll. Es scheint, als sei Bayertz' *Maßstab normativer Befriedigung* nicht mehr als die *weitreichende Zustimmung* (von Medizinern und Moralphilosophen vielleicht); der Todesbegriff würde zum Verhandlungsgegenstand.

Das Neue des »Hirntodes«

Ist der Todesbegriff aber überhaupt eine »soziale Konstruktion«, bei der eine Technikfolgenabschätzung, also ein moralisches Urteil unumgänglich ist? Hat also der Todesbegriff mit den intensivmedizinischen Fortschritten unseres Jahrhunderts tatsächlich seine Eindeutigkeit verloren, die es in einem Akt gesellschaftlicher Verabredung wiederzugewinnen gälte? Gehört der »Hirntod« zu den neuen Tatsachen, die eine Begriffsrevision nicht nur faktisch eingeleitet, sondern unumgänglich gemacht haben?

Auf die *Möglichkeit, daß neue Tatsachen unsere Begrifflichkeit verändern*, weist Ludwig Wittgenstein hin: »Es ist Erfahrungstatsache, daß Menschen ihre Begriffe ändern, wechseln, wenn sie neue Tatsachen kennenlernen; wenn dadurch, was ihnen früher wichtig war, unwichtig wird, und umgekehrt« (*Zettel*, § 352).

Kapitel 2 sammelt Hinweise, die schon vor der historischen Entfaltung in Kapitel 4 vermuten lassen, daß das Neue des »Hirntodes« weniger in der Erscheinung des »Hirntoten« selbst als in *intensiv- und transplantationsmedizinischen Begehrlichkeiten* besteht.

Zunächst prüfe ich Bayertz' eigene Aussagen, die für die Frage nach dem Neuen des »Hirntodes« von Bedeutung sind. Inwiefern fordert die Möglichkeit der künstlichen Beatmung eines »hirntoten« Organismus eine neue, nur in einem moralischen Urteil zu erlangende Todesdefinition?

Michael Quante hat darauf aufmerksam gemacht, daß sprachliche Intuitionen, unser kultureller Hintergrund und philosophische Erwägungen nach einer »nicht-pluralistischen deskriptiven Konzeption« (S. 171) des menschlichen Todes verlangen. Eine solche »nicht-pluralistische deskriptive« Konzeption des Todes – besser spräche man von einer nicht-konventionellen oder natürlichen Bestimmung – widerspricht sowohl der Einführung einer *Vielzahl von Todesbegriffen* (unter denen dann vielleicht der kompetente Erwachsene einen passenden wählt) als auch der *zweckmäßigen Festlegung des Todeszeitpunktes.* Bayertz muß starke Argumente haben, wenn er behauptet, die intensivmedizinischen Fortschritte des 20. Jahrhunderts hätten das Faktum Tod »entnaturalisiert«. Ich stelle seine Argumentation ausführlich vor, da sie m.E. eine Auffassung vom *Zusammenhang von technisch Möglichem, begrifflich Notwendigem und moralisch Zulässigem* formuliert, die in vielen Diskussionen zum »Hirntod« fraglos vorausgesetzt wird.

1. *Entnaturalisierung* ist eine der vier Tendenzen, die Bayertz zufolge den moralischen Wandel seit der Einführung der Hirntodtheorie bestimmen. Durch intensivmedizinische Technik habe der Begriff des Todes seine Eindeutigkeit als naturgegebene, »scharfe Scheidelinie zwischen Leben und Tod« (*Ethik, Tod und Technik*, S. 83) verloren; der Tod selbst, nicht bloß das Sterben, sei zum Prozeß geworden. Faktum (der Prozeßcharakter des Todes) und Definition des Todes (die Ereignishaftigkeit) entsprächen sich nicht länger.

»Wenn der Übergang vom Leben zum Tod ein Kontinuum ist, müssen wir diese Definition festlegen, ohne auch nur die Illusion haben zu können, wir könnten sie von der Natur ablesen. Was früher als Naturtatsache außerhalb menschlicher Verantwortung zu stehen schien, wird nun zu einer Entscheidung, für die Verantwortung übernommen werden muß. Dieselbe Praxis, die den Tod als Ereignis faktisch auflöst, zwingt normativ dazu, seine Ereignishaftigkeit wiederherzustellen« (*Was heißt es, den Tod zu definieren?*, S. 115).

Bayertz hält mit seiner Rede vom »normativen Zwang« das Moment fest, das Quante als die »Nicht-Pluralität« des Todesbegriffs bezeichnet. Die Verwendung des Wortes »Tod«, mehr noch Moral und Recht, legen uns auf die Eindeutigkeit des Todes in doppeltem Sinne fest: Der Tod ist ein Ereignis und markiert eine radikale Veränderung der moralischen Stellung des Menschen. Ralf Stoecker spricht in seinem Buch *Der Hirntod* von einer »ethischen Grundannahme über den Tod« (S. 208), die besagt, »daß sich mit dem Tod eines Menschen schlagartig die moralischen Verpflichtungen ihm gegenüber verringern«. Ich bin nicht geneigt, von einer »Annahme« oder »Hypothese« zu sprechen (deren Geltung Stoecker dann auch in Frage stellt; vgl. S. 42f.). Vielmehr scheinen mir zentrale Momente des Todesbegriffs, dazu gehört insbesondere seine *Verknüpfung mit der Moral* (vgl. S. 183-188), nicht einfach zu unserer Disposition zu ste-

hen. Bayertz erkennt die genannte Eindeutigkeit des Todes,
wenn nicht als begriffliche, so doch als moralisch-rechtliche Notwendigkeit an. Das moralisch und rechtlich notwendige »Herunterdefinieren« eines faktischen Kontinuums auf ein Ereignis
»Tod« ist ihm zufolge eine soziale Konstruktion, abhängig von
einer moralischen Entscheidung und dem jeweiligen Stand der
Technik. Die drei übrigen, von Bayertz beobachteten Tendenzen
des moralischen Wandels infolge der Hirntodtheorie stelle ich
kurz vor, um im Anschluß daran zu der Frage zurückzukehren,
welche Plausibilität die These von der Neuartigkeit des nun pro-
zessualen »Todes« auf der Intensivstation hat.

2. *Funktionalisierung*: Die Kritik an Hirntodtheorien richtet
sich seit Hans Jonas auch gegen den zielgerichteten oder strategi-
schen Charakter der »Hirntod«-Definition: »Es wird nicht zuerst geklärt, wann ein Mensch für ›tot‹ angesehen werden muß,
um dann im Lichte dieser Todeszeitbestimmung über die Organentnahme zu entscheiden; vielmehr wird die Definition des Todes bereits im Hinblick auf die Frage der Organentnahme festge-
gelegt« (*Die hirntote Schwangere*, S. 1499). Bayertz behauptet,
diese Kritik verkenne die Tatsache, daß Definitionen immer ziel-
orientiert und interessengeleitet sind. Das Problem der »Hirntod«-Definition ergebe sich nicht aus dem *unausweichlichen Zusammenhang von Definition und Anwendungskontext*, sondern
aus der Zuweisung der Definitionsmacht: »Im Fall der Organtransplantation entscheidet dieselbe Profession, die die Organe
verpflanzt, auch darüber, wann die dafür erforderlichen Voraussetzungen gegeben sind« (*Die hirntote Schwangere*, S. 1499). Das
Transplantationsgesetz (vgl. S. 16f.) stützt Bayertz' Urteil und
die Befürchtung, daß unreflektiert Definitionskompetenz in den
Händen der medizinischen Wissenschaft gebündelt wird.

3. *Homogenisierung*: Die Hirntodtheorie bezeichnet Bayertz
als »eine (partielle) *Reform der geltenden Moral*«: »Ein und dieselbe Handlung (z.B. die Entnahme und Wiederverwertung von
Organen) kann unter der Hirntod-Definition als legitim, muß
aber unter der Herztod-Definition als Vivisektion bewertet werden« (*Die hirntote Schwangere*, S. 1500). Als moralische Teil-
reform dränge die Todesdefinition auf Veränderungen in be-
nachbarten Regionen der Moral; die »Hirntod«-Definition lasse
sich nicht einfach auf den Bereich der Transplantationsmedizin
beschränken. Das zeigten z.B. Diskussionen um ein »Hirnleben«
im Zusammenhang mit der Abtreibungspraxis. Menschliches Leben bzw. »personales Hirnleben« beginnt z.B. für den Neurologen Fritz Beller erst mit der Ausbildung bestimmter Gehirn-
strukturen nach fünf Schwangerschaftswochen.

4. *Prozeduralisierung*: Die Todesdefinition ist nach Bayertz einerseits selbst das (vorläufige) Ergebnis eines »Normgenerierungsprozesses« – der 1979 aufgenommenen und seitdem fortgeführten Arbeit der Bundesärztekammer an »Kriterien des Hirntodes« (die letzte Aktualisierung der »Kriterien des Hirntodes« stammt aus dem Jahr 1997). Andererseits ist die Todeszeitbestimmung selbst inhaltlich bestimmt von prozeduralen Vorschriften. Die eingeforderte Sorgfalt der »Hirntod«-Diagnostik habe »nicht nur technische, sondern vor allem auch *ethische* (und rechtliche) Gründe« (*Ethik, Tod und Technik*, S. 92).

Die Natürlichkeit des Todes

Bayertz erkennt in der Hirntodtheorie eine *Reform der Moral*, die ich als »moralphilosophische Aufhebung« des Tötungsverbots bezeichne. Seine Rechtfertigung einer Reform oder Revision der überkommenen Moral ist die Konfrontation mit den neuen Tatsachen der apparativen »Verlängerung des Sterbens«. Angeblich ist der Tod aus diesem Prozeß verschwunden. Das Tötungsverbot verliere vorübergehend seinen Halt.

Mit Bayertz bin ich der Meinung, daß die Frage, ob »empirische Prädikate wie ›lebendig‹ oder ›tot‹ auf (bestimmte Individuen) ... zutreffen« (*Ethik, Tod und Technik*, S. 95), die Anwendbarkeit des Tötungsverbots bestimmt: Eine »Leiche« kann man nicht töten; bei ihr stellt sich z.B. auch nicht die Frage des »Behandlungsabbruchs« – kein Arzt »behandelt« eine Leiche.

Bayertz' Einschätzung des Sterbens auf der Intensivstation ist allerdings wenig konsistent: Einerseits soll gelten, daß weder Metaphysik noch Natur Maßstäbe für die richtige Definition des Todes liefern. Andererseits stehe fest, daß »irreversibel komatöse Patienten«, gemeint sind »Hirntote«, nach der traditionellen Herz-Kreislauf-Definition des Todes »als ›lebend‹ angesehen und weiterhin behandelt werden (müßten)« (*Ethik, Tod und Technik*, S. 75). Der letzte Halbsatz beinhaltet ein Mißverständnis der ärztlichen Aufgabe (vgl. S. 129ff.). Hier interessiert mich die seiner Theorie zuwider laufende Einschätzung von Bayertz selbst, daß die Frage nach dem Tod des »Hirntoten« offensichtlich *doch* in unserer antiquierten Sprache, die auf tief verwurzelten und durch das Gehirnversagen nicht erschütterten Einstellungen beruht, eindeutig zu beantworten ist.

Solche *Einstellungen zum lebenden Menschen* referiert Bayertz im Zusammenhang mit der »hirntoten« Schwangeren von 1992: »Man sträubt sich, einen solchen Menschen als ›tot‹ zu bezeichnen, der doch alle sichtbaren Zeichen von Leben zeigt« (S. 1498); »schon die Vorstellung, daß ein Mensch, der atmet, dessen Herz schlägt, der verdaut, dessen Haare wachsen, ›tot‹ sein soll, erweckt Beklemmung und Unbehagen« (S. 1495). Das »Unbehagen« rekonstruiert Bayertz dann allerdings als ein »emotionales«, das die »rationale« Anerkennung der Hirntodtheorie nur »psychologisch«, nicht jedoch systematisch erschwere. Dieser *Entkoppelung von Todesbegriff und spontanen Reaktionen auf lebende Menschen* bzw. auf Leichen gehe ich in Kapitel 6 nach (vgl. S. 174-181), um die Verwurzelung unseres Sprechens vom Tod in den natürlichen Einstellungen aufzuzeigen, die der Hirntodtheorie bloß als unvernünftige Gefühle gelten.

Auch angesichts der begrenzten Reversibilität von Atem- und Herzstillstand sowie der Möglichkeit, Atmung und Kreislauf künstlich aufrechtzuerhalten, sind wir offenbar nicht genötigt, die Eindeutigkeit des Todesbegriffs – »eine scharfe Scheidelinie zwischen Leben und Tod« (Bayertz) – aufzugeben. Die neue Tatsache »Hirntod« war so neu nicht, daß der traditionelle Todesbegriff hätte aufgegeben werden müssen. Auch Bayertz erkennt ja an, daß trotz des vermeintlich empirisch zu erhebenden Prozeßcharakters des »tod-losen« Sterbens das »Herunterdefinieren« des Todes auf ein Ereignis nicht überflüssig wird. Den Begriff des Todes als eines Ereignisses behandelt Bayertz demnach als autonom gegenüber naturwissenschaftlicher Erkenntnis. Die präzisierte Anwendung des traditionellen Todesbegriffs, also die Berücksichtigung der gehirnabhängigen »Wiederbelebungszeit«, d.h. eine neue Symptomatologie des Todes, hätte genügt, um dem Phänomen des totalen Hirninfarkts gerecht zu werden (vgl. S. 66-69 und 102ff.).

Die eigentliche Motivation einer neuen Todesdefinition ist also nicht ein »empirischer« Zweifel am Leben des irreversibel Komatösen. Solcher Zweifel wird vielmehr gegen »emotionale« Gewißheit eingetragen, um eine *moralische Frage* zu lösen: »Die traditionelle Herz-Kreislauf-Definition (war) durch die Fortschritte der Intensivmedizin problematisch geworden ..., da sie keine klare Regelung der Bedingungen für den Abbruch der Behandlung hoffnungslos bewußtloser Patienten ermöglichte« (*Was heißt es, den Tod zu definieren?*, S. 112).

Die Hirntodtheorie ist also nicht notwendige Folge technologischer Innovation, sondern Ausdruck der Weigerung, sich mit der Frage zu konfrontieren, »wie mit solchen Patienten (›Hirntoten‹) umzugehen sei und ob beispielsweise das Abstellen des Beatmungsgeräts einer Tötung gleichkommt« (*Ethik, Tod und Technik*, S. 80).

In der Tat sind »selbst unsere intimsten Regungen ... nicht Ausdruck einer allgemeinmenschlichen Natur und ihrer individuellen Ausprägung, sondern gefärbt und geformt von den Artefakten, mit denen wir uns umgeben« (*Ethik, Tod und Technik*, S. 78). Wer diese Tatsache jedoch wie Bayertz zum Anlaß nimmt, das Unbehagen an der Hirntodtheorie (z.b. die »kulturellen und psychologischen Irritationen« durch hirntote Schwangere) als Beitrag zu einer rationalen moralischen Bewältigung intensivmedizinischer Fortschritte zu disqualifizieren, unterwirft die Todesdefinition der Rationalität eines John Harris. Als »Reformer« der Moral kann kaum gelten, wer »Vivisektion an dem Organspender« aus Nützlichkeitserwägungen zu einem »Akt der Hilfeleistung gegenüber dem Organempfänger« (*Ethik, Tod und Technik*, S. 95) umdefiniert. Er läutet mit der *Verabschiedung des Tötungsverbots* den Untergang unserer Moral ein. Und eine andere haben wir nicht.

Eine »ethische Grundannahme« über den Tod?

Ralf Stoeckers Werbung für eine »echte *Ethik der Organverpflanzungen*« (S. 340) ist ein weiterer Beleg für die *moralphilosophische Infragestellung des Tötungsverbots*. Stoecker sieht wie Bayertz im intensivmedizinisch aufgefächerten Sterbeprozeß keinen Einschnitt, der unserer »ethischen Grundannahme über den Tod« (vgl. S. 38) korrespondiere. Wir müßten uns damit abfinden, den Tod als Ereignis auf der Intensivstation nicht wiederfinden zu können. Das Leben wird ihm zum »sumpfigen Teich« mit »einem breiten Ufersaum schattenhafter und vager Grenzen« (S. 86), von denen Stoecker annimmt, daß sie jenseits dessen lägen, was Hirntodtheorie, aber auch die klassische »Herztod«-Theorie als Tod bestimmten. Den Verlust an Klarheit der Todesbestimmung kompensiert Stoecker durch seine Auflösung des Tötungsverbots: Zufällig fallen demnach im gewöhnlichen Tod eine Reihe von Verlusten zusammen, die nur in näher zu qualifizierender Kombination die »ethische Grundannahme« stützten. Angesichts des Sterbens unter intensivmedizinischen Bedingungen müsse diese Annahme jedoch revidiert werden.

Unsere moralische Stellung in der Welt begründe demnach nicht bloß *eine* Eigenschaft wie das menschliche Leben, sondern ein *Ensemble* aus einer Reihe moralisch gewichtiger Eigenschaften und Fähigkeiten: »dem biologischen Am-Leben-Sein, der Fähigkeit, Freude und Leid zu erleben, Vorlieben und Aversionen zu haben und der Anfälligkeit für Schädigungen« (S. 329).

In der letzten Lebensphase eines Menschen sei damit der »Verlust des biologischen Lebens ... eben nur ein Verlust unter vielen, nur eine Etappe im schrittweisen Verlust an ethischem Gewicht« (S. 331). Stoecker beschließt sein Plädoyer für die »*Entkoppelung* der beiden Themen ›Tod‹ und ›Transplantation‹« (S. 334) mit dem Verweis auf das Desiderat einer »*Ethik der Organverpflanzungen*«, die mit Antworten jenseits der libertinären Konsequenzen des Utilitarismus aufwarten könne.

Mit Stoeckers Zurückweisung der ethischen Grundannahme über den Tod fällt auch das Tötungsverbot zugunsten einer zukünftig zu formulierenden Alternative. Dabei muß es sich dann wohl um eine Formel handeln, die ein Maß an »ethischem Gewicht« bzw. »Gewichtsverlust« benennt, das den lebensbeendenden Eingriff im Interesse der Organentnahme zur erlaubten Handlung erklärt.

Folgende Fragen stellen sich angesichts des vorgestellten Versuchs, Tod und Moral zu entkoppeln: Gelingt die Verteidigung eines Todesbegriffs, der nicht mit den Fortschritten medizinischen Könnens aufs Abstellgleis geschoben werden muß? Verliert der Todesbegriff mit der Entdeckung des Hirntodes wirklich sein *fundamentum in re* und muß in der bioethischen Debatte neu erfunden (Bayertz) oder als moralisch weitgehend bedeutungslos erkannt (Stoecker) werden? Ist unsere Moral in Zukunft nicht mehr auf *den* Tod des Menschen angewiesen, um den medizinische und medizinethische *Laien* wissen? Solchen und ähnlichen Fragen wende ich mich in den Kapiteln 4-6 zu.

Der »Hirntod« – ein Thema!

Die Hirntodtheorie bzw. ein adäquates Verständnis des Todes steht in Frage. Die Geltung des Tötungsverbots gerät zur Verhandlungssache im Interesse der Transplantationsmedizin. Das geschieht durch die *Umdeutung des Todesbegriffs* oder durch die *Leugnung einer moralischen Bedeutung des menschlichen Todes*.

Meine Verteidigung eines Angelpunktes der Moral versteht sich als von den Leistungen der Transplantationsmedizin unabhängige Auseinandersetzung mit der Hirntodtheorie. Im Unterschied zu Bayertz bin ich der Auffassung, daß die Frage nach der Berechtigung dieser Todestheorie *unabhängig von den Möglichkeiten der Lebensrettung durch Organverpflanzung* beantwortet werden kann und muß.

Lese-Hinweise

Über die deutsche »Hirntod«-Debatte informieren: M. Quante, »Wann ist ein Mensch tot?« (in: *Zeitschrift für philosophische Forschung* 49, 1995); J. Hoff/J. in der Schmitten (Hrsg.), *Wann ist der Mensch tot?* (Hamburg ²1995); J. S. Ach/M. Quante (Hrsg.), *Hirntod und Organverpflanzung* (Stuttgart/Bad Cannstatt 1997); G. U. Höglinger/S. Kleinert (Hrsg.), *Hirntod und Organtransplantation* (Berlin, New York 1998).

Den Erlanger Fall dokumentieren: G. Bockenheimer-Lucius/E. Seidler (Hrsg.), *Hirntod und Schwangerschaft* (Stuttgart 1993); H. Thomas, »Sind Hirntote Lebende ohne Hirnfunktionen oder Tote mit erhaltenen Körperfunktionen?« (in: *Ethik in der Medizin* 6, 1994); vgl. auch den Bericht von einer erfolgreich verlaufenen »Hirntod«-Schwangerschaft: P. Bavastro/J. Wernicke, »Eine besondere Krankengeschichte« (in: *Zeitschrift für medizinische Ethik* 43, 1997).

Die kirchliche Zustimmung zur Hirntodtheorie (*Organtransplantationen: Erklärung der Deutschen Bischofskonferenz und des Rates der Evangelischen Kirche in Deutschland*, Bonn, Hannover 1990) erfährt heute auch von Kirchenvertretern Widerspruch: J. Meisner, »Wann trennen sich Leib und Seele?« (in: *Frankfurter Allgemeine Zeitung* vom 25. Januar 1997); W. Huber, »Heiligtum oder Ersatzteillager« (in: *Evangelische Kommentare* 29, 1996).

Einen Überblick über die Geschichte von Todeszeitbestimmung und Organentnahme vermitteln: das 1. Kapitel von R. Stoecker, *Der Hirntod* (Freiburg, München 1999); T. Schlich, »Ethik und Geschichte: Die Hirntoddebatte als Streit um die Vergangenheit« (in: *Ethik in der Medizin* 11, 1999); M. Pernick, »Brain Death in a Cultural Context« (in: *The Definition of Death*, hrsg. von S. J. Youngner u.a., Baltimore, London 1999).

Das Gesetzgebungsverfahren erschließen die Ausschuß- und Plenarprotokolle der 13. Wahlperiode des Deutschen Bundestages (Gesundheitsausschuß: Protokolle der 17. Sitzung vom 28. Juni 1995 und der 64. Sitzung vom 25. September 1996; Rechtsausschuß: Protokoll der 72. Sitzung vom 15. Januar 1997; Plenarprotokolle der 99. Sitzung vom 19. April 1996 sowie der 183. Sitzung vom 25. Juni 1997).

Der Todesbegriff sei eine Konvention, behaupten: G. Pendl, *Der Hirntod* (Wien, New York 1986); P. J. Schick, »Todesbegriff, Sterbehilfe und aktive Euthanasie« (in: *Ethik und Recht an der Grenze zwischen Leben und Tod*, hrsg. von E. Bernat, Graz

1993); R. M. Veatch, *Death, Dying, and the Biological Revolution* (New Haven, London 1989).
Für die Tötung durch Organentnahme werben: das 6. Kapitel von R. Stoecker, *Der Hirntod* (vgl. oben); E. Schmidt-Jortzig, *Wann ist der Mensch tot?* (München 1999); W. Höfling, »Plädoyer für eine enge Zustimmungslösung« (in: *Universitas* 50, 1995); J. Hoff/J. in der Schmitten, »Plädoyer für ein menschenwürdiges Todeskriterium« (in: *Wann ist der Mensch tot?*; vgl. oben); dies., »Hirntote Patienten sind sterbende Menschen« (in: *Universitas* 50, 1995); S. Rixen, *Lebensschutz am Lebensende* (Berlin 1999). Von der Vorbildfunktion der Abtreibungsdebatte für die Auseinandersetzung um den »Hirntod« spricht R. Süssmuth in ihrem Geleitwort zu *Wann ist der Mensch tot?* (vgl. oben). Die deutsche »Hirntod«-Kritik will keine Überlebenslotterie (J. Harris, »The Survival Lottery«, in: *Philosophy* 50, 1975) einführen.
Auf die Versuchlichkeit durch die Erfolge der Transplantationsmedizin mache ich aufmerksam im Anschluß an: A. W. Müller, »Totale Toleranz in Sachen Singer?« (in: *Zeitschrift für philosophische Forschung* 51, 1997); D. Mieth, »Zur Anthropologie des Todes« (in: *Wann ist der Mensch tot?*, vgl. oben); P. Singer, *Rethinking Life and Death* (Oxford 1994).
K. Bayertz versteht die Hirntodtheorie als ethischen »Fortschritt«: K. Bayertz, »Ethik, Tod und Technik« (in: *Hirntod und Organverpflanzung*, vgl. oben); ders., »Was heißt es, den Tod zu definieren?« (in: *Freiheit, Verantwortung und Folgen in der Wissenschaft*, hrsg. von H. J. Sandkühler, Frankfurt am Main 1994); ders./K. Schmidt, »Die hirntote Schwangere und ihr lebender Fötus« (in: *Blätter für deutsche und internationale Politik* 37, 1992). Den Zusammenhang von neuen Erfahrungstatsachen und begrifflichen Veränderungen betont: L. Wittgenstein, *Zettel* (Werkausgabe, Bd. 8, Frankfurt am Main 61994).

2 Die Herausforderung der Philosophie durch den Tod

Im ersten Kapitel habe ich die Bedeutsamkeit einer Auseinandersetzung mit dem Thema Tod herausgestellt. Im Interesse der Moral sind wir auf die *Klärung des Todesbegriffs* angewiesen. Nur so können wir die zentrale Rolle des Tötungsverbots verstehen und gegenüber Alternativen zu unserer Moral verteidigen. Die im ersten Kapitel genannte, nicht aber begründete These geht vom Lebendigsein des »Hirntoten« aus: Der »Hirntote« lebt. Auch in diesem Kapitel will ich diese These nicht begründen, doch deutlicher als zuvor ihren Sitz im Leben sowie *Anhaltspunkte der Kritik* an Hirntodtheorien benennen. Dazu zählen zum einen die Beschreibung des mit »Hirntod« benannten klinischen Phänomens und zum anderen die Aufzeichnung von *Sprachverwirrung bei der Rede über »hirntote« Patienten* und Unsicherheit beim Umgang mit »lebendigen Leichen«.

Im zweiten Teil des Kapitels (ab S. 60) frage ich nach der besonderen *Aufgabe des Philosophen* bei der Beantwortung der Frage: »Wann ist der Mensch tot?«, und wehre zugleich den Versuchungen, die Moral an bio- oder medizinethische Experten und die begriffliche Kompetenz der Umgangssprache an die Naturwissenschaften abzutreten. Das defensive Unternehmen ergänze ich durch eine Skizze der Arbeitsteilung von Philosophie und Naturwissenschaften bzw. Medizin bei der Bestimmung des Todes. Das Kapitel schließt mit Hinweisen zum *politischen Interesse* an Sterben und Tod des Menschen.

2.1 Zweifel am Tod des Organspenders

Erste und öffentlichkeitswirksame Zweifel an der Hirntodtheorie sind bereits benannt worden: Eine Tote soll der Hirntodtheorie zufolge ein Kind gebären können. Hans Jonas, der erste und prominenteste Gegner der Hirntodtheorie, hat den Erlanger Fall noch 1992 kommentieren können. Nach dem Spontanabort des Fötus schreibt er: »Daß es ein ›Leichnam‹ sein soll, der da ein Fieber entwickelt, ... und daß es der Uterus einer ›Toten‹ sei, der dann die Kontraktionen vollführt, die das nun tote Kind ausstoßen – das ist doch offenbarer verbaler Unfug, ein semantischer Willkürakt im Dienste eines äußeren Zweckes« (S. 23).

Der »äußere Zweck« ist die Organentnahme. Mit Jonas bin ich, wie in Kapitel 1 deutlich wurde, der Auffassung, daß keiner »hinfort dafür sein (darf), einem Gehirntoten unter Beatmung, also ›bei lebendigem Leibe‹, Organe zu entnehmen. Nicht einmal bei vorheriger Einwilligung des Betreffenden« (S. 24). Jonas spricht in dem zitierten Brief an Hans-Bernhard Wuermeling, der als Rechtsmediziner das ärztliche Vorgehen im Erlanger Fall verteidigte, davon, daß »der spontan abortierende Leib ... rückläufig und endgültig jenem Augenschein des rosig durchbluteten warmen Leibes recht (gab), den die gelehrten Herren uns archaischen Laien für trügerisch erklärten« (S. 23). Vom Erscheinungsbild des »Hirntoten«, das dem medizinischen Laien dessen Lebendigsein vor Augen führt, spreche ich im folgenden Abschnitt, bevor ich die (nicht immer entschiedene) Resistenz unserer »laienhaften« Sprache gegen die Hirntodtheorie dokumentiere.

Der totale Hirninfarkt

Die Bundesärztekammer definiert den »Hirntod« als »Zustand des irreversiblen Erloschenseins der Gesamtfunktion des Großhirns, des Kleinhirns und des Hirnstamms bei einer durch kontrollierte Beatmung noch aufrechterhaltenen Herz-Kreislauffunktion«. Gerhard Pendls Definition in seiner *Einführung in ... Diagnostik und Problematik* des »Hirntodes« lautet: »Der Hirntod (ist) als die Totalnekrose des Großhirns, des Kleinhirns und des Hirnstamms zu verstehen, d.h. als irreversible Schädigung und damit Ausfall aller Funktionen und das Unvermögen, vitale Funktionen wie Atmung und Blutdruck aufrechtzuerhalten und vegetative Funktionen zu erhalten«.

Die Medizin kennt diesen Zustand erst seit den Errungenschaften der Intensivmedizin in der Mitte unseres Jahrhunderts. Seit den 60er Jahren kann unter künstlicher Beatmung der sogenannte »dissoziierte« Hirntod beobachtet werden – »dissoziiert«, da im Unterschied zum herkömmlichen Sterbegeschehen die enge Verknüpfung von Herzstillstand und Absterben des Gehirns aufgelöst ist.

»Hirntote« sehen aus wie Intensivpatienten, nicht wie Leichen. Sie sind bewußtlos, beatmet, ihr Kreislauf wird mit Medikamenten gestützt. Von anderen Komatösen ist der »Hirntote« nicht ohne diagnostischen Aufwand zu unterscheiden: Die Feststellung des »Hirntodes« umfaßt die Kontrolle von Hirnstamm-Reflexen (vermittels Kontrollen der Augenbewegung und der Schmerzreaktion), bestimmte Beobachtungszeiten und die z.T.

verbindlich vorgeschriebene, apparative Bestätigung der Diagnose durch Aufzeichnung der Gehirnströme oder röntgenologische Darstellung der Gehirndurchblutung.

Es gibt verschiedenste Ursachen des endgültigen Gehirnversagens, man unterscheidet primäre (z.B. Schädel-Hirn-Traumen, Hirntumore) und sekundäre Ursachen (z.B. Kreislauf- und Atemfehlfunktionen, Infektionen, Vergiftungen). Unabhängig von der Verursachung durch Verletzung, Vergiftung oder Sauerstoffmangel liegt dem totalen Hirninfarkt, d.h. der »Hirntotalnekrose« (G. Pendl), letztlich ein Hirnödem zugrunde, infolge dessen der Schädelinnendruck den arteriellen Blutdruck überschreitet. Die Gehirndurchblutung kommt zum Stillstand, Gehirnzellen sterben ab. Eine Wiederbelebung des Gehirns durch neuerliche Durchblutung (z.B. unter Reanimationsbedingungen) ist nach spätestens 15 bis 30 Minuten, in Ausnahmefällen (bei Kindern, bei Unterkühlung) unwesentlich länger, ohne Erfolg. Dabei ist die unterschiedliche Anfälligkeit von Hirngewebe unter Sauerstoffmangel zu beachten: Während Kreislauf- und Atemzentren noch bis zu einer halben Stunde nach Stillstand der Gehirndurchblutung wiederbelebt werden können, beläuft sich die Wiederbelebungszeit der Großhirnrinde nur auf drei bis acht Minuten.

Die *Wiederbelebungszeit des Gehirns*, bestimmt die Möglichkeiten einer erfolgreichen Reanimation (vgl. S. 102ff.). Schon die Nekrotisierung der Großhirnrinde infolge eines vorübergehenden Kreislaufstillstands verursacht bleibende Bewußtlosigkeit. Im Zustand des von der Bundesärztekammer definierten »(Ganz-)Hirntodes« werden zudem Atmung, Kreislauf, Wasser- und Hormonhaushalt nicht mehr vom Gehirn gesteuert oder beeinflußt. Der Eintritt des Kreislaufstillstands und damit der Eintritt sicherer Todeszeichen werden aber durch die *maschinelle bzw. medikamentöse Kompensation* der endgültig ausgefallenen Gehirnfunktionen verhindert.

Unaufhaltsam Sterbende?

Hirntodtheoretiker sprechen von dem »unaufhaltsamen« Eintritt des Kreislaufstillstands nach Gehirnversagen. Wir hätten es nach herkömmlichen Maßstäben von Tod und Leben mit Sterbenden zu tun. Der Begriff des Sterbens verweist auf die *Todesnähe*. Trotz der Unbestimmtheit des Ausdrucks kennzeichnete »Todesnähe« zurecht den Zustand des Hirntodes, wenn »Hirntote« tatsächlich nur noch Stunden oder wenige Tage zu leben hätten (ich spreche nach wie vor vom Leben, das mit dem endgültigen Stillstand von Atmung und Kreislauf endet). Nun zeigen die Berichte von über Wochen aufrechterhaltenen Schwangerschaften von »Hirntoten«, daß die Todesnähe des »Hirntodes« nicht einfach eine physiologische Gegebenheit benennt: Der Eintritt des Kreislaufstillstands ist in vielen Fällen nicht »unaufhaltsam« und ereignet sich oft wesentlich später als nach den regelmäßig angeführten »wenigen Tagen«.

Eine Studie des amerikanischen Neurologen Alan Shewmon über die gesamte »Hirntod«-Geschichte von 1966 bis 1997 dokumentiert *Überlebenszeiten im »Hirntod«* von mindestens einer Woche in mehr als 160 Fällen, davon teils Fälle wochen- oder sogar monatelangen, in einem Fall über 14 Jahre andauernden »Hirntod«-Lebens. Shewmon kann zeigen, daß die Überlebenszeit im »Hirntod« vor allem vom Alter der Patienten und von ihrem übrigen Gesundheitszustand, keinesfalls allein vom Ausfall der Gehirntätigkeit, abhängig ist. Die aufs Ganze gesehen geringe Zahl der aufgefundenen Fälle beachtlicher Überlebenszeiten erklärt sich aus der Funktion der gehirnorientierten »Todeszeit«-Bestimmung: Organentnahme oder Behandlungsabbruch verhindern, daß viele Fälle des totalen Hirninfarkts gegen die »Nur wenige Tage«-These sprechen.

Die Studie Shewmons bricht auch mit einem zweiten Vorurteil. »Hirntote« sind nach Bekunden der Hirntodtheorie bloße »Organ-Ansammlungen«, nicht bloß weil der Kreislaufstillstand unabwendbar, sondern auch, weil das »Überleben« des »Organhaufens« (bis zur erfolgreichen Organentnahme) nur mit immensem intensivmedizinischem Aufwand zu bewerkstelligen sei. Shewmon zeigt dagegen, daß die anfängliche Kreislauf-Instabilität im »Hirntod« mit zunehmender Überlebensdauer vom Organismus selbst kompensiert wird. In einigen Fällen wurden »Hirntote« aus Intensivstationen in Pflegeheime oder (in einem Fall) sogar nach Hause verlegt. Der »Hirntod« verlangt nicht notwendig »heroischen« Einsatz des medizinischen Personals, »aggressive« Therapie und »massiven« Geräteeinsatz.

Die exemplarisch angeführte Untersuchung zeigt: Die »Todesnähe« des »Hirntoten«, ohnehin kein gutes Argument für die *Toterklärung von Sterbenden*, verweist nicht auf eine notwendige physiologische Korrelation von endgültigem Gehirnausfall und Desintegration des Organismus. Das Gehirnversagen markiert nicht *per se* den Beginn des Sterbeprozesses. Der Zeitpunkt des Organismus-Verfalls (zum bloßen, zunehmend und unaufhaltsam zerfallenden »Organhaufen«) wird also nicht allein durch den totalen Hirninfarkt bestimmt.

Man könnte dennoch von der Todesnähe des »Hirntoten« sprechen, weil die Pflicht des Arztes, seinen Patienten zu beatmen usw., in der Regel mit dem Gehirnversagen erlischt. Der Arzt darf, unter Umständen muß er den »Hirntoten« sterben lassen (vgl. S. 130f.).

Der »Hirntote« ist nicht immer ein Sterbender. Selbst wenn er, bedingt weniger durch Gehirn- als durch multiples Organversagen, im Sterben liegt, ist er als solcher noch nicht tot. Den Sterbenden oder den schwachen, auf Hilfe zum Überleben angewiesenen Menschen schützt das Tötungsverbot vielleicht in besonderer Weise. Diese Tatsache verschleiert der Terminus »*indirekte Euthanasie*« in der Auseinandersetzung um die Tötung auf Verlangen: Die Inkaufnahme einer evtl. Lebensverkürzung durch schmerzstillende Medikamente unterläuft nicht mit dem Argument des ohnehin nahe bevorstehenden Todes das Tötungsverbot. Die Schmerztherapie zielt auf die Ermöglichung erträglichen Sterbens, nicht auf die Tötung des Patienten. Ärztliche *Sterbehilfe* darf niemals Tötung sein.

Die Diskussion der ärztlichen Aufgabe und des oft bestrittenen Unterschiedes von Töten und Sterbenlassen, Themen unerhörter Relevanz bei der Genese der Hirntodtheorie, stelle ich bis Kapitel 4 (vgl. S. 118-131) zurück. Hier gilt es, das oft sogenannte »Scheinleben« des »Hirntoten« näher zu schildern.

Scheinleben?

Von der *Ununterscheidbarkeit des Hirninfarkt-Patienten von anderen dauerhaft bewußtlosen Patienten* habe ich bereits gesprochen. Im einzelnen heißt das: »Hirntote« sind beatmet, durchblutet, warm und rosig. Die Wunden von »Hirntoten« und ihre Krankheiten (z.B. eine Lungenentzündung) können heilen. Das irritiert besonders Angehörige, die von ihrem Verwandten Abschied nehmen sollen, der oft zum Zeitpunkt seines »Hirntodes« wesentlich lebendiger aussieht als an der Unfallstelle oder bei der Reanimation. Schwangere »Hirntote« können Kinder gebären, »hirntote« Kinder puberticren. Manche Forscher versichern, es sei grundsätzlich möglich, Kinder von zur Zeit der Zeugung »hirntoten« Eltern zur Welt zu bringen. Die Hirntodtheorie selbst erklärt Lebenszeichen des »Hirntoten« zum »Lazarus-Syndrom«: »Hirntote«, deren Reflexbewegungen Umarmungen und Gehbewegungen gleichen und die sich im Bett aufrichten, erinnern den Hirntodtheoretiker an die biblische Erzählung einer Totenerweckung.

Eine Theorie, die Menschen nach dem endgültigen Gehirnversagen und noch vor dem Stillstand von Atmung und Kreislauf tot nennt, trägt offensichtlich die Beweislast. Die vermeintlichen Begründungen der Hirntodtheorie prüfe ich in Kapitel 5. Dort werde ich Listen der Merkmale anführen, die laut Hirntodtheorie den lebendigen Menschen kennzeichnen und dem »Hirntoten« fehlen (vgl. S. 136f.). Ohne Zweifel fehlt dem »Hirntoten« Entscheidendes zum uneingeschränkten menschlichen Leben: Das ist dem ersten Befund zufolge vor allem sein Bewußtsein und, im Unterschied zu vielen anderen Komatösen, die Möglichkeit, es wiederzuerlangen. Für die These aber, daß der Organismus des »Hirntoten« im Verfall begriffen oder bereits zerfallen ist, findet der unverstellte Blick auf den »Hirntod« keinen Anhaltspunkt.

2.2 Sprachliche Resistenz

Im folgenden wehre ich der terminologischen Vorentscheidung zugunsten der Hirntodtheorie. Ich zeige die Suggestivität, aber auch die Inkonsistenz der werbenden Rede für und über den »Hirntod«. Unser Sprechen vom »Hirntoten« erweist m.E. die Widerständigkeit unserer *vortheoretischen Wahrnehmung des Hirninfarkt-Patienten* gegen Theorien, die ihn als Leiche einordnen wollen.

Sprache als Instrument

Die befürchteten Irreführungen bzw. Begriffsmanipulationen zugunsten der Hirntodtheorie sind keine bloße Schwarzseherei. Parallelen finden sich innerhalb der medizinethischen Diskussion des öfteren. So wird bei der *Abtreibung* bis heute oft von »Interruptio« oder »Schwangerschaftsunterbrechung« gesprochen, als könne man die Schwangerschaft nach der Tötung des Fötus jederzeit wieder aufnehmen oder das Leben des getöten Kindes nach kurzer Pause fortführen. Selbst bei dem Ausdruck »Abbruch einer Schwangerschaft« wird wohl kaum die Tötung eines Ungeborenen mitverstanden. Und daß die *Tötung auf Verlangen* »Euthanasie« heißen will und mit ihrem Namen ein würdevolles Sterben propagiert, sollte nicht zu der Annahme verleiten, es handle sich um eine gute Tat, jemanden zu töten, wenn er nur ehrlich darum gebeten hat.

Subtiler und ohne Unterschied riskant für die Moral in allen medizinethischen Konfliktfeldern ist m.E. die *Trennung von* »*Personalität*« *und* »*Menschsein*«. Denn viele Bioethiker verbinden mit dem Wortpaar »Mensch – Person« nicht nur einen begrifflichen Unterschied, sondern auch die Beschränkung moralischer Rechte und Pflichten auf sogenannte »Personen«: Nicht jeder Mensch habe die Eigenschaften, die ihn zu einer »Person« machen würden.

Der sich zunehmender Beliebtheit erfreuende *Personismus in der Moralphilosophie* im allgemeinen, in der Medizinethik im besonderen, verkennt die *Menschlichkeit der Moral* und streicht in der Konsequenz sogar den Begriff »Mensch« aus dem Vokabular der Ethik (vgl. S. 190ff.).

Den »Hirntod« herbeireden?

Wer nie einen »Hirntoten« gesehen hat, wundert sich, *wie über ihn gesprochen wird.* Gibt es »lebendige Leichen« oder »schwangere Tote«? Gerade der Erlanger Fall zeigt die Überforderung der Sprache durch den Anspruch der Hirntodtheorie: Manch einer spricht vom Fötus als einem »Parasiten« in der Leiche. Die »hirntote« Mutter ist dann nur noch ein bislang nicht technisch ersetzbarer »Brutkasten«. Hier verrät die Sprache das *Interesse an einer Versachlichung des Todes.* Mit dem Tod soll der Begrifflichkeit zufolge der Körper des Menschen zur Ressource für den Fötus oder den Organempfänger bzw. zur Maschine werden.

Doch nicht erst die Schwangerschaft einer »Hirntoten« läßt begriffliche Verwirrung entstehen, die Fragen an das Hirntodkonzept hervorrufen: Der »Hirntote« sieht nicht aus wie eine Leiche. Er ist nicht kalt, regungs- und leblos, von Verwesung keine Spur. Sein Herz schlägt, die Atmung wird maschinell gestützt. Unser Sprechen scheint der Unanschaulichkeit dieses »Todes« nicht gewachsen. Zwingt uns der »Hirntod«, von »lebendigen Leichen« zu reden?

»Zwitterwesen«

Der *Spiegel* (10/1997) nennt den »Hirntoten« ein »Zwitterwesen« im »Grenzland zwischen Leben und Tod«. Die in Kapitel 1 genannte moralische Relevanz des Todes würde demnach in einer *Grauzone zwischen Leben und Tod* aufgelöst. Damit wäre aber auch Hirntodtheorien nicht gedient, denn die Einführung eines dritten Zustandes neben Leben und Tod eines Menschen würde keineswegs eine Vorentscheidung zugunsten der Organentnahme bedeuten. Den »Hirntoten« ein Zwitterwesen zu nennen, spricht im Gegenteil eher für die Fraglichkeit von Theorien, die ihn als Leiche einstufen und behaupten, man könne »Hirntote« nicht töten.

Die Bezeichnung von »Hirntoten« als Zwitterwesen gerät außerdem zur vielleicht unbewußten Vorentscheidung zugunsten einer *personistischen Moraltheorie.* Viele Autoren der gegenwärtigen Bioethik-Debatte unterscheiden moralisch vollwertige Menschen von solchen, die nicht denselben moralischen Status haben wie gesunde Erwachsene, denen sie den Ehrentitel »Person« verleihen. Ungeborene etwa, geistig Behinderte oder Demente hätten nicht die Eigenschaften, die sie zu vollberechtigten Mitgliedern unserer moralischen Gemeinschaft machen würden. Gegen solche Versuche, innerhalb der menschlichen Spezies moralisch einschneidende Grenzen zu ziehen, werde ich in Kapitel 6 für die Menschlichkeit der Moral und das *Personsein als Auszeichnung der menschlichen Spezies* argumentieren. Jetzt genügen mir die Andeutungen einer personistischen Position in der Rede vom »Zwitterwesen«, um deren Unangemessenheit zu demonstrieren: Der »Hirntote« könnte als Grenzgänger der moralischen Gemeinschaft angesprochen und damit schon terminologisch aus dem Schutzbereich des Tötungsverbots ausgeschlossen sein, bevor eine ernsthafte Auseinandersetzung um Hirntodtheorien stattgefunden hat.

Die unsichtbare Guillotine

»Hirntod«-Verfechter sprechen deutlicher vom angenommenen Tod, wenn sie den »Hirntod« bildlich eine »innere« oder »innerliche Enthauptung« nennen: Der Enthauptete ist zweifellos tot. Das Bild ist drastisch und verfehlt nicht seine Wirkung. Doch wie genau sollen wir es verstehen? Physiologen erläutern den »Hirntod« als vollständige *funktionale Entkoppelung von Gehirn und Rückenmark* durch Ausfall der Durchblutung im Schädelinneren. Strukturell manifestiert sich diese Entkoppelung in der fortschreitenden Auflösung der Gehirnmasse trotz Aufrechterhaltung des Körperkreislaufs.

Die Rede von der innerlichen Enthauptung könnte in sich widersprüchlich erscheinen. Ich will versuchen, ihr einen Sinn abzugewinnen: 1. *Innerliche* Enthauptung: Äußerlich wäre, was auch der Laie ohne Durchführung von Reflexkontrolle, Aufzeichnung der Hirnströme oder Darstellung der Gehirndurchblutung als Todeszeichen wahrnimmt. Von alledem weist der »Hirntote« aber nichts auf. 2. Innerliche *Enthauptung*: Zur Enthauptung gehört die Zerstörung der Integrität des menschlichen Körpers, die Leben möglich macht. Und vorschnellen Schlüssen zum Trotz heißt »enthaupten«: »den Kopf (nicht das Gehirn) vom Rumpf trennen«.

Die bildhafte Werbung für die Hirntodtheorie ist nur dann lauter, wenn unabhängig von der Suggestivität der Wortverbindung »innerliche Enthauptung« gezeigt werden kann, daß das Gehirnversagen die Integrität des menschlichen Körpers in vergleichbarer Weise wie die Enthauptung zerstört. Begründungen für eine solche Behauptung werde ich in Kapitel 5 auf ihre Tauglichkeit hin befragen.

Doch schon abgesehen von der Frage nach der Tauglichkeit von Hirntodtheorien führt das Bild von der inneren Enthauptung m.E. in die Irre:

1. Die strafrechtlichen Konnotationen von »Enthauptung« sind auf der Intensivstation fehl am Platze. 2. Das Gehirnversagen tritt wie die meisten uns bekannten Todesursachen, z.B. Herzversagen und Atemstillstand, nicht plötzlich ein wie die Exekution oder der Tod durch Explosion einer Bombe – der »Hirntod« ist kein auf die Sekunde genau zu bestimmender Einschnitt im Sterbeprozeß.

Während die Enthauptung den einen lebenden Menschen zerstört, ist der totale Hirninfarkt zunächst eine Beeinträchtigung oder schwerwiegende Erkrankung dieses einen Menschen und darin eher dem Verlust eines Armes oder dem Funktionsausfall des Verdauungstrakts vergleichbar als der Enthauptung. Das gilt übrigens ebenso vom *Herzversagen*, dessen Eintritt allein auch vor dem Wechsel zur Hirntodtheorie und bis heute in der alltäglichen medizinischen Praxis noch nicht den Todeszeitpunkt markiert. Man denke an die Möglichkeiten der Wiederbelebung.

Nun könnten wir zugestehen, daß bildhafte Rede ihren Gegenstand nicht genau trifft. Hirntodtheoretiker könnten »Hirntote« unbefangen »Leichen« nennen. Die »Leiche« ist, so steht es im Duden, der »Körper eines Toten, Gestorbenen«. Daß die Hirntodtheorie sich scheut, »Hirntote« als »Leichen« zu bezeichnen, wie der nächste Abschnitt zeigt, ist ein sicherlich unbeabsichtigter Hinweis auf die *theorie-resistente Lebendigkeit des »Hirntoten«*. Ähnliches belegt die unausrottbare Rede vom »Hirntod« statt vom »Tod« (vgl. S. 57f.).

Leiche oder Körperteil?

Da dem »Hirntoten« fehlt, was normale Leichen kennzeichnet: Reglosigkeit, Blässe, Erkaltung und Totenstarre, will ihn der Neurologe Johann Spittler »hirntoter, beatmet noch überlebender übriger Körper« nennen. Ich will nicht über die Verwendung des Wortes »Leiche« streiten. Vielleicht meint die medizinische Wissenschaft etwas mehr als der Duden und trifft damit wohl auch die alltägliche Verwendung des Wortes. Zu unserem Begriff der Leiche scheinen tatsächlich sogenannte »sichere Todeszeichen« wie Totenflecken, Leichenstarre und Verwesung zu gehören, die der »Hirntote« nicht aufweist. Nennen wir ihn also nicht »Leiche«.

Die angebotene Alternative mag aber auch nicht überzeugen. Das Überleben eines Körpers kennen wir bislang nur als Überleben eines Menschen. Und ein »übriger Körper« wäre wie der Rumpf des Enthaupteten kein menschlicher Körper mehr, sondern dessen Rest oder Teil. Daß Körperteile den Tod des Menschen überleben können, ist bekannt; das macht sich die Transplantationsmedizin mit oder ohne Hirntodtheorie zunutze. Den Körper des »Hirntoten« aber als Körperteil eines Verstorbenen zu verstehen, verwehrt uns die Sprache von Leben und Tod. Selbst der gewöhnliche Leichnam ist nicht Überrest eines Körpers, solange er nicht verwest, verbrannt oder zerstückelt ist.

Auch wenn wir der traditionellen Rede vom *Tod als Trennung von Leib und Seele* eine Bedeutung beimessen wollten, hieße das nicht, der seelenlose Leib sei verstümmelt. Ein oberflächlicher Dualismus, der den Menschen als Kompositum aus vergänglichem Leib und unvergänglicher Seele betrachtet, mißachtet sprachliche Intuitionen, denen zufolge der *ganze* Mensch den Tod erleidet, nicht bloß der von ihm unterscheidbare Leib oder Körper.

Ein Streit um Worte?

Ein möglicher Einwand auf das bisher Gesagte macht folgendes geltend: Unser Sprechen vom »Hirntoten« ist das eine, entscheidend ist aber doch wohl die Sache selbst und die scheint eindeutig entschieden – der »Hirntote« ist »Körper eines Toten«.

In der Tat helfen bloße Wortgefechte nicht weiter. Ich behaupte auch nicht, aus der nachlässigen Redeweise mancher Hirntodtheoretiker – und ihrer Kritiker – folge die Falschheit der Hirntodtheorie. Aber ich mache darauf aufmerksam, daß

Sprache ein gewisses Maß an Theorie-Resistenz aufweisen und zurecht Zweifel an einer Theorie befördern kann: Die angeführten Benennungen des »Hirntoten« und andere wie »Organ-Biotop«, »Herz-Lungen-Organverbund« oder »Brutmaschine« sind m.E. taugliche Indizien oder Symptome tiefer liegender Unstimmigkeiten der Hirntodtheorie. Zumindest aber ist noch nicht entschieden, ob *die begrifflichen Intuitionen und die alltägliche Verwendung geläufiger Orientierungsbegriffe* wie »Tod« und »Leben«, »Leiche« und »Lebender« hinter der oft inkonsistenten Terminologie der Hirntodtheorie zurückstehen müssen.

Zur vernünftigen Auseinandersetzung mit der Frage nach dem menschlichen Tod gehört die Infragestellung von Theorien, die den Menschen nach Gehirnversagen wie der Philosoph Gerd Haeffner einen »künstlich erhaltenen, bloß vegetativen Restbestand menschlichen Lebens« nennen. Gleiches gilt von einer geläufigen angelsächsischen Bezeichnung von Apallikern, also Menschen mit schwersten Gehirnschädigungen, als »Menschengemüse« (*human vegetables*). In solchen Bezeichnungen leben antiquierte Theorien über die vorgeburtliche Entwicklung des Menschen in entstellter Form für sein Sterben wieder auf. Die Biologie hat einmal angenommen, der Mensch durchlaufe in seiner embryonalen Entwicklung evolutive Stadien der Menschwerdung. Nun wird sein *Sterben als Dehumanisierung* gedeutet, selbst aus dem Tierreich fällt der »Hirntote« heraus, als »atmenden Leichnam« zählt man ihn zur Vegetation.

Menschlicher Tod oder »Hirntod«

Die griffige Rede vom »Hirntod« ist eingeführt und kaum mehr auszutauschen. Das Wort »Hirntod« kann aber selbst symptomatisch im erläuterten Sinne gelesen werden.

Vertreter der Hirntodtheorie sagen, der »Hirntod« sei genauso ein Tod wie der »Herz-« oder »Herz-Kreislauftod«. Die Nennung des Organs Gehirn verstehe sich als Hinweis auf das *Atrium mortis*, das Einfallstor des Todes: Mal sei es der Ausfall von Atmung und Kreislauf, auf der Intensivstation aber mitunter das endgültige Erlöschen jeglicher Gehirnaktivität.

Der »Hirntod« meint mehr als ein Organversagen, sonst sprächen wir wie beim Nieren- oder Leberversagen besser vom »Gehirnversagen«. Die Bezeichnung »totaler Hirninfarkt«, die ich von Josef Seifert übernehme, entspricht m.E. genauestens dem medizinischen Faktum: der Nekrose eines Organs aufgrund der Unterbrechung der Durchblutung (vgl. S. 48f.). Das Mehr von

»Hirntod« ist der Tod des ganzen Menschen und nicht das Absterben eines seiner Organe. Die Bezeichnung »Hirntod«, in Analogie zu »Herz-Kreislauf-Tod« gebildet, ist nur dann angemessen, wenn der Zusammenhang von Hirnversagen und Menschentod ausgewiesen werden kann. Gerade dieser Zusammenhang aber steht in Frage; eine bloß terminologische Entscheidung zugunsten der Hirntodtheorie verbietet sich trotz der Griffigkeit und faktischen Unaustauschbarkeit von »Hirntod«, solange nicht bewiesen ist, daß Herzschlag und Atmung, Schwangerschaft und Zeugung usw. den Lebenden nicht länger von der Leiche unterscheiden.

Um Irreführungen vorzubeugen, spreche ich auch vom (endgültigen) Gehirnversagen bzw. dem (totalen) Hirninfarkt, um den medizinischen Befund zu benennen. Die bislang verwendeten (und bisweilen umständlichen) Anführungszeichen machen die Differenz von Tod des Menschen und »Hirntod« bewußt, die vielleicht auch die terminologische Verdoppelung des Todes – tote Leichen und tote »Hirntote« – ungewollt bestätigt. Im folgenden werde ich der Übersichtlichkeit halber die Wörter »Hirntod«, »Hirntoter« usw. ohne Anführungszeichen schreiben. Um so eindringlicher bitte ich meinen Leser, sich nicht von den Assoziationen des Wortes »Hirntod« mit dem menschlichen Tod irreführen zu lassen. Die Verteidigung des überkommenen Todesbegriffs fiele m.E. oft leichter, wäre die Beweislast durch die Etablierung der Bezeichnung »Hirntod« nicht bereits zu dessen Lasten verschoben. Dagegen würde die Frage: »Ist der Hirninfarkt der Tod des Menschen?«, die *petitio principii* zugunsten der Hirntodtheorie vermeiden und den Blick auf Elemente einer möglichen Antwort nicht unnötig verstellen.

Bis jetzt habe ich sprachliche oder begriffliche Verwirrung anläßlich des Gehirnversagens oder der Hirntodtheorie erhoben. Daß es sich *nicht* nur um einen Streit um Worte handelt, habe ich angedeutet. Das zeigt sich deutlicher, wenn wir die Zusammenhänge betrachten, in denen von Hirninfarkt-Patienten nicht bloß geredet, sondern mit ihnen umgegangen und an ihnen gehandelt wird.

2.3 Tote umsorgen?

Offen sprechen Krankenschwestern, -pfleger und Ärzte von den »Widersprüchen« bei der Versorgung von Organspendern. Und sie meinen nicht nur seltsame und bisweilen selbstwidersprüchliche Ausdrücke, sondern sprechen von *Problemen im klinischen Umgang mit Hirntoten.*

Ärzte informieren Angehörige vom Tod ihres Familienmitglieds, obwohl der Hirntote mitunter lebendiger aussieht als noch am Unfallort, sich auf jeden Fall nicht von anderen beatmeten Komatösen unterscheidet. Es ist kaum zu begreifen, daß der Verwandte tot sein soll, wenn ein Gerätealarm wie bei jedem anderen Intensivpatienten den Arzt oder die Schwester herbeiruft. Es sind aber nicht nur Angehörige, die von traumatischen Erfahrungen auf der Intensivstation berichten und sich nicht mit dem Tod des hirntoten Verwandten abfinden können.

Die pflegende Zuwendung selbst sträubt sich gegen die These vom Tod des Hirntoten: Schwestern berichten von Gesprächen, die sie mit Hirntoten bei deren Pflege führen. Und Schwestern und Pfleger im Operationssaal berichten von dem Erlebnis, daß der Hirntote bei der Organentnahme stirbt – nicht ohne zu betonen, sie wüßten doch eigentlich, daß einer Leiche Organe entnommen würden. Das Erlebnis sei Sache des Gefühls, der Emotionen. Man müsse sich zur Vernunft rufen, um das »aus dem Bauch heraus« getroffene Urteil, daß der Hirntote lebt, zu korrigieren. Ich werde in Kapitel 6 zu dieser Trennung oder *Desintegration von Gefühl und Vernunft* oder Erleben und Wissen Stellung nehmen.

Hier genügen mir die Hinweise auf eine unübersichtliche Situation, in der das *Handeln am Hirntoten* der These von seinem Tod nicht entspricht. Das gilt insbesondere dann, wenn eine Organentnahme möglich ist: Ist der Hirntote zum Organspender bestimmt, fordert seine Pflege besondere Intensität – »Spenderkonditionierung« scheint zumindest psychologisch unverträglich mit der Leichen-These zu sein. Unter Zeitdruck sollen Angehörige die »Rationalisierung« ihrer Wahrnehmung leisten und im Hirntoten nicht länger den schwerkranken Patienten, sondern die Leiche sehen. Die Erfahrung des Verlustes schmälert auch die in Aussicht gestellte Hilfe für den anonymen Organempfänger wohl kaum. Die ärztliche Nachfrage wird im Gegenteil häufig als unangebrachte Begehrlichkeit erlebt.

Das alles könnten bloß psychologische Probleme sein. Ich will nicht bestreiten, daß ein Training von medizinischem Personal und eine aufmerksame und behutsame Gesprächsführung mit den Angehörigen Traumatisierungen durch die ungewöhnliche Hirntod-Erfahrung vermeiden helfen. Zur Bewertung z.T. bereits installierter Erziehungs- und Fortbildungsmaßnahmen gehört jedoch wiederum die Entscheidung über die Tragfähigkeit der Hirntodtheorie. Pädagogische und psychologische Maßnahmen könnten ansonsten Hürden überwinden helfen, die wir nicht überwinden dürfen, wenn der Hirntote lebt. Die Einsicht, daß der Hirntote lebt, hängt m.E. sogar an den genannten und ähnlichen Hürden vor der »Rationalisierung« der Wahrnehmung des Hirntoten. Wie ich in Kapitel 6 aufzeige, bliebe die Veränderung unserer Einstellung zum Hirntoten nicht ohne Einfluß auf unseren Todesbegriff. *Die angemahnte Ent-Emotionalisierung der klinischen Konfrontation mit dem Hirntod stellt selbst erst die Bedingungen her, unter denen die Hirntodtheorie akzeptabel erscheint.*

2.4 Kompetenz in Sachen Tod und Sterben: Wer bestimmt den Tod?

Sprachregelungen und der Umgang mit dem Hirntoten geben keine hinreichenden Antworten auf die vom Augenschein aufgeworfene Frage nach dem Tod des Hirntoten. Von wem aber darf man solch eine Antwort erwarten?

Transplantationsmediziner beteuern immer wieder, die Wissenschaft erfinde mit dem Hirntod keinen neuen Tod. Die Naturwissenschaften bzw. Physiologie und Medizin hätten vielmehr festgestellt, daß der Mensch und andere höhere Wirbeltiere schon immer eigentlich den Hirntod gestorben seien. Nur sei uns das nicht aufgefallen, da erst die Intensivmedizin (gedacht ist vor allem an künstliche Beatmung) Umstände schafft, unter denen der eigentliche Todeseintritt vor dem Ausfall von Herzschlag und Atmung nachzuweisen ist. Erst das klinische Phänomen des dissoziierten Ausfalls von Gehirnleistungen und Herz-Kreislauf-System ermögliche die Entdeckung des Hirntodes. Eine Kontroverse könne sich allenfalls über angemessene *Verfahren der Todesfeststellung*, also die Hirntod-Diagnostik, entzünden. Von einem neuen *Todesbegriff* könne aber nicht die Rede sein.

Ich widerspreche der genannten Auffassung: Der Anspruch der medizinischen Mehrheitsmeinung, die Wahrnehmung eines Komatösen im Falle des endgültigen Gehirnversagens im Sinne der Hirntodtheorie zu rationalisieren, verfehlt entscheidende Züge des Todesbegriffs. Die Hirntodtheorie führt tatsächlich einen *neuen Todesbegriff* ein, ohne ihn zugleich legitimieren zu können (vgl. S. 133-149). Ärzte haben keine besondere Kompetenz, die Demarkationslinie von Todesbegriff und Todesfeststellung zu ziehen. Wie sind also die Zuständigkeiten verteilt, wenn es um Leben oder Tod des Menschen geht?

Naturwissenschaften und Todesfrage

»Mit dem Hirntod ist naturwissenschaftlich-medizinisch der Tod des Menschen festgestellt«, sagt die Bundesärztekammer. Immer wieder beteuern Hirntodtheoretiker, die Todesfeststellung sei allein Sache des Arztes. Weltweit, so sagt man, ist der Ausfall der gesamten Gehirnfunktion von der Wissenschaft als sicheres Todeszeichen anerkannt. Und der Gesetzgeber habe sich der Entscheidung der medizinischen Wissenschaft anzuschließen, meint Rudolf Dreßler bei den Beratungen zum Transplantationsgesetz: »Wann der Mensch tot ist, entscheidet die medizinische Wissenschaft«.

Ist die Frage, wann der Mensch tot ist, tatsächlich eine naturwissenschaftliche? Zunächst muß es so scheinen. Unter den Kritikern der Hirntodtheorie vermutet man kaum Naturwissenschaftler oder Mediziner; eine eigenartige Koalition aus Philosophen, Juristen, Theologen und vielleicht einzelnen Hirnforschern betreibe die Kritik an der Hirntodtheorie.

Andererseits zeigt die Diskussion anläßlich des neuen Transplantationsgesetzes in Deutschland, daß der gesellschaftliche Konsens zu den Fragen um Hirntod und Organtransplantation auf einen interdisziplinären Diskurs angewiesen ist. Nicht nur bei der Erreichung eines gesellschaftlichen Konsenses, sondern bei der Frage nach dem Ende des menschlichen Lebens ist das Gespräch von Naturwissenschaften, Philosophie, Theologie, Rechtswissenschaft u.a. unerläßlich.

Wie aber ist näherhin das Verhältnis von Naturwissenschaften und Philosophie zu bestimmen, wenn mit den bisherigen Bemerkungen eine deutliche Diskrepanz zwischen der »laienhaften« Wahrnehmung des Hirntoten und der wissenschaftlich-medizinischen »Erkenntnis« aufgewiesen ist?

Eine unzureichende Antwort

Der Biologe Markus Schwarz und der Mediziner Johannes Bonelli bestimmen *die allgemeine Lebenserfahrung als gemeinsame Ausgangsbasis von Naturwissenschaften und Philosophie*. Jeder wisse z.B. aus Erfahrung, was mit »Leben« und »Tod« gemeint sei. Der Philosoph frage nach der Bedeutung von Tod und Leben (nicht: nach den Bedeutungen der Wörter oder nach den Begriffen von Leben und Tod); der Naturwissenschaftler dagegen untersuche die Bedingungen und Nachweismethoden des Todes, d.h. das Gehirnversagen und die Hirntod-Diagnostik. Wenn nun

in *Grenzsituationen* – wie dem Hirntod – die allgemeine Lebenserfahrung nicht ausreiche, um eine sichere Grundlage für naturwissenschaftliche Forschungen bereitzustellen, müsse der Arzt
mit Hilfe seiner empirischen Methoden die Entscheidung darüber, ob ein Mensch noch lebt oder schon tot sei, treffen.

Die genannten Autoren scheitern an ihrem eigenen Anspruch,
einen echten Dialog von Philosophie und Naturwissenschaften
in Fragen um Leben und Tod des Menschen zu eröffnen. Das
liegt zum einen daran, daß *Philosophie als Unternehmen der
Sinnstiftung* mißverstanden wird. Einer jeden fundierten philosophischen Aussage ordnen Schwarz und Bonelli naturwissenschaftliche Beschreibung und Beobachtung von Phänomenen
vor. Den handlungsleitenden Entscheidungen des Arztes entspricht dann nichts mehr im Aufgabenbereich der Philosophie:
Ihr bleibe es vorbehalten, über die Bedeutung des naturwissen-
schaftlich festgelegten Todes, über das Ganze des menschlichen
Lebens, den Verbleib der Seele im Tod oder die menschliche Personalität nachzudenken.

Es ist schon richtig, daß ein Arzt Entscheidungen über Leben
und Tod trifft, die der Philosoph weder treffen kann noch muß –
der Schreibtisch ist kein Krankenbett, der Hörsaal keine Intensivstation. Doch Schwarz und Bonelli unterscheiden nicht bloß,
sondern fordern die *Trennung von allgemeiner Lebenserfahrung*
oder allgemeinem Sprachgebrauch *und medizinischer Wissenschaft*. Sie trennen Medizin und Philosophie – letztere als Sach-
walterin dessen, was jeder weiß – im Interesse autonomer medizinischer Forschung. Ärzten wird ein *Definitionsmonopol* in
Fragen von Leben und Tod zugesprochen. Der Arzt allein soll
über die Anwendung des Wortes »Tod« und damit über dessen
Bedeutung in Grenzsituationen entscheiden können. Was aber
soll als Grenzsituation zählen?

Den Hirntod könnte man gleich in mehrfacher Hinsicht als
Grenzsituation auszeichnen: 1. Der Hirninfarkt ist mit dem Tod
als Grenze des menschlichen Lebens, wenn nicht identisch, so
doch eng verknüpft. 2. Nur eine geringe Anzahl von Totenschei-
nen wird aufgrund der Hirntod-Diagnostik ausgestellt. 3. Das
Verständnis des Laien stößt an Grenzen, wenn medizinische und
andere Fachleute von Leichen reden, deren Herzen schlagen. 4.
Der Hirntod ist Entnahme-Voraussetzung für eine Transplantationspraxis, die sich nur in Ausnahmefällen auf die antizipierende
Zustimmung des Organspenders berufen kann: Nur 3% der Organspender von 1998 besaßen einen Organspende-Ausweis.

All das hat die Schwarz/Bonelli-Theorie aber wohl nicht im
Blick. Der Arzt selbst soll Grenzsituationen vor der allgemeinen

Lebenserfahrung auszeichnen können. Womöglich überall dort, wo er eine sichere Grundlage für naturwissenschaftliche Forschungen wünscht, die die allgemeine Lebenserfahrung nicht zu geben bereit ist?

Nun ist aber auch der Arzt darauf angewiesen, daß man ihn versteht, wenn er vom »Tod« eines seiner Patienten spricht. Er will ja nicht eine medizinische Sondersprache am Lebensende einführen. An bloß fach-interne, terminologische Konvention denken auch Schwarz und Bonelli nicht. Ein sogearteter »klinischer Tod« könnte nicht Forschungsgrundlage sein – man wird an »Forschungen« zu denken haben, die nur an Leichen zu rechtfertigen sind. Dazu ist gerade die Übernahme der Verknüpfung von Todesfeststellung und »Todesverhalten« wie Trauer, Bestattung und mitunter Sektion, Organentnahme u.ä. aus der allgemeinen Lebenserfahrung erforderlich.

Wenn wir zulassen, daß sich die Medizin unseres Todesbegriffs immer dann bedient, wenn Forschungsinteresse Leichen fordert, dann steht auch dem ärztlichen Tot-Sagen von geistig Behinderten oder mißgebildeten Neugeborenen nichts im Wege. Gewiß fänden sich Forscher, die bereit wären, diese Menschen als »Leichen« für fremdnützige Eingriffe auszuweisen.

Führt uns die Schwarz/Bonelli-Theorie auf solch eine schiefe Ebene, stimmt etwas mit der Verhältnisbestimmung von allgemeiner Erfahrung, Naturwissenschaften und Philosophie nicht. Auch wenn die Medizin den Befund des unwiderruflichen Gehirnversagens zuerst erhoben und ihn als Präzisierung bzw. Ersatz der traditionellen Todeskriterien vorgeschlagen hat, sollten wir Ärzten ebenso wenig wie Philosophen ein »bevorzugtes Entjungferungsrecht gegenüber der Sprache« (Detlef Linke) einräumen.

Das klassische Modell

Der mehrheitlich übernommene Versuch, das Verhältnis von Philosophie, Naturwissenschaften und Alltagswissen in der Hirntod-Diskussion zu bestimmen, wurde von Charles Culver und Bernard Gert 1982 entwickelt. Die Autoren setzen bei der Frage nach Todeszeichen an. Zeichen spielen bei der Bestimmung des Todes verschieden Rollen, denen drei Ebenen der Diskussion entsprechen – das Modell werde ich »Drei-Ebenen-Modell« nennen: 1. Zeichen können *Definitionsmerkmale* sein. Solche Zeichen sind Elemente des Todesbegriffs. Die Philosophie expliziert solche Merkmale in Abhängigkeit von sprachlichen Intuitionen, philosophischen und naturwissenschaftlichen Theorien und Definitionen und vielleicht unter Bemessung ihrer Zweckmäßigkeit. Dem Naturwissenschaftler kommt bei ihrer Beurteilung keine besondere Expertise zu. 2. *Kriterien* sind physiologische Konkretisierungen des erhobenen Todesbegriffs. Hier entscheidet der Naturwissenschaftler anhand der besten verfügbaren Theorie, welche Kriterien die Todesdefinition erfüllen. 3. *Tests* sind vom klinischen Fachmann erarbeitete Verfahren, anhand derer die Erfüllung der Kriterien nachgewiesen werden kann. Dem Modell zufolge ergibt sich eine *Hierarchie der drei Zeichen-Ebenen*: Todeskriterien sind nur relativ zu einer Todesdefinition, Tests nur relativ zu vorgegebenen Todeskriterien zu formulieren.

Der amerikanische Arzt und Philosoph Robert Truog füllt die abstrakte Unterscheidung für die Hirntodtheorie folgendermaßen: 1. Definition des Todes: dauerhafter Verlust der Funktion des Organismus als ganzen. 2. Todeskriterium: dauerhafter Verlust der Funktion des gesamten Gehirns. 3. Todestests oder Verfahren zum Nachweis des Todes: a) der kardiorespiratorische Standard, d.h. der Nachweis des Ausfalls von Kreislauf und Atmung, in dessen Folge alle Gehirnfunktionen ausfallen, b) der neurologische Standard, d.h. die Hirntod-Diagnostik.

Das Drei-Ebenen-Modell ist eine, wohl unvermeidliche, *Idealisierung* der tatsächlichen Scheidelinien philosophischer, naturwissenschaftlicher und ärztlicher Kompetenz; es ist hilfreich bei der Ausbuchstabierung verschiedener Konfliktfelder und Zuständigkeiten in der Hirntod-Debatte. Es wird sich zeigen, ob es dem Modell gelingen kann, die Schieflage der Schwarz/Bonelli-Theorie zugunsten eines naturwissenschaftlich-medizinischen Definitionsmonopols zu vermeiden (vgl. S. 69ff.).

Zweifellos ist das Modell dazu geeignet, medizinisch-naturwissenschaftliche Kontroversen um Nachweisverfahren für den totalen Hirninfarkt einzuordnen, die der Philosoph nur zur Kenntnis nehmen, nicht aber entscheiden kann. Hier sprechen Naturwissenschaftler und Mediziner über die Tauglichkeit apparativer Diagnostik, die Aussagekraft von Reflexkontrollen, mögliche Fehlerquellen wie Vergiftung oder Unterkühlung, Anzahl und Wiederholung der Untersuchungsschritte, das genaue Ausmaß der festzustellenden Organschädigung usw. In diesem Buch werden die Kontroversen um die Leistungsfähigkeit der Hirntod-Diagnostik innerhalb der Medizin nicht eigens aufgegriffen. Ich gehe davon aus, daß die naturwissenschaftliche Spezifikation einzelner Hirnfunktionen richtig und der endgültige Ausfall aller Funktionen des Gehirns zweifelsfrei nachweisbar ist.

Das ist ein nicht selbstverständliches Zugeständnis an die Hirntodtheorie: Die Vielfalt der verschiedenen Feststellungsverfahren für den Hirntod und die entsprechende Mannigfaltigkeit des Festgestellten können ein Hinweis auf die Schwäche der Hirntodtheorie bzw. von Hirntodtheorien überhaupt sein. Mit der Überlebenszeit im Hirntod habe ich oben einen Punkt genannt, der unter Medizinern kontrovers diskutiert wird und für die Lokalisierung des Hirntodes im Sterbegeschehen von Bedeutung ist. Eine andere Frage ist die nach der Berechtigung, die Funktionseinheit des Zentralnervensystems am Hinterhauptsloch in relevante Gehirn- und irrelevante Rückenmarksfunktionen scharf zu trennen, wenn es um die Todesbestimmung geht. Das hatte die wirkmächtigste Forderung, die Hirntodtheorie einzuführen, der sogenannte »Harvard-Bericht« von 1968 noch nicht getan (vgl. S. 105–109). Auch lehrt uns die biologische und neurologische Forschung in anderen Feldern als denen der Organentnahme und Todeszeitbestimmung, die Vernetzung und Interdependenz vermeintlich »höherer« und »niederer« Nervenfunktionen bzw. von Gehirn und Rückenmark zu begreifen.

Eine Analogie der nicht nur diagnostischen Bedeutung zunächst bloß medizinisch anmutender Streitfragen findet sich beim sogenannten »Wachkoma« oder »apallischen Syndrom« (engl. *persistent vegetative state*): Die medizinischen Kontroversen offenbaren, daß es sich um sehr verschiedene Krankheitsbilder handelt, deren begriffliche Zusammenfassung und Charakterisierung als dauerhafter Bewußtseinsverlust zur *self-fulfilling prophecy* wird. Die unspezifische Diagnose ist mitunter Anlaß, den »apallischen« Patienten so zu pflegen, als bestünde keinerlei Aussicht auf Heilung. Das Engagement von Eltern apallischer Kinder dagegen zeigt, zu welcher Entwicklung »Apalliker« fähig sind, die von manchen Ärzten bereits als hoffnungslose Fälle abgeschrieben waren.

Das Drei-Ebenen-Modell findet meine Zustimmung bei der Bestimmung der philosophischen Aufgabe als begriffsanalytischer. *Philosophische Untersuchungen sind begriffliche Untersuchungen.* Bei der Klärung des Todesbegriffs, der Auflösung von Mißverständnissen und Begriffsverwirrung, kommt dem Arzt keine besondere Kompetenz zu. Die Begriffsanalyse setzt bei der *Wortverwendung* an. Bei Wörtern wie »Leben« und »Tod«, die in unser aller Rede häufig vorkommen, bleibt das Definitionsbemühen auf eben diesen öffentlichen Sprachgebrauch verwiesen. Eine mögliche Definition des Todes unterscheidet sich somit maßgeblich von einer innermedizinischen Konvention zur Wortverwendung. Der »klinische Tod« ist nicht unser Tod, auch wenn seine Bezeichnung nicht einfach willkürlich und ohne Bezugnahme auf unser Wort »Tod« gebildet wurde. Weitere Zusammenhänge des Begriffsverstehens beleuchte ich in Kapitel 6.

Ich weise aber schon jetzt darauf hin, daß nicht jede Begriffsanalyse eine *Definition* ist. Die im Modell benannte Ebene begrifflichen Wissens ist also mit »Ebene der Definition« unterbestimmt. Wenn z.B. die Angabe von Definitionsmerkmalen des Todes bzw. Lebens scheitert (das zeige ich in Kapitel 6), bleibt dem Philosophen die Aufgabe, den *»Ort« der entsprechenden Ausdrücke in unserem verbalen und non-verbalen Verhalten* zu klären. Die angesprochene »Verortung« des Lebensbegriffs in Verhaltens- und Folgerungsmustern zählt zu den philosophischen Aufgaben der »Definitions«-Ebene.

Die Schwächen des Drei-Ebenen-Modells zeigen sich in seiner Anwendung; sie liegen nicht notwendig in seiner Konzeption beschlossen. Bevor ich auf diese Schwächen aufmerksam mache, vertiefe ich die Besinnung auf die *begriffliche* Aufgabe der Philosophie im Unterschied zur *empirischen* Aufgabe der Naturwissenschaften bei der Bestimmung des Todes.

Kriterien und Symptome

Das Drei-Ebenen-Modell modifiziert eine Unterscheidung, die Ludwig Wittgenstein in seinem *Blauen Buch* eingeführt hat. Dort spricht Wittgenstein von dem Unterschied begrifflichen und empirischen Wissens anhand des Begriffspaars »Kriterium – Symptom«.

Die Bedeutung der Wörter »Leben« und »Tod« wird durch definierende Kriterien bestimmt. Die Begriffe von Leben und Tod sind öffentliches Eigentum, sie spielen in unserem Reden und Handeln eine grundlegende Rolle. Daher sind die Kriterien für den Lebens- bzw. Todesbegriff aus der alltäglichen *Verwendung der Wörter »Leben« und »Tod«* zu erheben: Das angesprochene begriffliche Wissen ist das des kompetenten Mitglieds einer Sprachgemeinschaft. Die besondere Kompetenz des Arztes erstreckt sich *nicht* auf *die Festlegung von Kriterien, sondern* auf *deren Anwendung* im Einzelfall: Die Naturwissenschaften und die klinische Erfahrung entdecken *Symptome für Leben oder Tod*. Wer solche Symptome sucht, setzt die Begriffe von Leben und Tod bereits voraus. Das neue Erfahrungswissen nimmt zunächst keinen Einfluß auf die Definition von Leben und Tod.

Die Hirntodtheorie dagegen führt, trotz gegenteiliger Versicherung vieler ihrer Verfechter, eine Neudefinition von »Leben«

und »Tod« ein, wenn das irreversible Gehirnversagen in den Rang eines Kriteriums für den Tod erhoben wird. In den Kapiteln 5 und 6 zeige ich ausführlicher als hier angedeutet: zum einen, daß die Hirntodtheorie tatsächlich nicht mit dem überkommenen Todesbegriff operiert; und zum anderen, daß die vorgeschlagene Neu-Definition des Todes mit einem Verständnis unserer Natur und unseres Handelns bricht, das tief in vorreflexiven Verhaltensweisen und spontanen Reaktionen wurzelt.

Man ist natürlich frei, das Wort »Tod« abweichend vom Sprachgebrauch zu definieren. Die Einführung anderer Kriterien des Todesbegriffs ändert allerdings auch *die Konsequenzen der Verwendung des Wortes »Tod«*: Wir wären z.B. keineswegs bereit, allein aufgrund eines idiosynkratischen Sprachgebrauchs ein Testament zu vollstrecken oder eine Beerdigung zu veranlassen. Das mit der Unterscheidung von Kriterien und Konsequenzen angedeutete Verhältnis von Regeln der Wortverwendung und solchen des Handelns werde ich in Kapitel 6 erläutern.

Soweit ein erster Überblick. Das konkrete Beispiel Wittgensteins ist ein medizinisches und insofern für meine Erörterung besonders anregend. Im *Blauen Buch* heißt es:

»Auf die Frage ›Woher weißt du, daß das-und-das der Fall ist?‹ antworten wir manchmal, indem wir ›*Kriterien*‹, und manchmal, indem wir ›*Symptome*‹ angeben. Wenn in der Medizin eine Entzündung, die von einem bestimmten Bazillus verursacht wird, als Angina bezeichnet wird und wir in einem bestimmten Fall fragen: ›Warum sagst du, daß dieser Mann Angina hat?‹, dann gibt uns die Antwort ›Ich habe den Bazillus so-und-so in seinem Blut gefunden‹ das Kriterium an, oder das, was wir als das definierende Kriterium von Angina bezeichnen können. Wenn andererseits die Antwort lauten würde ›Er hat einen entzündeten Hals‹, dann würde sie uns ein Symptom von Angina geben. Mit ›Symptom‹ bezeichne ich eine Erscheinung, die *erfahrungsgemäß* mit der Erscheinung zusammen auftritt, die unser definierendes Kriterium ist. Demnach ist die Äußerung ›Jemand hat Angina, wenn sich dieser Bazillus in ihm befindet‹ eine Tautologie oder eine unscharfe Formulierung der Definition von ›Angina‹. Aber die Äußerung ›Jemand hat Angina, wenn er einen entzündeten Hals hat‹ ist eine Hypothese« (S. 48).

Wenn Wittgenstein von »Kriterien« oder »definierenden Kriterien« spricht, benennt er eine *begriffliche Relation*: Kriterien sind in der Wortverwendung festgelegte Gründe für eine Behauptung. Mediziner haben sich darauf geeinigt, die durch einen bestimmten Bazillus verursachte Entzündung »Angina« zu nennen. Der Zusammenhang der Aussagen »Patient A hat Angina«

und »im Blut von Patient A findet sich der Bazillus X« beruht auf Konvention: »Was in einer Theorie als Grund für eine Überzeugung aufgefaßt wird, hängt demnach nicht von der Erfahrung ab, sondern ist eine Sache der Konvention« (*Vorlesungen*, S. 181). Nicht immer werden Kriterien wie bei der Einführung einer neuen Terminologie oder neuer Theorien ausdrücklich vereinbart. Mit »Konvention« weist Wittgenstein auch nicht in erster Linie auf die – womöglich willkürliche – *Wahl von Kriterien* hin, sondern benennt den *normativen, nicht-empirischen Charakter* von definierenden Kriterien.

Kriterien leiten die Begriffsverwendung, sie bestimmen die Bedeutung eines Begriffs. Kritelle Relationen sind oft weder das Ergebnis von Abstimmungen noch beliebig, sondern *tief in unserer Lebensform verankert*. In vielen Fällen können wir diese Verankerung nicht lösen, ohne neue Begriffe einzuführen oder unser Leben zu ändern. So gehört die nicht-apparative Wahrnehmung von Körperwärme, Atembewegung oder Herzschlag zu den in unserem Leben tief verwurzelten Kriterien von Lebendigkeit. Die Bedeutung des Wortes »Tod« und dessen Bezug auf die sicht- und ertastbaren Lebensfunktionen ist in übereinstimmenden Reaktionen und implizitem Wissen tief in unsere Kultur eingeschrieben.

Während Kriterien die »Grammatik« (Wittgenstein) oder Verwendung von Ausdrücken bestimmen, liefern Symptome *empirische Belege*. Ein Symptom von X entdecken wir durch Erfahrung, wenn wir bereits wissen, was »X« bedeutet. Im Angina-Beispiel handeln Mediziner die Kriterien eines neuen Begriffs aus. Dabei orientieren sie sich an kausalen Hypothesen (und evtl. an therapeutischem Erfolg). Anders liegt der Fall, wenn die Medizin auf Wörter der Alltagssprache wie »Leben« oder »Tod« zurückgreift, die eine zentrale Rolle in Sprechen und Handeln haben. Hier steht es der Medizin nicht zu, Regeln der Wortverwendung und damit die Bedeutung von »Leben« und »Tod« festzulegen oder zu verändern. Grammatik und Moral findet der Arzt – selbst Mitglied einer Sprachgemeinschaft – vor, er muß sie nicht erfinden.

Mit der Unterscheidung Wittgensteins läßt sich die Kompetenz der medizinischen Wissenschaft und ärztlicher Praxis auf *Symptome* des Todes beschränken. Nicht, ob Herzschlag und Atmung *Kriterien* des Lebens sind – die grammatische Frage –, sondern, ob in Zweifelsfällen ein Herz noch schlägt oder ein Patient »wiederbelebt« werden kann und dergleichen – die empirische Frage –, beurteilt der Arzt. Wenn der Augenschein wie beim Scheintoten trügt, kann der Arzt etwa mit Hilfe eines Stethoskops oder durch die Aufzeichnung von Herzströmen die Kriterien anwenden, die ihm in einer Sprachgemeinschaft vorgegeben sind. Plädiert der Arzt für einen neuen Todesbegriff, erwarten wir zurecht eine Begründung für eine so weitreichende Veränderung in unserem »Begriffs-Haushalt«, die sich tief in die Moral einschreiben würde. Die Beweislast ist hoch und wird, wie ich in den Kapiteln 4 bis 6 zeige, keinesfalls von den bekannten Begründungen der Hirntodtheorie eingelöst.

Ein Satz wie: »Wann der Mensch tot ist, entscheidet die medizinische Wissenschaft«, ist nur dann richtig, wenn er im Sinne der Symptom- oder Test-Kompetenz gelesen wird. Wird er dagegen als Aussage über begrifflich-kriterielle oder definitorische Kompetenz gelesen, ist er falsch. Schwarz und Bonelli entwerfen solch ein Modell, in dem unser Begriff »Tod« der Medizin und ihren Forschungsanliegen abgetreten wird. Die Instrumentalisierung der Wörter »lebendig«, »tot«, »Leiche« usw. verkennt die Rolle des Todesbegriffs im menschlichen Leben. Das Drei-Ebenen-Modell modifiziert den Vorschlag Wittgensteins, indem es die Symptom-Ebene verdoppelt: Was hier »Kriterium« und »Test« heißt, verweist auf Erfahrungswissenschaften und klinische Praxis. Die Definitionsmerkmale der ersten Ebene sind »Kriterien« im Sinne Wittgensteins. Im folgenden Abschnitt diskutiere ich die Umsetzung des Modells in der deutschen Hirntod-Debatte.

Die Selbstbeschränkung der Philosophie

Das Drei-Ebenen-Modell muß sich in der Anwendung bewähren. Der Philosoph Michael Quante hat es für die Hirntodtheorie meines Wissens am gründlichsten entfaltet. Die idealiter formulierte Hierarchie der Zeichen-Ebenen (Definitionsmerkmale, Kriterien, Testverfahren) wird zum *experimentum crucis* jeder Umsetzung des Modells.

Mit Quante bin ich der Meinung, daß der Todesbegriff nur in Abhängigkeit vom Begriff des Lebens verstanden werden kann: Der Tod ist das Ende des Lebens. Obwohl Bemühungen, den Lebensbegriff zu definieren – etwa durch die Auflistung von Lebensmerkmalen wie Fortpflanzung, Wachstum, Stoffwechsel, Anpassung an die Umwelt usw. – scheitern (vgl. S. 169-174), läßt sich, so Quante, der Integrationsverlust als unverzichtbarer Bestandteil der Todesdefinition ausweisen. Zum Tod gehöre der *Verlust von Integration* oder, insofern der Organismus selbst die integrative Leistung erbringen soll, der Verlust von *Autonomie*.

Ich werde in Kapitel 5 zeigen, daß die vermeintliche Autonomie des Organismus letztlich am gesunden Erwachsenen und seinen Bewußtseinsleistungen bemessen wird. Die geforderte Selbsttätigkeit und Selbstorganisation des Körpers fällt so schließlich mit Versuchen zusammen, die Artzugehörigkeit zur Spezies *Homo sapiens* als Basis moralischen »Gewichts« durch selbstbestimmte, »personale« Leistungen des Individuums abzulösen.

Quante vermerkt, daß eine Analyse des Integrationsbegriffs auf »lebensweltliche Sprachspiele« angewiesen bleibt, denen eine naturwissenschaftliche Reformulierung wohl nicht zur Gänze gerecht werden könne. Zugleich behauptet er jedoch, es sei ein empirisch-kontingentes Faktum, daß der menschliche Organismus mit dem Gehirnversagen seine Integrationsleistung verliere. Zur entscheidenden Aufgabe in der Kritik der Hirntodtheorie wird jetzt die Bestimmung des Integrationsbegriffs. Quante bezweifelt zwar den Wert einer bloß naturwissenschaftlichen Fassung des Begriffs, spricht selbst aber recht unspezifisch von den Bedingungen »diachroner Identität« und eines »menschlich personalen Lebensprozesses«.

Mir scheint die Gefahr hoch, mit der Verlagerung der Diskussion von »Leben« auf »Integration«, »Organismus als ganzer« usw. zugleich die Kompetenzentrennung von Philosophie und Naturwissenschaften zu verwischen. Das Wort »Integration« ist uns weniger geläufig als »Leben« und daher vielleicht »wissenschaftlich« verfügbarer. Der abstrakte Fachterminus suggeriert die Zuständigkeit von (philosophischen oder naturwissenschaftlichen) Experten. Es ist nicht zu erwarten, daß das Definitionsmonopol von Naturwissenschaften und Medizin (oder Bioethik) in Sachen Leben und Tod aufgebrochen wird, wenn diese allein über die Erfüllung von Definitionsmerkmalen wie »Integration« oder »zentrale Steuerung« entscheiden sollen.

De facto endet philosophisches Bemühen um die Hirntodtheorie meist bei der Angabe von Definitionsmerkmalen des Lebens, die sich von den herkömmlichen Listeneinträgen durch einen höheren Abstraktionsgrad und größere Unschärfe unterscheiden. Der wissenschaftliche Beirat der Bundesärztekammer nennt z.B. »Autonomie«, »Spontaneität«, »Steuerung«, »Anpassung und Abgrenzung« und »Integration« als Kennzeichen des Lebens. Ob eine Übersetzung dieser Merkmale in Kriterien des Lebensbegriffs (nach dem Drei-Ebenen-Modell) durch die Naturwissenschaften gelingt, steht m.E. ebenso in Frage wie die Möglichkeit der Definition von »Leben«. Wenn man uns sagt, der Integrationsverlust durch den totalen Hirninfarkt sei mit Erscheinungen eines »Scheinlebens« – von der Körperwärme bis zur Schwangerschaft – vereinbar, ist fraglich, ob der eingeführte Integrationsbegriff wirklich ein unverzichtbarer Bestandteil unseres Lebensbegriffs ist.

Das Drei-Ebenen-Modell gesteht also (ebenso wie die Schwarz/Bonelli-Theorie) letztlich doch der medizinischen Wissenschaft – über den Umweg der allein vom Naturwissenschaftler zu verantwortenden Konkretion von »Integration«, »Organismus als ganzer« o.ä. – ein Definitionsmonopol in bezug auf Leben und Tod des Menschen zu. Begriffliche Klärung als Aufgabe des Philosophen würde belanglos, wenn der Philosophie kein Stimmrecht bei der konkreten Benennung »integrativer Leistungen« zugebilligt wird.

Wider den Begriffsimport: Die philosophische Aufgabe

Die Schwarz/Bonelli-Theorie und die geläufige Umsetzung des Drei-Ebenen-Modells überlassen es dem Arzt, die Bedeutung von »Tod« festzulegen. Es klingt vielleicht plausibel, das letzte Wort demjenigen zu überlassen, der unmittelbar und fachkundig mit dem Tod konfrontiert ist. Doch durch die naturwissenschaftliche Festlegung von »Grenzsituationen« (Schwarz und Bonelli) oder die Zuweisung der Kriterien-Ebene an den Naturwissenschaftler (Drei-Ebenen-Modell) werden sowohl die allgemeine Wahrnehmung als auch die philosophische Analyse von der Zuständigkeit für den Begriff des Todes entbunden. Jetzt weiß nicht mehr jeder kompetente Sprecher, was mit »Leben« und »Tod« gemeint ist: »Wann der Mensch tot ist, entscheidet die medizinische Wissenschaft«.

Wir wären aufgefordert, eine Begriffsbildung der Medizin in unser alltägliches Sprechen und vor allem unsere Moral zu übernehmen, ohne über sie rechten zu können. Für die Rechtswissenschaft haben schon 1972 Gerd Geilen und kürzlich wieder Stephan Rixen auf die »blankettartige« Übernahme der Hirntod-Definition aus der Medizin aufmerksam gemacht. Geilen spricht von der Verwechslung von Tod und Todeserklärung und der irrigen Annahme, es handle sich beim Hirntod um ein medizinisches Spezialproblem. Ein *kritiklos betriebener Begriffsimport* verbietet sich aber aufgrund der moralischen Relevanz der Todeserklärung. Im Kontext der Transplantation verbinden sich mit der Todeserklärung im Zweifelsfall tödliche Konsequenzen. Der Schutz menschlichen Lebens, auch und gerade, wenn der Mensch besonders wehrlos ist, steht auf dem Spiel.

Begriffliche Analyse ist, so habe ich gesagt, die philosophische Aufgabe. Das heißt für unser Thema: Was »Tod« bedeutet, ist eine philosophische Frage, zu deren Beantwortung wir das *Funktionieren des Wortes in unserem Alltag* beobachten müssen. Ich habe bereits erwähnt, daß es sich hierbei nicht um ein sprachimmanentes Glasperlenspiel handelt. Es geht nicht um die Erfindung einer philosophischen Theorie oder Terminologie, in der die Wörter »Tod« und »Leben« eine zentrale Rolle spielen. Es geht vielmehr um die *Artikulation des Todesbegriffs*, wie er sich in unserem Reden von und in unserem Umgang mit lebenden und verstorbenen Menschen manifestiert. Ob und in welchem Umfang sich diese alltägliche Praxis von den Erkenntnissen der medizinischen Wissenschaft belehren lassen muß, ist eine nachgeordnete Frage, die ich in den Kapiteln 5 und 6 aufgreife.

Ein Aspekt der philosophischen Aufgabe ist es, den Definitionsansprüchen der Medizin in Sachen Tod zu wehren. Mit dem Hinweis auf die *moralische Bedeutung des umgangssprachlichen Todesbegriffs* ist jede »robuste Pragmatik« (Gerd Geilen) bei der Todeserklärung – z.B. im Interesse von Behandlungsabbruch und Organentnahme – zurückzuweisen. Den von mir vorgestellten Modellen habe ich vorgeworfen, die *begriffliche Klärung* des Todes nicht adäquat von der *empirischen Frage*, welche Symptome den Todeseintritt begleiten, zu trennen.

Begriffliche Analyse und alltägliche Wortverwendung

Die Abwehr überzogener Ansprüche von wissenschaftlicher Erfahrung und Theoriebildung gegenüber begrifflichem und moralischem Wissen, das in unserer Alltagssprache beschlossen liegt, ist eine der zentralen Aufgaben der Philosophie. Die alltägliche »intuitive« Wortverwendung ist der Ausgangspunkt jeder Frage nach der Bedeutung der Wörter »Tod« und »Leben«. So gehören Herzschlag und Atem zum Bedeutungsumfang von »Leben« in gewöhnlicher Verwendung. Eine Definition des Lebens (wenn es sie gibt) ist auf den Gebrauch der Wörter »Tod« und »Leben« durch kompetente Umgangssprachler angewiesen. Ansonsten entwirft sie eine *Alternative* zu unseren Begriffen, statt sie zu erklären.

Philosophie, so habe ich gesagt, soll zur *Beschreibung und Klärung des alltäglichen Wortgebrauchs* von »Leben« und »Tod« beitragen. Der Philosoph grenzt nicht nur das Terrain ab, in dem weder theoretisches noch empirisches, sondern begriffliches Wissen entscheidet. Mitunter übt er auch dort *Kritik*, wo die Grenzen unklar sind: Wörter werden nicht immer eindeutig gebraucht. Wir haben die Rede von »lebendigen Leichen« kennengelernt. Man kann auch an die Frage denken, ob Viren oder (zukünftige) Computer Lebewesen sind.

Im Laufe meines Buches mache ich immer wieder darauf aufmerksam, daß der Hirntod keine Bedingungen schafft, unter denen wir und die Sprache gleichsam die Orientierung verlieren müßten. Manche Hirntodtheoretiker unterstellen, daß wir auf den Hirntoten nicht wie auf einen Lebenden reagieren: Der eine »sehe« im Hirntoten einen Toten, ein anderer einen Schwerkranken, also Lebenden, und ein dritter eben etwas, das er nur als »atmende Leiche« ansprechen könne. In solch einem Fall könnten die Unklarheiten der Verwendung des »intuitiven« Lebensbegriffs unaufhebbar im Begriff selbst beschlossen liegen und die (selbstverständlich interdisziplinäre) Konstruktion eines für die Intensiv- und Transplantationsmedizin angemessenen Todesbegriffs erforderlich machen.

Ludwig Wittgenstein hat auf diese Möglichkeit begrifflicher Unschärfe als Folge unsicherer Reaktionen bzw. unterschiedlichen Verhaltens hingewiesen: »Festbegrenzte Begriffe würden eine Gleichförmigkeit des Verhaltens fordern. Aber wo ich *sicher* bin, ist der Andere unsicher. Und das ist eine Naturtatsache« (*Zettel*, § 374). Die Hirntodtheorie kann sich allerdings nicht auf solche im Verhalten gründende begriffliche Unschärfe berufen. Spontane Reaktionen, der pflegende und begleitende Umgang sowie die mit der Leichenthese unverträgliche Rede vom Hirntoten (der »hirntote Patient«) zeigen, daß der Todesbegriff der Hirntodtheorie unangemessen ist. Es gehört zu den zweifelhaften Erfolgen der Hirntodtheorie, die Unsicherheit in die Begegnung mit dem hirntoten Patienten erst eingetragen zu haben. Die Theorie antwortet also nicht auf eine Irritation durch das (erst sein ein paar Jahrzehnten bekannte) Gehirnversagen, vielmehr resultiert die Irritation erst aus der *Konfrontation von Hirntodtheorie und vor-theoretischer Kompetenz in Sachen Todesbegriff.*

Ich teile nicht die Auffassung des Philosophen Eduard Zwierlein, der meint, »die wahre Definition des Menschen (sei) seine Undefinierbarkeit, daß er nicht durch irgendwelche inhaltlichen Kriterien in Grenzen gesetzt werden kann« (S. 80). Zwierlein denkt, »angesichts der Intransparenz des Status von Person, Sterben, Tod usw.« sei jeder Einzelne dazu aufgerufen, »dieses Nichtwissen und Dunkel, das sich zwischen zerebralem Tod und Herz-Kreislauf-Tod aufspannt ... durch eine antizipierende Stellungnahme ... als sittlich rechtfertigbare, erlaubte Verwirklichung personaler Autonomie« zu gestalten (S. 86).

Vielmehr bin ich der Meinung, daß die *übereinstimmenden Reaktionen auf den Hirntoten* und die *alltäglichen Begriffe* dazu taugen, das klinische Phänomen des totalen Hirninfarkts entweder als Erkrankung bzw. Behinderung *oder* als Tod des Menschen anzusprechen. D.h. die Philosophie nimmt sich der begrifflichen und terminologischen Verwirrung um den Hirntod »therapeutisch« an. Unter Rückgriff auf die alltägliche Verwendung der Wörter »lebendig« und »tot« und deren weiterer Kontext gelingt ihr die Entlarvung der (wie auch immer motivierten) Manipulation umgangssprachlicher Begriffe – und nicht die Aufdeckung begriffsinhärenter Unschärfe, die auf das unableitbar Neue des Hirntodes und die Unsicherheit unseres Verhaltens angesichts dieses Neuen hinweisen würde. Das *Neue der Hirntodtheorie*, so meine These, ist nicht ein Todeszeichen, sondern ein *Todesbegriff*. Dessen Zurückweisung unternehme ich in den folgenden Kapiteln.

2.5 Die Aufgabe der Politik

Die Bestimmung medizinisch-naturwissenschaftlicher und philosophischer Kompetenz am Lebensende erklärt nicht das Interesse der Politik am Hirntod. In Kapitel 3 gebe ich ein Gespräch mit Andrea Fischer, der Bundesministerin für Gesundheit, wieder. Die Wahl der Gesprächspartnerin trägt nicht nur der Tatsache Rechnung, daß der Anstoß zur öffentlichen Diskussion des Hirntodes durch politische Entscheidungsprozesse vermittelt wurde. Der Gesetzgeber war es schließlich, der mit seiner Initiative für die Verabschiedung eines Transplantationsgesetzes auch Fragen der Todesfeststellung einer breiten Öffentlichkeit zugänglich gemacht hat.

Die Gesetzesinitiative ist aber als *Bemühen, Organspende zu fördern*, nicht hinreichend bestimmt. Politik hat selbst ein originäres Interesse an der Frage des menschlichen Todes. In Kapitel 1 habe ich die moralische Relevanz des menschlichen Todes herausgestellt. Ohne vorherige Todesfeststellung kann es keine erlaubte Entnahme lebenswichtiger Organe geben. Damit ist zugleich ein politisches Anliegen genannt: Gesetze orientieren sich an *Gerechtigkeitserwägungen*. Und Gerechtigkeit hat es mit Rechten zu tun. Droht eine gesellschaftliche Praxis wie die der Organverpflanzung, *Rechte von Sterbenden* zu untergraben oder offen zu verletzen, ist es Aufgabe des Staates einzuschreiten. Politik wird die Befolgung und Legitimität bestehender Regelungen prüfen und beabsichtigen, die Lücken gesetzlicher *Stützung der Moral* zu schließen. Politische Entscheidungsträger werden die Klärung der Frage nach dem Tod betreiben bzw. moderieren müssen, wenn der Tod entscheidende Veränderungen in der rechtlichen Stellung des potentiellen Organspenders bedeutet. Und davon gehen wir bislang aus.

Ein weiteres Motiv politischer Auseinandersetzung mit Hirntodtheorien ist *die ökonomische Dimension der Transplantationspraxis*. Gesundheitspolitik findet nicht in einem Horizont unbegrenzter Möglichkeiten statt. Das wird uns heute zunehmend bewußt. Die Organersatz-Therapie ist kostenintensiv. Sie konkurriert mit anderen Arten ärztlicher Hilfe und anderen Anliegen des Staates wie Erziehung und Bildung, Einsatz für Wohlstand und Frieden usw. Ein Politiker könnte sich fragen, warum er nicht eher *gegen* das Rauchen als *für* die Organspende werben sollte. Hier fallen Entscheidungen für oder gegen Gesundheitsvorsorge und Ersatzteil-Mentalität, Konsumorientierung und Eigenverantwortung.

Sterben und Tod, Krankheit und Heilung bzw. Linderung sind Themen, die bei der *Frage nach dem guten Leben einer Gesellschaft* nicht ausgeklammert werden können. Orientiert sich politisches Handeln an der Frage: »Was ist eine gute Gesellschaft?«, kommt der gesellschaftliche Umgang mit Kranken, Behinderten, Alten und Sterbenden, aber auch mit Toten und ihren Angehörigen notwendig in den Blick.

Lese-Hinweise

H. Jonas' Stellungnahme zum Erlanger Fall (»Brief an Hans-Bernhard Wuermeling«) ist in *Wann ist der Mensch tot?* (vgl. S. 44) abgedruckt.

In die Hirntod-Diagnostik führen ein: H.-P. Schlake/K. Roosen, *Der Hirntod als der Tod des Menschen* (Neu-Isenburg 1997); G. Pendl (vgl. S. 44). Diagnostische Streitfragen benennen: J. G. Meran/S. Poliwoda, »Der Hirntod und das Ende menschlichen Lebens« (in: *Ethik in der Medizin* 4, 1992); M. Klein, »Hirntod: Vollständiger und irreversibler Verlust aller Hirnfunktionen?« (in: *Ethik in der Medizin* 7, 1995); R. D. Truog, »Is It Time to Abandon Brain Death?« (in: *Hastings Center Report* 27, 1997). Die Bezeichnung »totaler Hirninfarkt« übernehme ich von J. Seifert (»Ist ›Hirntod‹ wirklich der Tod?«, in: *WMW Diskussionsforum Medizinische Ethik* 4, 1990).

D. A. Shewmon weist die Hirntodtheorie zurück in: »Recovery from ›Brain Death‹: A Neurologist's Apologia« (in: *Linacre Quarterly* 64, 1997); »»Brainstem Death,‹ ›Brain Death‹ and ›Death‹« (in: *Issues in Law & Medicine* 14, 1998); »Chronic ›Brain Death‹«(in: *Neurology* 51, 1998); »Spinal Shock and ›Brain Death‹« (in: *Spinal Cord* 37, 1999). Shewmon warnt davor, daß das Etikett »*vegetative state*« (engl. für das apallische Syndrom) zur *self-fulfilling prophecy* wird: »Consciousness in Congenitally Decorticate Children« (in: *Developmental Medicine & Child Neurology* 41, 1999). Ebenfalls hirntodkritisch äußern sich: P. A. Byrne u.a., »Brain Death: The Patient, the Physician, and Society« (in: *Gonzaga Law Review* 18, 1982/83).

Die Lebenszeichen im Hirntod und deren Resistenz gegen die Hirntodtheorie beschreiben: H.-W. Striebel/J. Link (Hrsg.), *Ich pflege Tote: Die andere Seite der Transplantationsmedizin* (Basel, Baunatal 1991); U. Baureithel/A. Bergmann (Hrsg.), *Herzloser Tod: Das Dilemma der Organspende* (Stuttgart 1999); R. Rotondo, »›Hirntote‹ sind keine Leichen« (in: *Sterben auf Bestellung*, hrsg. von I. Gutjahr und M. Jung, Lahnstein 1997). Terminologisch eigenwillige Formulierungen der Hirntodtheorie finden: J. F. Spittler, *Sterbeprozeß und Todeszeitpunkt* (Bochum 1996); G. Haeffner, »Hirntod und Organtransplantation« (in: *Stimmen der Zeit* 214, 1996).

Zum Verhältnis von philosophischer und naturwissenschaftlicher Kompetenz habe ich befragt: M. Schwarz/J. Bonelli (Hrsg.), *Der Status des Hirntoten* (Wien, New York 1995); C. M. Culver/B. Gert, *Philosophy in Medicine* (New York, Oxford 1982); M. Quante (vgl. S. 44); L. Wittgenstein, *Das Blaue Buch* (Werkausgabe, Bd. 5, Frankfurt am Main 1984); ders., *Vorlesungen 1930-1935* (Frankfurt am Main 1989); ders., *Zettel* (vgl. S. 45) – zu Wittgenstein: *The Philosophy of Wittgenstein*, Bd. 7 (hrsg. von J. V. Canfield, New York, London 1986) und P. M. S. Hacker, *Wittgenstein: Meaning and Mind* (Oxford, Cambridge 1990).

Aus rechtswissenschaftlicher Perspektive kritisieren die Hirntodtheorie: S. Rixen (vgl. S. 45); G. Geilen, »Medizinischer Fortschritt und juristischer Todesbegriff« (in: *Festschrift für Ernst Heinitz zum 70. Geburtstag*, hrsg. von H. Lüttger, Berlin 1972). Gegen ein medizinisches »Entjungferungsrecht gegenüber der Sprache« setzt sich D. B. Linke zur Wehr: »›Hirntod‹ und die Folgen« (in: *Menschlichkeit der Medizin*, hrsg. von H. Thomas, Herford u.a. 1993). Von der »Undefinierbarkeit« als Definition des Menschen spricht E. Zwierlein, »Mensch – Ethik – Tod« (in: *Gehirntod und Organtransplantation als Anfrage an unser Menschenbild*, hrsg. von C. Gestrich, Berlin 1995).

3 Die Menschlichkeit der Medizin: Gespräch mit Andrea Fischer über Medizin und Lebensende

Frau Ministerin Fischer, die Debatten um den Tod des Menschen werden im Zusammenhang mit der Transplantationsgesetzgebung geführt. Das endgültige Versagen des Gehirns, seit ca. 40 Jahren unter intensivmedizinischen Bedingungen beobachtet und längst als »Hirntod« bekannt, ist in die Praxis der Organverpflanzung als Todeskriterium eingegangen: Man sagt, der Hirntod sei der Tod des Menschen.

Nun behaupten Kritiker: Der Hirntote ist noch nicht gestorben. Er ist keine Leiche, sondern ein stark geschädigter, sterbenskranker Mensch.

Wie beziehen Sie zu den sich widerstreitenden Positionen Stellung, die in Deutschland seit dem »Erlanger Fall« von 1992 auch öffentlich diskutiert werden?

Ich denke, es sind zwei verschiedene Fragen: Erstens, wie man den Hirntod bewertet, und, zweitens, in welche Beziehung man diese Bewertung zur Frage der Organentnahme setzt. Wobei ich zugeben will, daß diese Fragen häufig in eins fallen. Das Hirntod-Kriterium hat natürlich auch an Bedeutung gewonnen im Zusammenhang mit der Notwendigkeit der Organentnahme für die Transplantation.

Ich denke, im Falle des Hirntodes muß von einem irreversibel Sterbenden gesprochen werden. Die entscheidenden Kriterien sind zum einen die Feststellung, daß sich der Hirntote noch im Prozeß des Sterbens befindet, und zum anderen die Unumkehrbarkeit des Sterbeprozesses mit dem Eintritt des Hirntodes. Deswegen führt der Hirntod uns hin zu schwierigen Fragen.

Das Hirntod-Kriterium ist sicherlich eine Setzung, und zwar eine Setzung durch die herrschende Meinung der medizinischen Wissenschaft. Das ist *per se* noch nicht kritikwürdig. Man muß sich aber immer wieder die Frage stellen, ob man damit der Besonderheit des Zustandes Hirntod gerecht wird.

3.1 Medizinischer Fortschritt und Moral

Von Anfang an haben zwei wichtige Fragen die Hirntod-Debatte bestimmt: Zunächst die Frage, wie man mit Menschen umgehen soll, die auf der Intensivstation in den aussichtslosen Zustand des Hirnversagens geraten: Dürfen wir die Maschinen abschalten? Das Leben des Hirntoten hängt nur noch an den Maschinen; schalten wir die Geräte ab, tritt innerhalb weniger Minuten der Herzstillstand ein, den wir herkömmlich mit dem Tod verbinden.

Bedeutender wurde die Frage nach dem Hirntod dann mit den Möglichkeiten der Organtransplantation.

Das ist eigentlich das Verwickelte an der Geschichte. Wir würden ja gar nicht über den Hirntod als einen Abschnitt im Prozeß des Sterbens reden, wenn wir die Intensivmedizin nicht hätten. Das ist die Zweischneidigkeit der modernen Entwicklung, die wir alle schätzen, manchmal aber auch fürchten.

Ist das Phänomen des Hirntodes Ergebnis einer Entwicklung, angesichts derer auch unsere herkömmlichen moralischen Maßstäbe, z.B. das Tötungsverbot, obsolet werden? Und, über die moralische Frage hinaus, die nach dem Leben des Menschen? Müssen wir uns nun neu besinnen auf das, was den Menschen zum lebendigen Menschen macht? Müssen wir uns vielleicht neu moralisch orientieren: also z.B. sagen, es gibt Zustände des Lebenden, die eine Tötung durch Organentnahme im Interesse Dritter nicht ausschließen?

Die Alternative könnte lauten: Auch wenn der Hirntod bislang unbekannt war, können wir in einem solchen Fall doch unsere überkommenen moralischen Maßstäbe anwenden. Das Tötungsverbot gilt z.B. unverändert. Wir müßten jetzt die Frage klären: Stirbt der Hirntote, oder ist er schon tot?

Ich finde es ganz schwierig, das letztgültig mit einem moralischen Maßstab umfassend zu beantworten. Nach allem, was man teils aus der Literatur, teils aus eigener Anschauung im Umfeld der Intensivmedizin weiß, konfrontiert der Zustand des Hirntoten mit einer höchst widersprüchlichen Situation.

Schon die Frage, ob es ein Fortschritt ist, Menschen mit Maschinen künstlich am Leben zu erhalten, würde man immer dann, wenn es gut ausgegangen ist, zweifelsohne mit Ja beantworten; und dann kennen wir alle die Situationen, an denen Verwandte eines intensivmedizinisch versorgten Patienten irre werden und sich wünschen, man könne die Geister, die man rief, wieder los werden.

Wichtig ist, daß das Tötungsverbot bei uns die Hürden unglaublich hoch setzt für das, was wir zulassen.

Unsere Grundregeln wurden aufgestellt, als es solche Möglichkeiten nicht gab. Was die Intensivmedizin heute tun kann, hätte damals die Phantasie überstiegen. Daher muß man eine menschenfreundliche Anwendung der neuen Möglichkeiten finden. Und Menschenfreundlichkeit wird hier sicher auch bedeuten, es manchmal einen »Akt der Gnade« zu nennen, jemanden nicht der Qual apparateabhängigen Weiterlebens auszusetzen. Soweit würde man dabei auch noch einen breiten Konsens finden.

Wenn ich mich aber mit Intensivmedizinern unterhalte, sagen die: Es ist im Einzelfall unwahrscheinlich schwer zu entscheiden; wir sind von Regeln umstellt und können nie voraussehen, wie schließlich die Betroffenen reagieren. Die Ärzte fühlen sich häufig mit der Entscheidung im Einzelfall überfordert. Das ist ein Punkt, über den man in unserer Gesellschaft sehr viel gründlicher und offener diskutieren müßte.

Wenn ich das richtig beobachtet habe, haben wir über diese Fragen nur im Zusammenhang mit der Organtransplantation und den spektakulären Fällen mit den Kindern bzw. der Schwangerschaft von Hirntoten ausführlicher gesprochen. Was aber jeden Tag als dramatische Entscheidung auf Intensivstationen ansteht, völlig unabhängig von der Frage der Organtransplantation, ist bei uns noch nicht ausreichend diskutiert. Intensivmediziner bitten mich: Könnten Sie über die Frage des Behandlungsabbruchs nicht eine öffentliche Debatte anregen? Ärzte fühlen sich hier allein gelassen. Mediziner sind klaren Regeln unterworfen, und offenkundig haben sie den Eindruck, diese Regeln stoßen an Grenzen. Bei diesen Grenzfällen sind die Ärzte dann auf sich selber zurückgeworfen, und ich verstehe, daß sie sagen: Das verlangt von uns eine so weitreichende Entscheidung, daß wir sie nicht alleine treffen können.

Spontane Reaktionen

Wenn man sich vorstellt, jemand ist – wie man sagt – hirntot, ist die erste Frage: Hat man es mit einem Toten zu tun, also mit einem Leichnam, dessen Kreislauf künstlich aufrecht erhalten wird? Oder hat man es eigentlich mit einem lebenden Menschen zu tun, dessen Gehirn abgestorben ist? Das ist ja eine Frage, an der vielleicht sehr viel hängt.

Im beschriebenen Fall gibt es sehr unterschiedliche Reaktionen: Die Menschen, die mit einem Hirntoten konfrontiert sind, z.B. ein Verwandter oder auch die Pflegekräfte, haben den Eindruck: Ich habe einen lebenden Menschen vor mir; der ist nicht tot. Wie geht man mit den spontanen Reaktionen um?

Wenn man mit so einer Situation konfrontiert ist, reagiert man ja auch sozusagen ›aus dem Bauch heraus‹; man hat einen Ein-

*druck, der einem sagt: Dieser Mensch ist tot, oder: Dieser Mensch
ist nicht tot. Dann steht das, was irgendwo definiert wird – Hirntod heißt Tod – nur auf dem Papier. Was man in der Situation
erlebt, ist vielleicht etwas anderes.*

*Wie bewertet man die spontanen, persönlichen Reaktionen im
Verhältnis zu dem, was die Wissenschaft definiert?*

Es ist bekannt, daß es sich um einen durchaus dramatischen
Akt handelt, wenn die Maschinen abgestellt werden; weil man
spürt, wie der Körper erst dann das Sterben vollendet. Das ist
mit Sicherheit für alle Beteiligten eine ganz dramatische Erfahrung, verbunden mit sehr unterschiedlichen persönlichen Reaktionen.

Die sinnliche Wahrnehmung allein kann hier m.E. nicht entscheiden. Der entscheidende Punkt ist doch die Irreversibilität.
Wenn der Sterbeprozeß nicht mehr reversibel ist, dann stellt man
die Frage nach Behandlungsabbruch und Organentnahme; diese
Frage kann ich nicht beantworten, davor kapituliere ich.

Wenn man um die Irreversibilität weiß, dann ist die eine Frage:
Darf ich jetzt einen Prozeß, der bereits begonnen hat und auf jeden Fall weitergehen wird, unterbrechen – und ihn damit eigen-
mächtig zu Ende bringen? Und zwar einen Prozeß, den wir ge-
wöhnlich als etwas Natürliches begreifen; wenn ein solcher Prozeß unnatürlich verläuft, hat sich jemand daran auch schuldig
gemacht. Die andere Frage ist aber: Habe ich das Recht, einen
Prozeß, der eigentlich naturwüchsig auf einen bestimmten Punkt
zuläuft, eigenständig mit Maschinen in einem Zwischenstadium
fortzuführen? Beides, das Abschalten der Geräte und die künstliche Lebensverlängerung, sind Eingriffe in von uns bislang als
natürlich angesehene Prozesse, die jeweils für sich der Legitimation bedürfen. Das ist fast nicht zu entscheiden. Gemessen an
meinen persönlichen Vorstellungen, will ich auch gerne zugeben,
daß man vielleicht beides legitimieren kann; beides kann man
aber auch für ethisch bedenklich erklären.

3.2 Sterbenlassen und die Verantwortung des Arztes

*Sie sagen, man wird vielleicht schuldig in einem Prozeß, der nicht
mehr natürlich ablaufen kann. Wir haben ja immer schon einge-
griffen, wenn das Leben des Patienten mit Maschinen unterstützt
wird; positiv bewerten wir den Eingriff, wenn ein Patient genesen
ist. Nun besteht für den Hirntoten keine Aussicht auf Genesung –
unter dem Aspekt der Schuld oder Verantwortlichkeit: Hirntod*

ist ein klinischer Fall, für den man, vor die Wahl gestellt, die Ver-
antwortung lieber nicht übernehmen wollte.

Motiviert vielleicht die Aussichtslosigkeit des Hirntodes die Be-
hauptung, der Hirntote sei schon tot? Es ist Ärzten vorgeworfen
worden, den Todeszeitpunkt vorzuverlegen. Denn an der Leiche
kann ich nicht mehr durch Tötung schuldig werden, und zwar
unabhängig davon, ob ich der Meinung bin, bereits das Abschal-
ten der Geräte oder erst die Entnahme eines lebenswichtigen Or-
gans sei eine ungerechtfertigte Tötungshandlung.

Hängt die Frage nach der Motivation eines neuen Todeskrite-
riums nicht auch damit zusammen, daß Ärzte – die ja eine öf-
fentliche Debatte über Behandlungsabbruch und ärztliche Auf-
gabe am Lebensende einfordern – mit Erwartungen konfrontiert
sind, die sie einfach nicht erfüllen können: z.B. uneingeschränkte
Lebensverlängerung bzw. – wenn keine Aussicht auf ein »le-
benswertes Leben« mehr besteht – Sterbehilfe. Wie sehen Sie die
Aufgabe des Arztes?

Ich denke, die Anfrage, die Ärzte auch an mich richten, ist genau Ausdruck davon. Ärzte sind bereit, Verantwortung wahrzunehmen, sie werden aber mit höchst widersprüchlichen Anforderungen konfrontiert; bis hin zu dem Extremfall, daß dieselben
Verwandten, die gesagt haben, man solle doch als gnädigen Akt
diese Maschinen abstellen, hinterher dem Arzt unterlassene Hilfeleistung vorwerfen.

Das soll heißen: Auch die Reaktion von Verwandten ist natürlich in solchen Extremsituationen unberechenbar, was auch aus
gesundem Menschenverstand vollkommen nachvollziehbar ist.
Die Ärzte nehmen sich wahr als diejenigen, die entscheiden sollen, deren Entscheidung dann aber hinterher noch einmal kritisiert wird. Ohne daß ich sagen würde, Ärzte könnten sich deswegen aus der Verantwortung begeben, glaube ich, daß damit
von Ärzten manchmal zuviel verlangt wird.

Wir versuchen eine Entlastung dadurch, daß etwa die Entscheidung über eine Organverpflanzung keine individuelle Entscheidung des Arztes ist, sondern daß verschiedene Personen
dafür verantwortlich sind.

Das ist ein Versuch, nicht einem Einzelnen eine Last auf die
Schultern zu legen, die er nicht tragen kann. Ich glaube aber, es
geht nicht nur um die Frage, wer hier und jetzt im Sinne von Ja
oder Nein entscheidet, sondern um die tägliche und ständige
Konfrontation mit einer Situation, die in beiden Richtungen
fragwürdig ist, sowohl was die Unterbrechung des Sterbeprozesses als auch was die ins Unendliche wirkende Fortführung des
Sterbeprozesses anbelangt.

Unter »Unterbrechung« des Sterbeprozesses verstehen Sie das Abschalten der Maschinen?

Ja. Aber »Unterbrechung« ist falsch – das Abschalten wäre eher die Vollendung des Sterbeprozesses, der durch den Einsatz von Maschinen unterbrochen wird. Das Abschalten der Maschinen wäre also die Beendigung der Unterbrechung.

Wer ist zuständig?

Sie sagen, in der Intensiv- und Transplantationsmedizin werden Ärzte mit einer Verantwortung konfrontiert, die zu tragen sie nicht alleine fähig sind. Zumindest werden in solchen Entscheidungen auch andere Mediziner konsultiert.

Wer aber sollte noch beteiligt sein? Die Debatte um den menschlichen Tod hat sich in der Politik entzündet. Theologen, Philosophen, Psychologen und andere haben sich in dieser Frage zu Wort gemeldet. Wie sind die Kompetenzen verteilt bei der Beantwortung der Frage: Wann ist der Mensch tot? Wo sollte der menschliche Tod verhandelt werden, wenn er nicht eine Festsetzung ist, die Mediziner allein vorgeben können?

Auch in der Medizin gibt es ja einen Streit der herrschenden Meinung mit mindestens zwei divergierenden Ansichten: Die eine sagt, wir müßten zurück zu den klassischen Todeskriterien, und die andere, v.a. in den USA entwickelte Ansicht besagt, wir bräuchten so etwas wie den »kognitiven Tod«, ein am Großhirn orientiertes Todeskonzept: Ein »Teilhirntod« ist bereits der Tod des Menschen.

Ausgangspunkt ist zweifelsohne die medizinische Wissenschaft. Sie hat z.B. die Frage der Irreversibilität des Sterbens zu beantworten, dazu bin ich ebensowenig in der Lage wie ein Philosoph oder Theologe. Die medizinische Wissenschaft ist also die Grundlage des Handelns.

Aber dann, und das hat die Debatte um das Transplantationsgesetz ganz deutlich gezeigt, ist der Tod eine gesellschaftliche Setzung, die sich vermutlich im Laufe der Zeit auch verschiebt, wenn sich Wertigkeiten verändern. Deswegen muß es möglich sein, diese Frage einer öffentlichen Erörterung zuzuführen.

Das ist das eine, wie beim Transplantationsgesetz zu sagen: Stand der medizinischen Wissenschaft als Mindestvoraussetzung, um z.B. »Teilhirntod«-Kriterien auszuschließen. Etwas anderes ist es, im akuten Fall zu entscheiden. Und da, glaube ich, ist es grundsätzlich weise zu sagen, daß solche Entscheidungen über das Abschalten von Maschinen weder ausschließlich vom behandelnden Arzt getroffen werden dürfen, noch ausschließlich von den Verwandten. Das ist eine so weitreichende Entscheidung, daß sie einfach gegengeprüft werden muß. Bei der größten Zahl der Verwandten können wir zwar davon ausgehen, daß sie das Wohl ihres Angehörigen im Blick haben, aber es gibt auch welche, die mehr auf ihr eigenes Wohl bedacht sind; deswegen halte ich die gemeinsame Entscheidungsfindung nicht für einen unzulässigen Eingriff in die Privatsphäre, sondern für einen geradezu dringend notwendigen, wenn man eine so weitreichende Entscheidung für einen anderen Menschen trifft.

3.3 Medizinisches Handeln im Sinne des Patienten

Bei dem Abschalten der Maschinen muß man sich nicht unbedingt darüber einig sein, ob die Person vor Abschalten der Maschine, also nach Eintritt des Hirntodes, tot ist oder noch lebt. Die einen sagen: Der ist jetzt schon tot, das Abschalten der Maschinen bewirkt nur noch, daß der Kreislauf zusammenbricht. Und die anderen sagen: Nein, jetzt stirbt der Hirntote erst durch Zusammenbruch des Kreislaufs. Trotzdem könnten die Opponenten sagen, es sei richtig, die Maschinen abzuschalten. Egal, ob der Hirntote lebt oder schon tot ist, sei es nicht angebracht, diesen Zustand aufrecht zu erhalten. Es kann ja jemand sagen, der Hirntote lebt zwar noch, Lebenserhaltung ist aber kein absolutes Ziel; wenn das Leben so aussieht, sollte man die Maschine aus Gründen der Würde abschalten.

Ich finde, das ist ein Unterschied: Wenn es sich um einen Sterbenden handelt, ist es moralisch anders begründungsbedürftig, daß ich eingreife, als wenn ich sicher bin, daß der Hirntote absolut tot ist und wir eine Handlung an einer Leiche vollziehen. Da machen wir doch in unserer Kultur einen erheblichen Unterschied.

Ich bin ganz Ihrer Meinung. Mir scheint allerdings, der Unterschied, den Sie ansprechen, komme im Falle des Behandlungsabbruchs weniger zum Tragen als bei der Frage: Dürfen wir das Herz entnehmen? Dann greife ich ja, falls der Hirntote noch lebt, tötend ein. Das tue ich beim Behandlungsabbruch nicht; dort lasse ich jemanden sterben.

Die Differenz von Sterbenlassen und Töten ist vielleicht relevant für die Unterscheidung von Behandlungsabbruch auf der einen Seite und Explantation lebenswichtiger Organe auf der anderen Seite.

Das eine ist eine Situation, in der man überlegt, was im Sinne des Patienten ist: Würde er so weiterleben oder so lange sterben wollen. Das andere ist fremdnützig, kommt also einem Dritten zugute und ist damit natürlich stärker begründungsbedürftig.

Wobei beide Situationen grundlegend immer das Problem aufwerfen, wer eigentlich legitimiert ist, bei einem anderen Menschen in dieser existentiellen Frage einzugreifen. Das zu tun, ist immer schwierig; man könnte sich ja auch täuschen bei der Annahme, der Behandlungsabbruch sei im Sinne des Patienten. Das ist im Grunde genommen genauso anmaßend wie eine Entscheidung im Kontext der Transplantation. Deutlich wird das in der Debatte um das Hirntod-Kriterium und um die Bereitschaft, selber Organe zu spenden: Hier stellt sich heraus, daß die Menschen höchst unterschiedliche Auffassungen haben und auch zum Sterben höchst unterschiedlich eingestellt sind. Wenn ich unter intensivmedizinischen Bedingungen entscheide, beinhaltet das immer auch eine Anmaßung.

Patientenverfügung

Unterstützen Sie vor diesem Hintergrund das Anliegen von soge-nannten »Patientenverfügungen«? Sie haben festgestellt, daß wir eine öffentliche Debatte über den Abbruch lebensverlängernder Maßnahmen brauchen; vielleicht auch über die Auffassung des eigenen Sterbens, z.B. über Rechte und Interessen, die beim Sterben eine Rolle spielen.

Ich kann mir vorstellen, daß Ärzte entlastet werden durch die Vorlage einer Patientenverfügung für den Fall, daß lebenserhaltende Maßnahmen nicht mehr zur Genesung des Patienten führen können – auch für das Stadium irreversiblen Sterbens, von dem wir sprechen. Ist es wünschenswert, daß Sterben allgemein und intensivmedizinische Grenzfälle im besonderen durch Maßnahmen wie die Patientenverfügung ins Bewußtsein gehoben werden?

Ich glaube, die Auseinandersetzung mit dem Sterben tut not. Es wäre aber falsch, sie ausschließlich anzuknüpfen an der Frage des Weiterlebens durch Maschinen.

Wir haben z.B. bei uns im Vergleich zu anderen Ländern einen extrem hohen Prozentsatz von Patienten und Patientinnen, die im Krankenhaus sterben. Wir sind nicht so sehr darauf eingerichtet, daß wir einem Patienten, der z.B. absehbar nur noch eine oder zwei Wochen zu leben hat, die Bedingungen schaffen, zu Hause zu sterben. Obwohl wir wissen, daß die meisten Menschen, den Wunsch haben, zu Hause zu sterben. Auch die meisten Angehörigen wären zu diesem letzten Dienst an ihrem Familienmitglied bereit. Daß es dazu selten kommt, ist m.E. Ausdruck mangelhafter Auseinandersetzung mit dem Sterben.

Ich denke, die Hospizbewegung hat sehr wertvolle Impulse gegeben, wieder darüber zu reden, daß das Sterben auch ein Abschnitt des Lebens ist, der einer eigenständigen Auseinandersetzung bedarf. Ich halte aber fest: Es wäre falsch, diese Auseinandersetzung nur an den kritischen Situationen mit den Maschinen festzumachen. Das Problem besteht schon vor den Grenzfällen.

Patientenverfügungen halte ich für sehr richtig und vernünftig. Wobei ich zugeben will, daß in der alltäglichen Lebensrealität, falls man nicht durch Zufall im Verwandten- oder Freundeskreis mit der Frage konfrontiert ist, vermutlich ein gewisses Lebensalter die Mindestvoraussetzung dafür ist, daß man überhaupt bereit ist, sich mit dem eigenen Sterben auseinanderzusetzen. Und eine Stellungnahme im Sinne der Patientenverfügung könnte sich auch im Laufe des Lebens ändern. Das wird im Vorschlag der Bundesärztekammer berücksichtigt. Es ist ein absolut wichtiger Punkt zuzugeben, daß man im Laufe des Lebens eine andere Haltung einnehmen kann.

Die Patientenverfügung ist schon Ausdruck eines elementaren Rechts. In diesem Sinne würde ich mir auch wünschen, daß die Menschen aktiv sagen, so oder so nicht.

Sie würden also auf jeden Fall sagen, Patientenverfügung ist eine wichtige und gute Sache – mit der Einschränkung, daß eine Patientenverfügung auch aktualisiert werden muß, oder daß es eine Form von Auseinandersetzung mit der Sache geben muß. Wenn jemand verfügt, so oder so, sollte er vorher auch wirklich darüber nachgedacht haben.

Also fordern Sie einen reflektierten Umgang mit Patientenverfügungen von seiten desjenigen, der da verfügt.

Das setze ich insofern voraus, als es bei uns eine freiwillige Entscheidung ist, so etwas überhaupt zu machen. Es ist schon ein Willensakt, eine Patientenverfügung zu verfassen. Es wäre etwas anderes, wenn wir z.B. jedem Schüler mit 17 Jahren ein Formular vorlegten. Dann müßte man davon ausgehen, daß da auch welche nicht genau wissen, was sie verfügen.

Bei der aktuellen Regelung müssen Sie sich ja aktiv um diese Patientenverfügung bemühen, und ich gehe davon aus, daß das eine hinreichende Voraussetzung dafür ist, daß die Leute sich damit auseinandergesetzt haben. Wenn die Leute sich nicht damit auseinandergesetzt haben, kommen sie gar nicht auf die Idee, so ein Formular auszufüllen.

3.4 Fremdnützigkeit und Willkür

*Nun könnte jemand sagen: Für den Fall, daß ich in ein soge-
nanntes »Wachkoma« falle – eine Situation, in der man eindeutig
nicht tot ist, selbst wenn die Wahrscheinlichkeit, das Bewußtsein
wiederzuerlangen, äußerst gering ist –, bestimme ich, daß meine
Organe für andere zur Verfügung gestellt werden; also: daß ich
durch Organentnahme zu Tode gebracht werde.*

*Würden Sie sagen, daß so eine Verfügung zu respektieren ist,
oder ist das eine Grenze der Verfügbarkeit?*

Nein, eine solche Verfügung ist nicht zu respektieren. Wir haben schon das juristisch festgelegte Verbot der Tötung auf Verlangen. Im Grunde wäre Ihr Beispiel so etwas. Das dürfte die
Patientenverfügung gar nicht enthalten.

Ebenso darf es eine Verfügung im Zusammenhang mit dem
apallischen Syndrom nicht geben. Da haben Sie häufig nicht die
Möglichkeit, die Maschinen abzustellen, weil die Menschen einfach ohne Maschinen leben. Sie müssen sie bloß füttern. Daran
habe ich gedacht: Im Bereich der Patientenverfügung gibt es auch
Grenzen. Hier sieht man, wo die Grenzen dieses Mittels liegen.

Wenn Sie sich mit dem Thema nicht befassen, können Sie zu
so einer Position kommen, man will schließlich nicht komatös
sein. Dann werden Sie damit konfrontiert, und plötzlich fangen
Sie an, sich damit zu beschäftigen – hier spreche ich aus eigener
Erfahrung.

Sie erfahren plötzlich, es gibt rehabilitative Möglichkeiten, das
Koma ist nicht so irreversibel wie der Hirntod. Dazu kommt
dann noch, weil Sie eben auch von der subjektiven Erfahrung gesprochen haben, daß Sie bei einem Apalliker sehr wohl erleben,
daß das ein Mensch ist, der zu Regungen fähig ist. Sie lernen einen Weg der Kommunikation und stellen fest, es gibt Veränderungen usw. Diesen Prozeß macht der Verwandte mit, der Apalliker konnte ihn nicht mitmachen mangels Erfahrung.

Der Patient hat also in dieser Verfügung etwas geschrieben, das
die Erfahrungen mit dem Koma nicht berücksichtigt. Und dann
ist es m.E. legitim, aus der Perspektive des Verwandten genauso
wie aus der Perspektive des Arztes zu sagen, es gibt überhaupt
keine Veranlassung dazu, diesen Menschen aufzugeben. Weil wir
inzwischen wissen, daß im apallischen Syndrom zumindest eine
Wahrscheinlichkeit besteht, daß der Patient wieder aufwacht.

Man kommt hier ethisch in einen heiklen Bereich, weil man
den ausdrücklichen Willen des Betroffenen mißachtet nach Maßgabe dessen, daß man sagt: Das ist nur zu seinem Besten.

Unsere Moral scheint so etwas zu kennen, daß man auch gegen den Willen des Betroffenen handeln darf, ohne besondere Gründe anzuführen. Den Fall der Hilfeleistung für einen Bewußtlosen haben Sie angesprochen.

Ich meine, der entscheidende Punkt ist nicht, daß man gegen den Willen des Betroffenen entscheidet bzw. für jemanden entscheiden muß, der nicht selber fähig ist, sich zu artikulieren. Den entscheidenden Unterschied im Fall von Hirntod und Organverpflanzung bringt die schwierige Frage zum Ausdruck: Darf ich die Behandlung beenden, wenn es einer weiteren Person zugute kommt?

Bei dem Hirntoten hätte man sonst nur zu entscheiden, ob die Lebenserhaltung fortgeführt wird und man z.B. eine Lungenentzündung abwartet oder ob es nicht gnädig ist, dem Ganzen vorher ein Ende zu bereiten. Das ist eine Entscheidung, die nur die Person des Hirntoten im Auge hat.

Der entscheidende Unterschied, der einen Schritt weiter geht, ist die Berücksichtigung einer dritten Person. In beiden Fällen verstößt man vielleicht gegen den Willen des Hirntoten – die Möglichkeit besteht zumindest. Aber im einen Fall tut man es, weil man denkt, es sei das Beste für den Hirntoten; im anderen Fall tut man es, weil es für eine weitere Person gut sein soll. Ein Argument für den Behandlungsabbruch ist dann eventuell das Interesse dieser anderen Person. Man würde also sagen: Wenn ich schon sterben muß, dann wäre es mir ein Gutes zu wissen, daß ich jemand anderem damit helfe.

Würden Sie sagen, das ist ein Punkt, der es besonders wichtig macht, sich mit dem Hirntod zu befassen und zu entscheiden: Stirbt der Hirntote, lebt er also noch, oder ist er schon tot, eine Leiche? Sollten wir also besonders sensibel sein, weil wir ein weitergehendes Interesse haben, oder würden Sie sagen, unser Interesse ist schon so etwas wie ein Grund dafür, in dieser Situation der herrschenden Meinung den Vorzug zu geben?

Die meisten Transplantationsmediziner beteuern ja aufrichtig: Wenn der Hirntote noch lebt, darf ich nicht explantieren. Es wird dann plakativ gesagt: Ärzte sind keine Mörder. Die Meinung ist: Das Tötungsverbot greift natürlich auch in einem besonders beeinträchtigten Stadium, in dem ich ohne medizinische Hilfe gar nicht mehr leben könnte.

Um das etwas zu präzisieren: Zwischen dem Zustand des Hirntodes und dem Zustand des Todes nach herkömmlichen Todeskriterien, der eintritt, wenn man die Maschinen abschaltet, vergeht ein bestimmter Zeitraum. Und die Organentnahme findet in diesem Zeitraum statt, d.h. wenn man ordnungsgemäß den

Herz-Kreislauf-Tod festgestellt hat, ist es zu spät, die Organe zu entnehmen.

Nun könnte ein Arzt der Meinung sein, der Hirntote lebt, und wenn ich jetzt die Maschinen abschalte, stirbt er und ist dann und dann tot; ich würde ihm also die Organe entnehmen, während er noch stirbt. Und der andere Mediziner sagt: Nein, der ist hirntot, jetzt schalte ich die Geräte ab, dann entnehme ich schnell die Organe; da entnehme ich einfach einem Toten die Organe.

Da scheint es doch wichtig zu sein, welche Meinung man dazu hat, wie der Status des Hirntoten vor der Abschaltung der Geräte zu beurteilen ist. Da gibt es offensichtlich Ärzte, die argumentieren: Ich bin nicht bereit, Organe zu entnehmen, weil ich nicht jemandem, der am Sterben, also noch nicht tot ist, Organe entnehmen kann. Und andere Ärzte sagen: Nein, wir haben das Hirntod-Kriterium, der Hirntote ist nach allen Regeln der Kunst tot, und dann kann ich auch die Organe entnehmen. Das scheint doch eine wichtige Frage zu sein.

Der entscheidende Punkt ist, was ich vorhin sagte: Das Hirntod-Kriterium ist eine Setzung. Das muß man mit aller Nüchternheit feststellen. Wir würden über die Frage des Hirntodes gar nicht in dieser Genauigkeit und auch Schmerzhaftigkeit reden, wenn es die Möglichkeit der Organtransplantation nicht gäbe. Dann würde uns nur die zweite Frage beschäftigen: Wann ist es als Akt der Gnade geboten, Maschinen abzustellen. Aber das würde uns anders beschäftigen als die Frage: Wann dürfen wir dort eingreifen, wo wir wissen, dieser Eingriff ist definitiv, er beendet auch noch den letzten Funken Leben des Hirntoten, um einer dritten Person zu nutzen. Und in diesem Sinne muß man sich dazu bekennen, daß einer Setzung immer auch Willkür innewohnt. Das geht m.E. gar nicht anders.

Dann kommen wir in einen Bereich, in dem es auch nicht überraschend ist, daß dort Menschen – insbesondere auch die Kirchen – sensibel reagieren. Hier rührt man an moralische Grundüberzeugungen, die letztgültig und abschließend nie einheitlich ausfallen werden. Ich finde es deshalb z.B. wichtig, daß Ärzte sagen können: Ich tue das nicht; ich akzeptiere diese Setzung der Mehrheit der *scientific community* nicht; das ist nicht meine Setzung. So wie wir auch sagen: Jeder Arzt hat das Recht, eine Abtreibung zu verweigern, auch wenn die Abtreibung bei uns straffrei ist. Die Person, die die Abtreibung durchführen soll, muß die Möglichkeit haben, zu sagen: Nein, das geht gegen meine Grundüberzeugung.

Das sind Probleme, in denen eine Gesellschaft – die Analogie von Hirntod und Abtreibung stimmt an diesem Punkt schon –

versuchen kann, Verständigung zu finden, die aber nicht von der unterlegenen Minderheit verlangt, ihre Grundsätze völlig zu verraten. In diesem Fall ist es wichtig, daß Ärzte das Recht haben zu sagen: Es mag sein, daß die Mehrheit meiner Kollegen das für zulässig und für vereinbar mit dem ärztlichen Eid hält, ich aber habe eine andere Wertung, und deswegen mache ich das nicht mit. Bei so existentiellen Fragen ist diese Möglichkeit für mich absolut selbstverständlich.

Verständigung jenseits pragmatischer »Lösungen«

Sie sagen, die Mehrheit der scientific community habe sich auf das Hirntod-Kriterium geeinigt, und Sie haben die Kirchen und die Philosophie im Kontext der Notwendigkeit einer gesellschaftlichen Verständigung in der Auseinandersetzung um den menschlichen Tod genannt.
  Wie stellen Sie sich die Verständigungshilfe vor, die der Philosoph leisten kann?
  Manche verstehen das so, als habe die Philosophie die Aufgabe, die Mediziner zu übersetzen, so daß jeder die Mehrheitsmeinung der scientific community versteht – diese bedient sich ja nicht nur einer kaum vertrauten Fachterminologie, sondern widerstreitet zudem dem Augenschein: Zum Beispiel müßten Philosophen den Punkt der Irreversibilität verständlich machen.
  Andere meinen, die Philosophie sei gegenüber der medizinisch-naturwissenschaftlichen Frage autonom; ihr komme eine kritische Funktion zu. Die Philosophie setze also etwa die Fachterminologie und die Praxis der Mediziner in Beziehung zu dem, was wir sehen und erleben, wenn wir auf eine Intensivstation gehen, was Angehörige, Pflegekräfte und Ärzte von Hirntoten berichten. Die Philosophie hätte dann z.B. zu fragen: Welche Rolle spielt der emotionale Zugang bzw. die spontane Reaktion für unseren Todesbegriff? Wo hat der Todesbegriff seinen »Sitz im Leben«?
  Wenn ich das aus der Distanz beurteile, meine ich: Die Philosophie muß ihren Beitrag dadurch leisten, daß sie zuerst die zugrundeliegenden Fragen jenseits des Pragmatismus explizit macht. Selbstverständlich hat der Philosoph dann auch eine Meinung. Aber m.E. besteht der größere Wert darin, diese Meinung zu diskutieren und der Gesellschaft damit eine Verständigung darüber zu ermöglichen, was sie da eigentlich tut, welche Entscheidung sie sich hier z.T. auch anmaßt; welche Maximen für solche Entscheidungen eine Rolle spielen. Da wird jeder Philosoph seine eigenen Perspektiven haben; und die können uns mal

mehr und mal weniger leiten bei der gesellschaftlichen Auseinandersetzung. Das ist unterschiedlich: Auch in anderen Bereichen kann man erst mit der Zeit sehen, welche Moralphilosophie eine Gesellschaft prägt und was einfach mit der Zeit vergeht.

Würden Sie sagen, das Ideal in der Frage des Todes ist nicht eine Mehrheitsentscheidung der medizinischen Wissenschaft, sondern das Ideal ist – wenn schon eine Setzung stattfindet – ein gesellschaftlicher Konsens? Und gerade der scheint ja angesichts des Organaufkommens brüchig zu sein.

Das ist ein spannende Frage.

Die Debatte um das Transplantationsgesetz ist sehr stark geprägt worden von der Überlegung, wie bessere Voraussetzungen für die Transplantation geschaffen werden, oder wie man zumindest Hindernisse ausräumen kann. Es wurde sehr von der pragmatischen Sicht der Dinge aus der Perspektive der Lebenden und Überlebenswilligen ausgegangen. Die Gegenposition – ich sage das als eine von denjenigen, die der Minderheitsposition angehört haben – hat nicht gesagt: Wir sind gegen Transplantation, sondern: Wir erachten das Recht des Sterbenden als höher anzusiedeln, als das in der pragmatischen Position geschieht. In einer sehr zugespitzte Formulierung: Es gibt kein Recht auf Transplantation um jeden Preis!

Als Ministerin bin ich jetzt auch dafür zuständig, Menschen zu ermutigen, sich für die Organspende bereitzustellen. Meine Frage ist: Warum geht offensichtlich die Bereitschaft zur Organspende zurück? Es scheint ein paar institutionelle Voraussetzungen zu geben: Einige der gesetzlichen Bestimmungen sind erst in den letzten Monaten endgültig umgesetzt worden. Aber das kann die gesamte Dimension der abnehmenden Spendebereitschaft nicht erklären. Es ist natürlich eine interessante Frage, ob vielleicht die pragmatische Position den Menschen nicht genug Sicherheit gegeben hat, daß ihre Würde dabei geachtet wird. Das ist nur eine These, die ich jedoch nicht belegen kann.

Vielleicht ist es, um ein Argument gegen meine These zu bringen, Unsinn anzunehmen, daß alle Menschen, die nicht bereit sind, Organe zu spenden, genau die Debatte um das Transplantationsgesetzt verfolgt hätten. Vielleicht überschätze ich die Bedeutung selbst einer so breit geführten parlamentarischen Debatte wie um Hirntod und Organtransplantation. Ob die Debatte wirklich jeden Menschen in unserem Land erreicht, sei nun einmal dahingestellt. Und trotzdem bin ich damals auch jemand gewesen, der diese Minderheitsposition eingenommen hat, und zwar mit Verweis darauf, daß man die Gefühle der Menschen respektieren muß, denen es irgendwie unheimlich ist, jemandem die Verfügung über den eigenen Körper in einem Schwebezustand zwischen Leben und Tod zu geben. Ich fand das so existentiell, daß man das berücksichtigen muß, ohne damit das Bedürfnis derjenigen, die auf die Transplantation angewiesen sind, zu negieren. Das ist eine Frage, die sich uns immer wieder stellt, wenn zwei Leben gegeneinander abzuwägen sind. Mein Vorgänger hat einmal von einem Grundrecht auf Transplantation gesprochen. Da habe ich gedacht: Nein, das stimmt nicht.

3.5 Grenzen der Transplantationsmedizin

Wenn ich der Frage nachgehe, warum die Organspendebereitschaft zurückgeht, könnte ich zu dem Ergebnis kommen: Ich muß feststellen, daß wir uns in diesem Zweig der Medizin auf etwas eingelassen haben, das wir vielleicht unter veränderten Bedingungen nicht mehr machen können.

Lebensrettung durch ein fremdes Organ ist so augenscheinlich gut, daß man da gar nichts bezweifeln möchte. Doch es gibt unstrittige Erfolge, zu deren Erreichung man unerlaubte Mittel einsetzen müßte und die wir deshalb nicht verwirklichen können.

Ich würde so weit nicht gehen. Ich finde es völlig richtig und bin trotz meiner damaligen skeptischen Meinung mit mir im Reinen, wenn ich jetzt auch öffentlich zu den Leuten sage: Beschäftigt euch mit der Frage, ob ihr nicht im Zweifelsfall bereit wäret, Organe zu spenden.

Für mich ist entscheidend, daß es eine freiwillige Entscheidung ist. Das bedeutet natürlich im anderen Fall, daß diejenigen, die auf Organe warten, sich in dieses Schicksal fügen müssen. Es verlangt vom anderen Menschen eine so existentielle Entscheidung, daß sie dessen Einwilligung bedarf. Dadurch ist die Menge der zur Verfügung stehenden Organe begrenzt. Natürlich spielen hier auch medizinische Gründe eine Rolle.

Gefällt Ihnen deshalb die Rede vom »Organmangel« nicht? Organspende ist eine höchst persönliche Entscheidung; Organe sind nicht einzufordern, und insofern könnte von einem »Organmangel« nicht die Rede sein, jedes Organ wäre ein Gewinn.

Die Rede vom »Mangel« scheint mir zulässig im Sinne von: Es gibt eine das Organangebot übersteigende Nachfrage, wenn ich das einmal in ökonomischen Kategorien ausdrücken darf. Ich gebe Ihnen aber recht, von »Mangel« kann nicht gesprochen werden in dem Sinne: Die Leute müssen Organe spenden bzw. in die Organentnahme eines Verwandten einstimmen.

Das haben vielleicht diejenigen, die gegenüber dem Transplantationsgesetz die – wie ich es nenne – pragmatische Haltung eingenommen haben, unterschätzt. Deren Haltung war: Wir klären die Bedingungen, unter denen Organentnahme geschehen darf, wir treffen auch eine Reihe von Vorkehrungen, die auch völlig richtig sind – Vorkehrungen wie die z.B., daß nicht der transplantierende Arzt den Hirntod feststellt. Das Hirntod-Kriterium wurde als pragmatische Zugangsweise genommen. Man hat vielleicht unterschätzt, daß man damit die Widerstände nicht überwinden kann. Eventuell wären diese Widerstände viel eher zu überwinden gewesen, indem man diese Ängste ernster genommen und stärker zu einer Richtschnur gemacht hätte.

Auch wenn man sich mit den angesprochenen Fragen intensiv beschäftigt und darüber redet - am Ende würden vermutlich die meisten Menschen sagen: Da ist irgendwie ein Gefühl, das mir das Richtige sagt. Der eine füllt den Organspendeausweis aus, der andere sagt: Nein, ich niemals. Es gibt wahrscheinlich einen Punkt, an dem das nicht mehr diskussionsfähig ist.

Ich war erst vor wenigen Wochen in Berlin im Herzzentrum, und ich bin einfach beeindruckt, wenn eine Mutter erzählt, wie ihr Kind noch vor einer Woche ein hilfloses Würmchen war und jetzt – nach einer Herzverpflanzung – wieder ganz quietschvergnügt ist.

Aber trotzdem muß man anerkennen, daß die Aussicht auf Heilung ihre Grenze darin findet, wo anderer Menschen Lebensrecht berührt ist. Das akzeptieren wir auch in allen anderen Bereichen des Lebens. Das ist eine häufig schmerzhafte, aber unumgängliche Restriktion.

Etwas anderes ist es, wenn ich z.B. das Blut von einem anderen Menschen haben muß: Blutspende kann man wirklich von Menschen verlangen. Wenn z.B. hier eine Katastrophe passiert, würde ich sofort sagen, daß es eine moralische Pflicht ist, Blut zu spenden. Dies gebietet der Anstand, sich darum zu kümmern, wie es den vielen Verletzten bei einer Katastrophe geht. Blutentnahme ist eigentlich keine Körperverletzung.

Der Vorrang der Therapie

Ich hänge noch dem Punkt nach, daß Sie ökonomische Kategorien gebraucht haben. Das sind legitime Fragen, die z.B. im Zusammenhang der Verteilungsgerechtigkeit im Transplantationswesen diskutiert werden. Als Bundesgesundheitsministerin müssen Sie sich darüber Gedanken machen, in welchem Maße man

einen so kostenintensiven Zweig der Medizin wie die Organer-
satz-Therapie unterstützt, wenn die Mittel begrenzt sind.

Man kann sich eine Position vorstellen, die sagt: Wir sehen
zwar die Möglichkeit dieser Heilverfahren, sind aber in unserer
Gesellschaft nicht bereit, die damit verbundenen Kosten auf uns
zu nehmen; lieber kümmern wir uns um eine angemessene
Grundversorgung. Oder: Wir sorgen mit den Geldern, die man
sonst in die Hochleistungsmedizin steckte, für die Grundversor-
gung in einem ärmeren Land.

Mir scheint, daß die Frage der Grenzen, die ökonomisch disku-
tiert wird, sonst kaum bewußt ist. Wir haben ein ungebrochenes
Verhältnis zu unseren Ansprüchen, die wir gegenüber Medizi-
nern hegen – Lebensverlängerung, Krankheitsbeseitigung, selbst
durch einen Lungenflügel, die Leber, das Herz eines anderen. Sie
sagen, diese Ansprüche haben auch Grenzen; diese Grenzen sind
m.E. nicht sehr präsent in der gesellschaftlichen Debatte. Ein Be-
wußtsein moralischer Grenzen entsteht vielleicht erst durch die
Besinnung auf das finanziell Mögliche.

Das ist richtig. Wir können aber das Rad der Zeit nicht mehr
zurückdrehen. Der Organersatz ist inzwischen in vielen Fällen
Standardtherapie – ganz abgesehen davon, daß auch die Kosten-
Nutzen-Rechnung eindeutig ausfällt, wenn Sie durch eine Nie-
rentransplantation 20 Jahre Dialyse vermeiden. Ich will zumindest sagen, daß die Kosten-Nutzen-Rechnung höchst unterschiedlich verlaufen kann. Ich finde, es wäre schon sehr viel gewonnen, wenn man die objektiven Grenzen, die darin liegen, daß
die Menschen nur begrenzt bereit sind, sich zur Organspende
zur Verfügung zu stellen, einmal akzeptiert und nicht versucht,
auf unzulässige Art psychischen Druck auszuüben.

In Deutschland ist die Transplantationsmedizin inzwischen
Teil des allgemeinen medizinischen Standards; ein komplettes
Verbot aus Kostengründen wäre nicht zulässig. Ein solches Verbot würde der Maßgabe widersprechen, daß bei uns die Kran-
kenversicherung das zur Heilung einer Krankheit Notwendige
tun muß. Wenn Sie z.B. eine Herzschwäche haben, die Sie nach
und nach hinsiechen läßt und nur durch eine Transplantation zu
beheben ist, wäre ein Verbot der Transplantation tatsächlich eine
Form von drastischer Rationierung, die ich nicht akzeptabel finden würde.

In der Behandlung könnte doch der Arzt sagen: Nicht zu the-
rapieren, ist eine Alternative. Sie möchten nicht das einzige Han-
deln des Arztes, das vielleicht als Therapie zu bezeichnen ist,
grundsätzlich ausschließen, d.h. nicht die Organtransplantation
verbieten, weil sie zuviel kostet.

Das war mein Punkt. Deswegen ist es aber Arzt und Patient unbenommen, gemeinsam zu der Entscheidung zu kommen, nicht zu therapieren. Eine Alternative, die erheblich zu selten in den Blick gerät.

Spielräume der persönlichen Entscheidung

Wir haben viel von der Transplantation gesprochen. Um noch einmal zum Hirntod zurückzukommen – plakativ und vielleicht ein wenig provokant gefragt: Stellen Sie sich vor, es sagt jemand: Die gesetzliche Festlegung des Hirntod-Kriteriums ist ein Anschlag auf mein Lebensrecht. Dieses Kriterium hat bestimmt, daß ich in einem Zustand, in den ich geraten könnte, für tot erklärt werde, und daß dann eventuell Dinge mit mir gemacht werden, die ich vielleicht nicht will. Das ist ein Anschlag auf mein Lebensrecht durch eine Definition, die der Gesetzgeber aufstellt. Was würden Sie so jemandem entgegnen?

Ich halte das für falsch. Wenn zur Hirntod-Bestimmung gehört, daß die Irreversibilität des Sterbevorgangs festgestellt wird, dann werde ich nicht am Leben gehindert. Es wäre widersinnig, das als Anschlag auf mein Leben zu bezeichnen. Ich gehe von einem irreversiblen Prozeß des Sterbens aus, d.h. es geht um Eingriffe in den Sterbeprozeß. Das ist etwas anderes, als jemanden am Leben zu hindern.

Ein Arzt kann vielleicht sagen: Ich weigere mich, das und das zu tun. Ein Arzt aber, der sich auf die Gesetzeslage beruft, tut eben, was er für richtig hält. Ein Patient könnte nun sagen: Die Gesetzeslage ist moralisch falsch; ich sehe das nicht so.

Wenn der Patient das ausschließen will, muß er dafür Sorge tragen, etwa durch eine Patientenverfügung. Wenn jemand explizit diese Entscheidung getroffen hat, ist das beschriebene Handeln des Arztes ausgeschlossen. Das ist m.E. der entscheidende Punkt. Ein Verstoß gegen die persönliche Entscheidung ist auch nach der Gesetzeslage verboten.

Lese-Hinweise

Die Bundesministerin für Gesundheit Andrea Fischer war in der 13. Legislaturperiode des Deutschen Bundestages stellvertretendes Mitglied im Gesundheitsausschuß. Dort hat ihre Parteifreundin Monika Knoche die Position von Bündnis '90/Die Grünen

vertreten; vgl. die hirntod-kritischen Bemerkungen und die Forderungen an eine politische Auseinandersetzung zur »Nützlich-
keit« der Neudefinition von Leben und Tod: M. Knoche,
»Hirntod, Moral und Wertetradition« (in: *Wann ist der Mensch
tot?*, vgl. S. 44). Die Fraktionsmeinung geht auch aus den Proto-
kollen der Debatten im Deutschen Bundestag (vgl. S. 44) hervor.
Andrea Fischer tritt auch im Kontext anderer medizinethischer
Konfliktfelder für die Bewahrung einer menschenfreundlichen
Medizin ein. Als Herausgeberin eines Sammelbandes begleitet sie
kritisch z.B. die *Fortpflanzungsmedizin in Deutschland (Wissen-
schaftliches Symposion des Bundesministeriums für Gesundheit in
Zusammenarbeit mit dem Robert-Koch-Institut vom 24. bis 26.
Mai 2000 in Berlin*; der Band erscheint in der Schriftenreihe des
Bundesministeriums für Gesundheit voraussichtlich 2001 in Ba-
den-Baden).

4   Der Hirntod und die Euthanasie-Debatte

Das Gespräch mit Andrea Fischer zeigt die vielfältigen Bezüge der Auseinandersetzung um den Hirntod. In diesem Kapitel zeige ich, daß die *Euthanasiedebatte* – speziell die Frage des Behandlungsabbruchs nach totalem Hirninfarkt – und die *Möglichkeiten der Lebensverlängerung durch Organersatz* die Zusammenhänge darstellen, denen die Hirntodtheorie entstammt. Zu weiten Teilen werde ich der Hirntod-Geschichte folgen, um den in Kapitel 3 angesprochenen *Pragmatismus der Hirntodtheorie* nachzuzeichnen: Bis heute meint mancher Diskussionsteilnehmer, die Hirntodtheorie bedürfe einer theoretischen Rechtfertigung nicht, da sie einer segensreichen Transplantationspraxis zugrunde liege. Mit Hans Jonas' Kritik der *Umdefinierung des Todes* vergewissere ich mich der mangelhaften Begründungen der Hirntodtheorie (vgl. 4.3).

Zu den Motiven der Hirntodtheorie zählen falsche Auffassungen der Moral und der ärztlichen Pflichten. Es ist daher unerläßlich, die *moralische Relevanz der Unterscheidung von Töten und Sterbenlassen* zu betonen (vgl. 4.5). Die *Aufgabe des Arztes* erläutere ich am Leitbegriff der Therapie und weise damit Entwürfe zurück, die Gesundheitsförderung oder gar Lebensverlängerung als ärztliche Pflichten begreifen (vgl. 4.6).

4.1 Die Geburt des Hirntodes

Der Hirntod war in der ersten Hälfte unseres Jahrhunderts noch unbekannt. Herzmassage und vor allem künstliche Beatmung gehörten nicht zum üblichen Repertoire ärztlicher Hilfe am Lebensende. Der Tod wurde ausschließlich – wie heute noch in den meisten Fällen – mit dem endgültigen Ausfall von Atmung und Kreislauf festgestellt.

Nach der Einführung und Verbreitung von Beatmungsgeräten beschreibt der amerikanische Chirurg William Williamson Mitte der 60er Jahre eine veränderte Situation: »Ich erinnere mich an eine Zeit, als das Erlöschen des Herzschlags eine Beobachtung war, aufgrund derer wir einen Patienten schlicht für tot erklärten: nun ist es ein medizinisches Syndrom, Herzstillstand genannt, das eine prompte, sachkundige und zuweilen heroische Behandlung erfordert. Das Erlöschen der Atmung ist ein Symptom, das früher ebenfalls den Tod bedeutet hat, das heute mittels

einer genialen und teuflisch effizienten Maschine, dem sogenannten mechanischen Respirator behoben werden kann« (S. 10).
Im Blick auf die Hirntodtheorie ist festzuhalten, daß Williamson noch nicht den Verlust des an Herzschlag und Atmung be-
messenen Todes beklagt. Seine Stellungnahme macht allerdings
deutlich, daß schon vor der Einführung der Hirntodtheorie nicht
bloß die präzise Anwendung der überkommenen Kriterien des
Todes, sondern der *Todesbegriff* selbst in Frage gestellt wird:
Wann endet die ärztliche Pflicht, wenn einst sichere Zeichen des
unabwendbaren Todes zur *Behandlungsindikation* geworden
sind? Wird der Tod selbst mit den Fortschritten der Intensivmedizin in eine Krankheit überführt und so zum Bewährungs-
feld ärztlichen Könnens?

Die Möglichkeit künstlicher Beatmung, der Einsatz dieser
»teuflisch effizienten« Maschinen (Williamson) konfrontierte die
Medizin mit einem neuen klinischen Zustand, der Zweifel an der
Todeszeitbestimmung und den Grenzen ärztlichen Tuns provo-
zierte: Der später sogenannte »Hirntod« wird erstmals Ende der
50er Jahre als *Coma dépassé* beschrieben.

Der Hirntod – eine neue Stufe des Komas

Im Jahr 1959 veröffentlichen die beiden französischen Intensivmediziner Pierre Mollaret und Maurice Goulon eine Studie über
23 Patienten, in der sie das von ihnen so benannte *Coma dépassé*,
einen Zustand »jenseits des Komas« oder das »überschrittene
Koma«, vorstellen. Die Bezeichnung ist allerdings mißverständ-
lich. Denn Mollaret und Goulon wollen nicht einen Zustand
jenseits des Komas – der Tod bzw. ein bislang unbekannter Tod
wäre ein solcher – beschreiben, sondern den bisher bekannten
Stufen des Komas eine neue hinzufügen. »Jenseits des Komas«
heißt 1959 also noch »jenseits der bislang bekannten Komagrade«. Das *Coma dépassé* ergänzt die bekannten Stufen des Komas:
Wach-Koma, typisches oder klassisches Koma und *coma carus*,
um eine vierte.

Die drei bekannten Komagrade sind nach Mollaret und Goulon durch den Verlust von Bewußtsein, Bewegungsfähigkeit,
Empfindlichkeit und Reizbarkeit gekennzeichnet. Trotz des
Verlustes dieser »Funktionen des Beziehungslebens« (*vie de la
relation*), blieben die »Funktionen des vegetativen Lebens« (*vie
végétative*), vor allem Atmung, Kreislauf und Wärmeregulation,
erhalten. Das sei im neuen, vierten Komagrad anders: 1. Bei Abschalten der künstlichen Beatmung fehle jede spontane Atembe-

wegung. 2. Unmittelbar nach Absetzen eines kreislauffördernden Medikamentes breche der Kreislauf zusammen. Und 3. könne die Körpertemperatur nicht mehr eigenständig geregelt werden; sie passe sich der Raumtemperatur an.

Mollaret und Goulon sprechen vom »Totalverlust« der Funktionen vegetativen Lebens (*une abolition également totale des fonctions de la vie végétative*, S. 4). Vor allem die Aufzeichnung der Gehirnströme unterstütze die Annahme eines kontinuierlichen Verlustes der gesamten Gehirntätigkeit unter Respiratoreinsatz bis hin zum nicht mehr aufzuhaltenden Tod durch Kreislaufstillstand. Das bestätige der pathologische Befund. Das Gehirn der untersuchten Patienten sei unter Einsatz des Beatmungsgerätes abgestorben, je nach Beatmungsdauer sei die *Nekrose des Hirngewebes* bis zur Verflüssigung fortgeschritten.

Die Rede vom »Totalverlust« der vegetativen Funktionen ist allerdings irreführend. Der Tod durch Kreislaufstillstand ist zwar nach Meinung der beiden Ärzte unabwendbar, aber nicht bereits mit dem Ausfall der Gehirntätigkeit oder der großflächigen Zerstörung von Hirngewebe eingetreten. Angesichts der oft wiederholten Einschätzung, die Studie von Mollaret und Goulon sei der erste veröffentlichte Hinweis auf den Eintritt des Hirntodes unter der künstlichen Beatmung, bleibt festzuhalten, daß die Autoren selbst weder den Terminus »Hirntod« verwenden – der englische Ausdruck *»Brain Death«* zur Bezeichnung des totalen Hirninfarkts wird 1964 eingeführt, das deutsche »Hirntod« 1967 – noch behaupten, der Ausfall des Gehirns bedeute den Tod des Menschen. Vielmehr weisen sie darauf hin, daß der *Tod unmittelbar nach Abbruch der künstlichen Beatmung* eintritt. Mollaret und Goulon sprechen vom Komatösen, nicht von der Leiche im *Coma dépassé* oder einem Tod durch Gehirnversagen.

Vom Komatösen zur Leiche

Mollaret und Goulon sind wohl dennoch Wegbereiter der Hirntodtheorie. Sie sprechen zwar unmißverständlich von Lebenden bzw. Sterbenden mit Gehirnversagen, verbinden mit dem neuen klinischen Zustand des *Coma dépassé* aber tatsächlich die Frage nach dem menschlichen Tod: Trotz der Leistungen der Reanimateure könne das Überleben der Patienten nur »Minute für Minute« durch Einsatz von Respiratoren, Kreislaufmedikamenten und durch die Kontrolle und Beeinflussung von Wasser-Elektrolyt-Haushalt und Temperatur gesichert werden. Der Patient im *Coma dépassé* erfordere außerordentlichen Einsatz des intensivmedizinischen Personals, und ebendieser verlängere nur ein in den Augen der Angehörigen zunehmend schmerzliches »Schauspiel«. Einer der Autoren spricht vom Mitleid des Arztes und der »Versuchung«, die aussichtslose Situation des Patienten durch Betätigen des »befreienden Schalters« – das Abschalten der Beatmungsmaschine – zu beenden. An dieser Stelle tragen die beiden Mediziner die Frage nach dem Tod ein. Sie denken, der von ihnen beschriebene Zustand werde eine Diskussion der Grenzen des Lebens hervorrufen. Vor allem aber erfordere das *Coma dépassé* die *rechtliche Klärung der Todeszeitbestimmung*.

Halten wir fest: Die Erstbeschreibung des später sogenannten »Hirntodes« weiß nichts vom Tod des irreversibel Komatösen. Der Hirntote ist Patient. Das *Coma dépassé* ist nur graduell von anderen Komata unterschieden: vom *coma carus*, dem schwersten bislang bekannten Komagrad, durch den Verlust (nicht bloß die Beeinträchtigung) der Spontanatmung und den trotz intensivmedizinischer Maßnahmen fortschreitenden Zusammenbruch (nicht bloß die Störung) des Kreislaufes. Was Mollaret und Goulon übertrieben »Totalverlust« vegetativer Lebensfunktionen (v.a. Spontanatmung, Kreislauf- und Temperaturregulation) nennen, kennzeichnet nicht den Tod, sondern das *unaufhaltsame Sterben* des Intensivpatienten.

Ich habe bereits die Fortschritte der Intensivmedizin und mögliche Überlebenszeiten im Hirntod erwähnt (vgl. S. 49f.). Der Hirntod markiert, wie man heute weiß, nicht notwendigerweise den Beginn der »Absterbeautomatik« (Gerd Geilen); der endgültige Ausfall des gesamten Gehirns und selbst die Verwesung des Organs führen nicht unweigerlich zum baldigen Tod des Menschen. Die Intensivstation ist heute eine erstaunlich leistungsfähige »*Hirnstamm-Prothese*«.

Zu Beginn der Hirntod-Geschichte verknüpfen Mollaret und Goulon zwar schon die Frage nach der Rechtfertigung des Behandlungsabbruches mit der Frage nach der rechtlich geschützten Bestimmung des Todeszeitpunkts; insofern ist meine Lokalisierung der Hirntod-Geschichte im Kontext der Euthanasie-Debatte gerechtfertigt. Die beiden Ärzte beantworten die Frage nach dem menschlichen Tod aber noch nicht im Sinne der Hirntodtheorie.

Totsagen aus Mitleid?

Votiert die Studie von 1959 noch eindeutig für das Leben des Komatösen und benennt bloß die *Frage* nach dem Todeszeit-

100

punkt, so legt sich Mollaret drei Jahre später bei Veröffentlichung seines Aufsatzes *Über die äußersten Möglichkeiten der Wiederbelebung* mit dem Untertitel *Die Grenzen zwischen Leben und Tod* im Sinne der Hirntodtheorie fest: Das *Coma dépassé* sei »ein maskierter Tod«. »Es ist nicht mehr ein Lebender, der sich äußert, alles ist reduziert auf gelegentliches eintöniges Knirschen des bemitleidenswertesten der Roboter« (S. 1545). Wiederum lernen wir *Sprache als Instrument der Dehumanisierung im Interesse einer Todestheorie* kennen. Oben sollten Apalliker als *human vegetables* und ungeborene Kinder als fötale »Parasiten« vom Lebensschutz ausgeschlossen werden. Hier zählt Mollaret nun den Hirntoten, dessen Leben an Maschinen hängt, selbst zu den Maschinen.

Wie begründet Mollaret seine Einschätzung des Hirntodes? Ausgangspunkt seiner Überlegungen ist die Feststellung, daß es kein zwangsläufiges Zusammentreffen von Augenblick des Todes und Augenblick des Herzstillstandes gibt. Seine implizite Folgerung lautet wohl: Der Tod kann vor, mit oder nach dem Herzstillstand eintreten; also ist der Augenblick des Herzstillstandes für die Frage nach dem Todeszeitpunkt irrelevant. Es gibt viele Todesformen, »Todestypen« oder »Todessyndrome«; ein Todessyndrom ist der Hirntod bzw. das *Coma dépassé*.

Eine solche Vervielfältigung der Todestypen beruht m.E. auf einem Mißverständnis des traditionellen Todesbegriffs. Die Blickverengung auf die »Augenblicke« von Herzstillstand und Todeseintritt kann dem Herz-Kreislauftod nicht gerecht werden. Zwar hält Mollaret so die Ereignishaftigkeit des Todes fest, verkennt aber die Bedeutung des Herzschlags als Todeskriterium, wenn er dieses auf den sekundengenau zu bestimmenden Ausfall der Herztätigkeit reduziert. Das Herz ist für das Leben eines Menschen entbehrlich, wenn eine Maschine, ein Kunstherz z.B., den Kreislauf aufrecht erhält. Und der Stillstand von Atmung und Kreislauf ist nicht der Tod, solange eine Wiederbelebung möglich ist. Das ändert nichts an der kriteriellen Sonderstellung gerade von Atmung und Pulsschlag. Die Einführung eines neuen »Todessyndroms«, eines Symptoms in Wittgensteins Sinne, muß auf den Herz-Kreislauftod bezogen bleiben. Sonst wird unter der Hand ein neuer Todesbegriff eingeführt.

Mollarets Argumentation für die vermeintliche Unabhängigkeit von Todesbegriff und Kreislaufstillstand erinnert an den in der Hirntod-Debatte geläufigen Versuch, die *Unumkehrbarkeit des Todes* im Sinne der Hirntodtheorie umzudeuten. Mit der Entwicklung der Reanimationstechnik sieht man die im Begriff des Todes beschlossene Irreversibilität des Sterbeverlaufs nicht mehr gewährleistet, wenn Herz und Kreislauf nach ihrem Stillstand innerhalb bestimmter Grenzen wieder in Gang gesetzt werden können. Der Hirntod biete sich, so die Hirntodtheoretiker, als Alternative an. Er markiere den unumkehrbaren Endpunkt im Sterbeprozeß.

Die begriffliche Einsicht, daß »Tod« Unumkehrbarkeit impliziert, teile ich mit der referierten Argumentation; allerdings ist die im Todesbegriff beschlossene Unumkehrbarkeit die des Kreislaufstillstandes. Die formale Bestimmung von »Tod« als »unumkehrbarer Ausfall von …« ist unzureichend. Die gängige Verwendung des Wortes »Tod« verweist auf den unumkehrbaren *Ausfall von Kreislauf und Atmung*, nicht auf beliebige Irreversibilitäten im Sterbeprozeß – unumkehrbarer Ausfälle gäbe es im Sterbeverlauf viele (z.B. der Verlust des Bewußtseins oder das Absterben eines bestimmten Organs). Das Wort »Wiederbelebung« selbst gibt einen Hinweis darauf, daß *Atmung und Herzschlag* Kriterien des Lebens sind: Der *unmittelbare* Reanimationserfolg ist nämlich das erneute Einsetzen des Herzschlags.

Die äußersten Möglichkeiten der Wiederbelebung

Die Möglichkeiten der Wiederbelebung sind keineswegs unbegrenzt. »Endgültig« ist der Kreislaufstillstand dann, wenn Wiederbelebungstechniken versagen; diese *»technische« Endgültigkeit* geht in unseren Todesbegriff ein. Darüber hinaus können wir von äußersten Möglichkeiten der Wiederbelebung auch in Abhängigkeit vom *Ziel der Reanimation* sprechen: »Endgültig« in einem normativen Sinn ist der Kreislaufstillstand i.d.R. dann, wenn die Wiederaufnahme von Herz- und Lungentätigkeit für den Patienten nicht zur *Wiederherstellung von Lebensqualität* führt. Nur in Ausnahmefällen (z.B. bei der Schwangerschaft einer Hirninfarkt-Patientin) ist es zulässig, eine technisch mögliche Reanimation durchzuführen, obwohl für den Patienten selbst kein sinnvolles Therapieziel mehr angebbar ist.

Für die Bestimmung der Unumkehrbarkeit im zweiten Sinne – das Verbot therapeutischer Maßnahmen, die nicht dem Patienten nützen – sind tatsächlich auch Gehirnschädigungen zu berücksichtigen. Eine Reanimation, die den Hirntod zur Folge hat, kann kaum »erfolgreich« heißen. Das heißt allerdings nicht, daß die Bestimmung des Todeseintritts vom Hirntod abhängig wäre. Die kritielle Bedeutung des totalen Hirninfarkts beschränkt sich auf die *Einschätzung des Erfolges ärztlicher Hilfe*. Das Wissen um die Wiederbelebungszeit des Gehirns (insbesondere der

Hirnteile, ohne die ein bewußtes Leben nicht mehr möglich ist) setzen wir daher zurecht bei der Bestimmung der *Wiederbelebungszeit des Menschen* ein; und damit meinen wir die Zeitspanne, in der es *sinnvoll* ist, einen Kreislaufstillstand umzukehren. Diese »Wiederbelebungszeit« fällt aber nicht mit dem Tod des Menschen zusammen. Die »Unumkehrbarkeit« des Kreislaufstillstandes, von der man unter Berücksichtigung des Gehirnzustandes sprechen könnte, ist keine *technische*. Sie wird vielmehr in Abhängigkeit vom *Ziel ärztlichen Tuns* bestimmt – das heißt: im Hinblick auf die *Lebensqualität* (vgl. S. 129ff.).

Nur unter sehr besonderen Umständen wie bei der Hirntod-Schwangerschaft kann es erlaubt sein, ein Leben zu verlängern, das der Patient nicht mehr selbst gestalten kann. Reanimation ist kein Selbstzweck und die unterschiedslose »Produktion« von hirntoten und apallischen Patienten ist kein Ausweis reanimatorischen, geschweige denn ärztlichen Könnens.

Mitleid mit Maschinen?

Mollaret selbst entspricht seiner Forderung, das *Coma dépassé* als neuen »Todestyp« anzuerkennen, nicht konsequent. Er würde sonst kaum vom Hirntoten als dem »bemitleidenswertesten der Roboter« sprechen. Weder gilt einer Leiche unser Mitleid, noch steht am Ende des Sterbeprozesses ein Roboter. Ein Roboter hat im Unterschied zum Verstorbenen nie gelebt; und Maschinen, die stürben, statt kaputt zu gehen, kennen wir nicht.

Mitleid und die bedrückende Aussicht des nahenden Todes können nicht die Gründe sein, den Todeszeitpunkt auf den Eintritt eines *Coma dépassé* vorzuverlegen. Ein Patient im Spätstadium einer Krebserkrankung oder ein beatmungspflichtiger Patient mit schwerer Herzinsuffizienz müßten sonst um ihr Leben fürchten. Warum sollte auch die Vorverlegung des Todeszeitpunktes dem Tod seinen Schrecken nehmen? Wie könnte der Versuchung widerstanden werden, sich angesichts so vieler »unerträglicher« Krankheitsverläufe – auch und gerade solcher, die der Patient bei Bewußtsein erleidet – durch Toterklärung vom Mitleid zu befreien?

Behandlungsabbruch und Tötung

Mollaret bleibt eine schlüssige Begründung für seine These, der Hirntote sei einen »maskierten Tod« gestorben, schuldig (auch

1962 eilt die Rede vom »Hirntod« noch ihrer Einführung voraus). Ein Motiv für die Toterklärung des Patienten im *Coma dépassé* haben wir kennengelernt: Die Reaktion des Mitleids mit dem Komatösen teilen wir wohl mit Mollaret. Der Arzt wird besonders schmerzlich die Aussichtslosigkeit seines aufwendigen Bemühens um die Gesundheit des Kranken empfinden. Sein Mitleid ist aber wohl nicht, was ihn davon abhält, auf die infauste Prognose mit dem Abbruch der ärztlichen Maßnahmen zu reagieren. Warum läßt Mollaret seinen Patienten nicht sterben, statt ihn für tot zu erklären?

Nur unter der Voraussetzung, der Behandlungsabbruch beim Sterbenden komme der verbotenen Tötung eines Unschuldigen gleich, wird überhaupt verständlich, daß Mollaret in Richtung auf die Hirntodtheorie argumentiert. Sowohl der Kostenaufwand »für einen letztlich tödlichen Ausgang nach einem jammervollen Zustand ... wenn der Patientenzustrom die Zahl der zur Verfügung stehenden Apparate überschreitet«, als auch das »Gefühl der Barmherzigkeit, des reinen menschlichen Mitleids« mit dem Patienten im *Coma dépassé* sind nach Mollaret »unerträglich« (S. 1543). Der finanzielle und emotionale Aufwand scheinen den Behandlungsabbruch geradezu zu erzwingen. Am besten wäre also der Komatöse, der solch einen Zwang ausübt, schon eine Leiche, andernfalls würde man ihn ja durch Abschalten des Respirators töten.

Der Zustand des Patienten im *Coma dépassé* ist bis auf den heutigen Tag aussichtslos – auch wenn man heute weiß, daß Hirntote nicht zwangsläufig nach einigen Tagen den Herzstillstand erleiden. Zwar scheint man einerseits dem Hirntoten die apparative und medikamentöse Unterstützung von Atmung und Kreislauf etc. zu schulden. Andererseits aber müßte man sie bei knappen Mitteln zugunsten anderer Patienten mit Aussicht auf Wiederherstellung der Gesundheit oder zumindest Verbesserung der Lebensqualität unterlassen. Eine solche Unterlassung aber, so die (implizite) Auffassung nicht nur von Mollaret, wäre Tötung – und als solche verboten. Nur der Tod des Patienten könne doch den Abbruch lebenserhaltender Maßnahmen legitimieren. Ist also der Komatöse nicht eigentlich schon eine Leiche und damit seine Behandlung sinnlos geworden?

Damit steht die bis heute oft wiederholte Behauptung zur Diskussion, daß der Tod des Patienten notwendige Voraussetzung des »Behandlungsabbruches« (genauer: des Abschaltens vormals lebenserhaltender Maschinen) ist. Diese Behauptung liegt dem erkenntnisleitenden Interesse am Tod des Hirninfarkt-Patienten zugrunde.

Sie wird durch zwei *Mißverständnisse* gestützt: 1. Die Aufgabe des Arztes wird oft als *Lebensverlängerung* bestimmt (vgl. S. 128). Man meint dann, eine Heilbehandlung müsse bis zum Tod des Patienten fortgeführt werden, und weigert sich anzuerkennen, daß es schon vor dem Tod Situationen gibt, in denen der Arzt nicht mehr helfen kann. 2. Die *Unterscheidung von Töten und Sterbenlassen* hält man für moralisch belanglos (vgl. S. 119).

Bevor ich die ärztliche Aufgabe und die Moral von Töten und Sterbenlassen diskutiere, verfolge ich die Hirntod-Geschichte bis zum entscheidenden Durchbruch der Hirntodtheorie weiter. Mit dem Mitleid als »Versuchung« zum Behandlungsabbruch und der Ressourcenknappheit im Gesundheitswesen sind von Mollaret zwei (unberechtigte, aber wirkmächtige) Motive für die Hirntodtheorie benannt. Damit ist die »Beheimatung« der Theorie in der Euthanasiedebatte ausgewiesen. Das entscheidende Motiv, die Hirntodtheorie einzuführen, ist jedoch ein »pragmatisches« (Andrea Fischer): Der Hirntod ist notwendige Voraussetzung weiter Teile der Transplantationsmedizin und wird als solcher seit Ende der 60er Jahre akzeptiert.

4.2 Der Harvard-Bericht

Die entscheidende Forderung, das »irreversible Koma« (*Coma dépassé*) als Todeskriterium anzuerkennen, erhebt eine Ad-hoc-Kommission der Harvard Medical School im Jahre 1968 in ihrem Bericht *A Definition of Irreversible Coma*. Die ausdrückliche Absicht des Berichtes ist die Einführung des irreversiblen Komas als eines neuen Todeskriteriums. Das *Coma dépassé* sei der Tod, der irreversibel Komatöse den »*Hirntod*« gestorben.

Eine explizite Begründung für die Hirntodtheorie geben die Autoren nicht, sie weisen – abgesehen von der irrigen Meinung, Sterbenlassen sei Töten – nur den vermeintlichen *Bedarf* an einer neuen Todesdefinition auf. Ein »hirntoter« Patient stelle einerseits eine hohe Belastung dar: Der Patient, dessen Herz nach endgültigem Gehirnversagen weiterschlägt, also der Hirntote, wird charakterisiert als ein Patient, der unter *unwiderruflichem Bewußtseinsverlust* leidet und damit nicht nur sich selbst, sondern seiner Familie, den Krankenhäusern und allen, die ein Krankenhausbett brauchen, zur Last falle. Andererseits fordere die Praxis der Transplantationsmedizin eindeutige Todeskriterien. Die Fraglichkeit oder Undeutlichkeit der Kriterien für die Todeszeitbestimmung führten sonst zu Kontroversen, die die

Bereitstellung von Organen für die Transplantation beeinträchtigen würden.

Die Forderung eindeutiger Todeskriterien im Zusammenhang mit der Transplantationsmedizin ist einsichtig. Wer dem Hirntoten lebensnotwendige Organe entnimmt, muß dessen Tod voraussetzen, um nicht gegen das Tötungsverbot zu verstoßen. Die Forderung selbst belegt aber noch nicht den Bedarf eines *neuen* Todeskriteriums. Der überkommene Todesbegriff forderte den endgültigen Kreislaufstillstand. Dieser Todesbegriff wurde aber durch die Möglichkeit der Herz-Lungen-Wiederbelebung nicht in Frage gestellt. Der Tatsache, daß durch Herzmassage und Beatmung der Kreislaufstillstand in manchen Fällen umkehrbar ist, hätte man durch die Berücksichtigung der Wiederbelebungszeit Rechnung tragen können. Der Rückgriff auf Erkenntnisse über die Schädigung des Gehirns während eines Kreislaufstillstandes für die Bestimmung dieser Zeitspanne führte nicht zwangsläufig zur Hirntodtheorie (vgl. S. 102ff.).

Wie steht es um den Bedarf an einem neuen Todeskriterium angesichts der Last, die hirntote Patienten darstellen? *Ressourcen medizinischer Versorgung* können tatsächlich eine Rolle bei der Entscheidung, lebensverlängernde Maßnahmen abzubrechen, spielen. Kein Arzt ist verpflichtet, Leben so lange wie möglich zu erhalten. Der ärztliche Auftrag umfaßt vielmehr i.d.R. auch den Abbruch lebensverlängernder Maßnahmen, wenn diese nicht mehr dem *Wohl des Patienten* dienen. Die Harvard-Autoren wollen vermeiden, daß die Beatmungsmaschine vor der Erklärung des eingetretenen Todes abgeschaltet wird. Andernfalls würde der Arzt das Beatmungsgerät bei einer Person abstellen, die nach wie vor lebt – man befürchtet, wenn nicht moralische, so doch rechtliche Verwicklungen und Vorwürfe. Die Verfasser verkennen die Möglichkeit, daß der ärztliche Therapie-Auftrag schon vor dem Tod des Patienten enden kann.

Hirntote Patienten

Erstaunen muß, daß die Autoren, die das neue Todeskriterium fordern, annehmen, der Hirntote, den sie überdies immer wieder »Patient« und »Komatöser« nennen, stelle eine Belastung *für sich selbst* dar. Welcher Tote fiele sich zur Last? Auch 1968 ist es nicht vernünftiger als sechs Jahre zuvor bei Mollaret, mit einer Leiche Mitleid zu empfinden. Und wenn Mitleid allein über Tod oder Leben entscheiden soll, ist ein Ende des Totsagens nicht abzusehen.

»Sollen wir das Gesetz etwa so ändern, daß jeder nicht-kompetente Patient für tot erklärt wird, wenn in bezug auf ihn die schmerzliche Frage gestellt wird, ob eine Weiterbehandlung sinnvoll ist? Wenn wir das tun, sind wir weit über den ›Hirntod‹ hinaus ... Wie Flannery O'Connor gesagt hat, führt Mitleid ohne Prinzip nur zu Konzentrationslagern ... oder darüber hinaus« (Byrne u.a., S. 480).

Mit welcher (impliziten) Begründung fordern die Autoren also ein neues Todeskriterium? Der Wortlaut des Harvard-Berichts gibt einen ersten Hinweis. Dort ist nicht von »Hirntoten« als Belastung die Rede, sondern von *Patienten, die den Intellekt endgültig verloren haben*. Auch sprechen die Autoren weiterhin vom irreversiblen Koma, das primär als tiefe *Bewußtlosigkeit* definiert ist.

Soll von nun an das unumkehrbare Koma schon Tod heißen, der endgültige Verlust des Bewußtseins die Leiche vom Lebenden unterscheiden? Der Bericht der Harvard-Kommission legt das nahe. Dort heißt es, die verantwortliche medizinische Auffassung sei bereit, neue Kriterien der Todeszeitbestimmung zu übernehmen, nach denen ein Individuum im irreversiblen Koma infolge einer Gehirnschädigung bereits tot sei. Auf dem Hintergrund dieser Annahme läßt sich nicht begründen, warum der Bericht seinen Vorschlag auf Patienten beschränkt, bei denen *jegliche* zentralnervöse Aktivität erloschen ist (»*Wir beschäftigen uns hier nur mit den komatösen Individuen, die keine wahrnehmbare zentralnervöse Aktivität aufweisen*«, S. 337). Zumal die Forderung eines neuen Todeskriteriums nicht konsequent in bezug auf das gesamte Zentralnervensystem – also *Gehirn und Rückenmark* gleichermaßen – formuliert ist.

Schon die Minderbewertung spinaler Reflexe (Reflexe, die das Rückenmark steuert) und die Formulierung einer Hirntod-, nicht einer ZNS-Tod-Theorie weisen auf ein nicht-biologisches Todesverständnis hin. Zum Maß für die menschliche Lebendigkeit wird dann mehr »die für die anthropologische Konstitution des Menschen entscheidende Bedeutung des Gehirns« als »die im Hirntod erhaltene ausschließlich biologische Lebendigkeit des übrigen Körpers« (Johann Spittler, S. 16). Einer solchen Theorie ist die präzise Angabe von im Hirntod beeinträchtigten Organfunktionen und von deren Beitrag zur Aufrechterhaltung des menschlichen Organismus kein vorrangiges Anliegen; denn solche Todestheorien sehen bewußt von der »ausschließlich biologischen Lebendigkeit« des Menschen ab. Das belegen die Ausführungen des Neurologen Johann Spittler. Er stellt fest, daß »die Unterscheidung etwa der Hirnstammfunktionen von Rückenmarksfunktionen sehr unscharf und die Abgrenzung daher durchaus willkürlich ist«. In bezug auf die Hirntodkonzeption sei die Unterscheidung »aber insofern gerechtfertigt, als die Abgrenzung der höheren Hirnleistungen, Wahrnehmung, Erleben, Handlungsinitiation – nicht nur des Bewußtseins –, von der Unwillkürlichkeit spinaler Reflexe durchaus und offensichtlich sinnvoll ist« (S. 16).

Ahnen die Harvard-Gutachter, daß ihr Todeskriterium eines den Dammbruch vermeidenden Zusatzes bedarf? Denn dieser Zusatz, also die *Nennung des gesamten Zentralnervensystems* verhindert, daß eine Reihe von Patienten, die aufgrund eines nicht behebbaren Gehirnschadens unwiderruflich komatös sind und nach dem angenommenen medizinischen Konsens tot zu nennen wären (Apalliker und Anenzephale z.B.), bereits »tot« oder »hirntot« genannt werden dürfen.

Peter Singer bringt die Kritik an der bedarfsgerechten Begründung des neuen Todeskriteriums auf den Punkt, wenn er bemerkt, daß die Gründe der Harvard-Kommission für die Umdefinierung des Todes – die große Last, die Patienten, Familien, Krankenhäuser und die Gesellschaft zu tragen haben, die »Verschwendung« von transplantationsfähigen Organen – in jeder Hinsicht auf alle irreversibel Komatösen zutreffen, nicht nur auf solche, deren gesamtes Gehirn abgestorben ist.

Der Vorsitzende der Harvard-Kommission Henry Beecher äußert sich 1970 zugunsten des Hirntodes, ohne Gründe gegen eine derartige Ausweitung des Harvard-Todeskriteriums anzuführen: Das Gehirnversagen soll als Tod des Menschen zählen, weil Persönlichkeit, bewußtes Leben, Einzigartigkeit, Erinnerung, Urteilen, Argumentieren, Handeln, Genuß, Ärger usw. nicht ohne Gehirnaktivität möglich sind. Mit der unwiderruflichen Zerstörung des Gehirns ende das Leben des Individuums bzw. die Existenz der Person.

Mit diesem und ähnlichen personistischen Todeskonzepten werde ich mich in Kapitel 6 auseinandersetzen. Hier bestätigt die Äußerung Beechers 1. die vermutete Begründung der neuen Todesdefinition (Tod = endgültiger Bewußtseinsverlust) und 2. die mit dieser Begründung nicht konsistente Forderung des Harvard-Berichts, daß der Tod erst nach Ausfall des *gesamten* Gehirns bzw. des gesamten Nervensystem festgestellt werden solle. Der Zustand, den Beecher benennt, kann sicherlich unabhängig von und schon vor dem *Coma dépassé*, d.h. dem irreversiblen Koma im Sinne des »Ganzhirntodes«, eintreten.

Ein neuer Todesbegriff

Der Harvard-Bericht ist geleitet vom Interesse an Organgewinnung und Rechtssicherheit beim Abbruch lebensverlängernder Maßnahmen. Das zweite Interesse bedarf nicht der Toterklärung des Patienten mit Gehirnversagen. Das erste Interesse kann nicht Tötungen rechtfertigen. *Organbedarf* kann nur zum Argument werden, wenn Organe rechtmäßig bereitgestellt werden können (vgl. meine Anmerkungen zu moralischen Grenzen des Könnens, S. 25f.). Die Blutspende-Aufrufe des Roten Kreuzes verstoßen nicht gegen unsere Moral, was Aufrufe zur Tötung von Obdachlosen im Interesse der Organgewinnung für schwerkranke junge Mütter oder den Bundeskanzler sehr wohl täten. Mit dem Bedarf an transplantablen Herzen kann nur argumentieren, wer unterstellt, der Hirntote sei tot (und Organentnahme von Leichen erlaubt).

Die Harvard-Autoren verwenden zwei Todesbegriffe: 1. den traditionellen Todesbegriff: »moderne Wiederbelebungs- und Unterstützungsmaßnahmen … können heute ›Leben‹, gemessen an den alten Standards von anhaltender Atmung und fortdauerndem Herzschlag, wiederherstellen« (S. 339); 2. den neuen *Bewußtseins-Todesbegriff* (»wenn es nicht die entfernteste Möglichkeit gibt, daß ein Individuum nach einer erheblichen Gehirnschädigung das Bewußtsein wiedererlangt«, S. 339), für dessen Einführung sie ausdrücklich plädieren. Gesetzlich müsse der Wechsel vom herkömmlichen zum Bewußtseins-Todesbegriff nur dann festgehalten werden, wenn entweder der medizinische Konsens strittig oder die Hirntodtheorie umfangreichen gesellschaftlichen Kontroversen ausgesetzt wäre. Die Autoren gehen darüber hinaus davon aus, daß die Rechtsprechung die Frage des Hirntodes im wesentlichen als eine Tatsachenfrage betrachten solle, die in die Kompetenz von Ärzten falle. Die Einführung des Hirntodes geht also bereits mit der Forderung eines *Definitionsmonopols von Medizinern* in Sachen Tod einher. In Kapitel 2 habe ich ähnliche Forderungen zurückgewiesen (vgl. S. 69-74).

4.3 Eine pragmatische Umdefinierung des Todes

Die *Umdefinierung des Todes* durch die Harvard-Kommission blieb nicht unbeachtet. Hans Jonas hat schon im September 1968 – der Harvard-Bericht erschien im August desselben Jahres – Kritik am *Pragmatismus der »Hirntodtheorie«* geübt.

Jonas akzeptiert den Begriff des »Hirntodes«, »solange es sich nur darum handelt, wann es erlaubt sein soll, die künstliche Verlängerung gewisser Funktionen (wie Herzschlag), welche traditionell als Lebenszeichen galten, einzustellen« und übernimmt so den »Standpunkt der katholischen Kirche«: »»Wenn tiefe Bewußtlosigkeit für permanent befunden wird, dann sind außerordentliche Mittel zu Weitererhaltung des Lebens nicht obligatorisch. Man darf sie einstellen und dem Patienten erlauben, zu sterben‹« (S. 220).

Aufs schärfste aber widerspricht Jonas der Vorverlegung des Todes, »*damit* man an seine [des hirntoten Patienten] Organe und Gewebe unter den Idealbedingungen herankann, die früher den Tatbestand der ›Vivisektion‹ gebildet hätten« (S. 221). Denn »vom Todesaufschub abzulassen« bedürfe nur des Wissens, »daß das Koma irreversibel ist«, wohingegen der Eintritt des Todes gewiß sein müsse, bevor man anfange, »dem Körper Gewalt anzutun« (S. 221).

Der Kern des Jonasschen Argumentes ist der Hinweis auf die Unbestimmtheit der Grenze zwischen Leben und Tod einerseits und die notwendige Sicherheit bezüglich des Todeseintritts vor möglicherweise todbringenden Maßnahmen an Patient bzw. Leiche andererseits: »*Da wir die genaue Grenzlinie zwischen Leben und Tod nicht kennen*, genügt nichts Geringeres als die maximale ›Definition‹ (besser: Merkmalsbestimmung) des Todes – Hirntod plus Herztod plus jeder sonstigen Indikation, die von Belang sein mag –, bevor endgültige Gewalt stattgreifen darf« (S. 222).

Jonas hält auch später daran fest, der Harvard-Bericht habe mit »der Sinnlosigkeit bloß vegetativer Fortexistenz ... strenggenommen nicht den Tod, den ultimativen Zustand selbst, definiert, sondern ein Kriterium dafür, ihn ungehindert stattfinden zu lassen« (S. 224), und ergänzt das Argument der Unbestimmtheit des Todes um ein Dammbruch-Argument. Er kann das dem Definitionsversuch »externe Interesse« der Harvard-Autoren an Organgewinnung belegen. Jonas zitiert Henry Beecher mit den Worten, »die Gesellschaft könne es sich schlecht leisten, die Gewebe und Organe unheilbar bewußtloser Patienten ›wegzuwerfen‹ (discard), da diese dringend für Studium und Versuche benötigt würden, um andere, sonst hoffnungslos Kranke damit retten zu können« (S. 225). Zu recht weist Hans Jonas darauf hin, daß eine solche Todesdefinition »unbestimmt mehr und anderes« sanktioniere:

»Wenn der komatöse Patient kraft Definition tot ist, dann ist er kein Patient mehr, sondern ein Leichnam, mit dem man anstellen darf, was immer Gesetz oder Brauch oder Testament oder

Angehörige mit einem Leichnam zu tun erlauben und wozu diese oder jene Interessen im besonderen drängen« (S. 230f.).

Jonas beruft sich auf seine »gruselige Phantasie« (S. 237), wenn er die Möglichkeiten der Verwertung des Hirntoten aufzählt, die sich in Anschluß an die Leichenthese ergeben: »Sind wir erst einmal versichert, daß wir es mit einem Leichnam zu tun haben, dann sprechen keine logischen Gründe dagegen und starke pragmatische dafür, die künstliche Durchblutung (Lebenssimulierung) fortzusetzen und den Leib des Verschiedenen zur Verfügung zu halten – als eine Bank für lebensfrische Organe, möglicherweise auch als eine Fabrik für Hormone und andere biochemische Substanzen, nach denen der Bedarf steht. ... Verlokkend ist auch die Idee einer sich selbst regenerierenden Blutbank. ... Und das ist noch nicht alles. Vergessen wir nicht die Forschung. Warum sollten nicht die wundervollsten Transplantexperimente an dem gefälligen Subjekt-Nichtsubjekt vorgenommen werden, wo der Kühnheit keine Schranken gesetzt sind? Warum nicht immunologische und toxikologische Untersuchungen, Infektion mit Krankheiten, alten und neuen, Ausprobieren von Drogen? Wir haben die ›aktive‹ Kooperation eines funktionierenden Organismus, der für tot erklärt ist und deshalb keinen Schaden leiden kann: das heißt, wir haben die Vorteile des lebenden Spenders ohne die Nachteile, die dessen Rechte und Interessen auferlegen (denn ein Leichnam hat keine). Welch ein Segen für die medizinische Ausbildung, für anatomische und physiologische Demonstration und Übung an so viel besserem Material, als es sonst der Seziersaal bietet! Welche Chance für den Anfänger, gleichsam ›in vivo‹ amputieren zu lernen, ohne daß seine Fehler etwas ausmachen! (Und so fort – in den weit offenen Raum der Möglichkeiten ...)« (S. 231f.).

Zweifel am Tod des hirntoten Organismus

Jonas' Argument steht und fällt mit der Unbestimmtheitsthese; d.h. Jonas muß den Hirntod als einen Zustand ausweisen, in dem zumindest »*Zweifel* daran (besteht), daß ... der atmende Patient (ohne Gehirnfunktion) vollständig tot ist« (S. 233). Den Zweifel am Tod des Hirntoten begründet Jonas bei der Antwort auf den Vorwurf, er verkenne in seiner frühesten Hirntod-Kritik den Unterschied zwischen dem Tod des »Organismus als ganzen« und dem Tod des »ganzen Organismus«: Wer annehme, so Jonas, daß ihm die Funktion »örtliche(r) Subsysteme – einzelne(r) Zellen oder Gewebe ... (z.B. Wachstum von Haar und Nägeln)«

(S. 227) Anlaß gebe zum Zweifel am Tod des hirntoten Patienten, mißverstehe seine »maximale« Todesdefinition. Haar- und Nagelwuchs spielen für das Leben des »Organismus als ganzen« keine Rolle, was man jedoch von *Atmung und Blutkreislauf* nicht behaupten könne. »Denn die Wirkung ihrer Tätigkeit ... erstreckt sich durch das ganze System und sichert sowohl die funktionelle wie die substantielle Erhaltung seiner übrigen Teile« (S. 227). Jonas erwähnt *Stoffwechsel und Drüsenfunktionen*, »so ziemlich alles, was nicht von zentraler Nervenkontrolle abhängt, also die meisten biochemischen, ›vegetativen‹ Prozesse« (S. 228), die bei durch künstliche Beatmung aufrechterhaltenem Kreislauf in Gang bleiben.

Mit dem Erlanger Fall von 1992 wird besonders augenfällig, warum Jonas den hirntoten Patienten bzw. die hirntote Patientin als »›Organismus als ganzen‹ minus Gehirn« bezeichnen kann. Jonas schreibt im November 1992 an Hans-Bernhard Wuermeling (die Schwangerschaft der Erlanger Hirninfarkt-Patientin war noch nicht beendet):

»Wenn das stimmte [gemeint ist die Behauptung, daß beim Menschen erst die integrierende Funktion des Gehirns ›aus einem Konglomerat von Organen einen Organismus macht‹], wäre es schlimm um Euren Fötus bestellt. Doch Eure Hoffnung beruht ja gerade darauf, daß man von dem beatmeten Leibe ganz anderes erwarten kann als von einem bloßen Konglomerat, selbst wenn dieses eine ›behältnis‹ähnliche räumliche Konfiguration hat – nämlich die *ganzheitlichen* Leistungen eines Organismus, die es nur in der lebenden und nirgends in der toten Natur gibt. ... Die ›Beatmung‹ macht die Lunge atmen. Die atmende Lunge macht das Herz schlagen. Das schlagende Herz macht das Blut zirkulieren. Das zirkulierende Blut badet alle Organe und in ihnen alle Zellen, hält die letzteren am Leben, die Organe am Wirken« (*Brief*, S. 22).

Durch das Ende der Schwangerschaft der Hirntoten durch Spontanabort gilt Jonas »die Leichnamsthese wirksamer widerlegt als durch alle Lebenszeichen zugunsten des Fötus und des Fortgangs der Schwangerschaft«. Ich erinnere an seine o.g. Einschätzung: »Daß es ein ›Leichnam‹ sein soll, der da ein Fieber entwickelt, wenn einem darin eingeschlossenen Organismus etwas schiefgeht, und daß es der Uterus einer ›Toten‹ sei, der dann die Kontraktionen vollführt, die das nun tote Kind ausstoßen – das ist doch ein offenbarer verbaler Unfug, ein semantischer Willkürakt im Dienste eines äußeren Zweckes« (*Brief*, S. 23).

Den äußeren Zweck benennt Jonas auch 1992 noch so wie schon 1968: »Euer so seltener Fall einer gehirntoten Schwangeren durfte nicht dem so viel häufigeren und in so großer ärztlicher und öffentlicher Gunst stehenden Fall des gehirntoten *Organspenders* zu widerstreiten scheinen. Hier wie dort daher: tot, tot« (*Brief*, S. 25).

Hirntodtheoretiker werfen Jonas' erster Kritik eine Vernachlässigung der Unterscheidung »zwischen spontaner und von außen induzierter Atmung und sonstiger Körperbewegung« vor. Diese Unterscheidung kennt Jonas zwar, wendet sie aber – anders als die zwischen »Organismus als ganzem« und »ganzer Organismus« – nicht auf den Tod des Menschen an: Keineswegs müsse die Organtätigkeit, deren irreversibles Aufhören den Tod darstellt, spontan sein: »Denn wenn wir für das Hirn, das ausgesetzt hat, ... tun könnten, was wir jetzt für Herz und Lunge tun können, nämlich es arbeiten *machen* durch laufende Aktivierung von außen ..., so würden wir es gewiß tun und nicht darüber rechten, daß die resultierende Tätigkeit der Spontaneität mangelt: auf die Tätigkeit als solche käme es an« (S. 228f.).

Dualismus und Todesangst

Jonas fügt in seinem Aufsatz *Gegen den Strom* nach seinen Bemerkungen »ganz auf der Ebene des ›gemeinen Verstandes‹ und der gewöhnlichen Logik ... zwei philosophische Bemerkungen« (S. 234) zur Kritik der Hirntodtheorie an:

1. Mit der Hirntodtheorie kehre der Leib-Seele-Dualismus in Form des Dualismus von Körper und Gehirn wieder. Die Hirntodtheorie behaupte, »daß die wahre menschliche Person im Gehirn sitzt« (S. 234). Dem extrazerebralen Leib werde jeder Beitrag zur Identität eines Menschen abgesprochen – die Einmaligkeit von z.B. (neuerdings auch genetischem) Fingerabdruck oder Immunreaktion werde vernachlässigt. Jonas leugnet nicht, daß »die höheren Funktionen des Personseins ihren Sitz im Gehirn haben«. Doch Identität ist Identität des »ganzen und gänzlich individuellen Organismus«: »Wie sonst könnte ein Mann eine Frau lieben und nicht nur ihr Gehirn? Wie sonst könnten wir uns im Anblick eines Gesichtes verlieren? Angerührt werden vom Zauber einer Gestalt?« (S. 235)

2. Der »Hirntod« offenbare die »Feigheit der modernen Säkulargesellschaft« angesichts des Todes: »Schwächliche Leugnung seines Rechtes, wenn seine Zeit gekommen ist, mischt sich darin mit robuster Versagung der Pietät, wenn er eingetreten ist«. Des Skrupels, künstliche Beatmung zu beenden, entledigten sich »die Neudefinierer des Todes, indem sie sagen ›er ist schon tot‹« (S.

235). Und mit demselben Akt des Totsagens verschafften sie sich »ein noch besseres Gewissen«, entschieden sie sich, »das Gerät angestellt zu lassen und den so auf der Schwelle von Leben und Tod festgehaltenen Leib ungehindert zu nutzen« (S. 236).

Die Hirntodtheorie exemplifiziert, so Jonas, »das Zusammenwirken all jener Faktoren, die uns willig machen, neuen Errungenschaften der Technik der handgreiflichen Gewinne wegen ihren Lauf zu lassen«. Die Umdefinierung des Todes ist Jonas ein Beispiel der »Verdinglichung auch unserer selbst« infolge der Bereitschaft, uns dem »technologischen Diktat« zu beugen, »ja sogar unser irrationales Empfinden, tiefsitzende Sensibilitäten dem einmal machbar Gewordenen anzupassen« (S. 239).

Eine vergebliche Kritik?

Hans Jonas' Kritik der Hirntodtheorie läßt sich wie folgt kurz zusammenfassen: Bei Gehirnversagen sprechen (auch apparativ unterstützte) ganzheitliche Körper-Leistungen (Atmung und Kreislauf, Schwangerschaft etc.) für das Fortleben des Organismus (als ganzen). Etwaige Zweifel am Leben des hirntoten Patienten dürfen nicht im Interesse von Transplantationsmedizin (oder Medizinstudium u.a.) zurückgestellt werden. Wer an der Rede vom Tod des Hirntoten festhält, muß einen Gehirn-Körper-Dualismus vertreten: Der Mensch wird auf den »zerebralen Aspekt« reduziert; der ist, sagt Jonas, zwar »entscheidend ... für die menschliche Qualität des Lebens jenes Organismus, der ›Mensch‹ heißt« (S. 234), nicht aber für die Frage nach der Lebendigkeit des Menschen.

Jonas selbst hat seine Kritik an der Hirntodtheorie Ende 1992 ein »persönliches Zeugnis von Vergeblichkeit« genannt (*Brief*, 17). Schon sieben Jahre zuvor erschien ihm die unter dem Titel *Gegen den Strom* veröffentlichte, erste Stellungnahme gegen die Umdefinierung des Todes als eine »Steitschrift ... in verlorener Sache« (S. 219). In der Tat scheint die gesetzliche Etablierung der Hirntodtheorie auch in Deutschland gegen den Erfolg des Bemühens um Pietät und Schutz des Sterbenden vor Ausbeutung zu sprechen. Der Mißerfolg entwertet jedoch nicht die Jonassche Argumentation. Ich wage keine Prognose über den Fortgang des Für-tot-Erklärens oder die Revision der Hirntodtheorie; die weitsichtige Zurückweisung einer »pragmatischen Umdefinierung des Todes« durch Hans Jonas sollte jedenfalls nicht in Vergessenheit geraten.

4.4 Die robuste Pragmatik der Hirntodtheorie

Die Kritik Jonas' führt bereits über eine Kritik am Harvard-Bericht (ergänzt um die Stellungnahmen Beechers) hinaus. Denn hier greifen die Vorwürfe von Pragmatismus und Dualismus, nicht aber das Organismus-Argument. Denn 1968 behauptete noch niemand, mit dem Hirntod zerfalle der menschliche Organismus. Mit dem Rechtswissenschaftler Gerd Geilen vergewissere ich mich daher zunächst noch einmal der frühen Argumentation für den »Hirntod«.

Robuste Pragmatik

Geilen selbst geht vom prozeßhaften Charakter des Todes aus. Der Sterbevorgang erscheint ihm ungegliedert, jede Todeserklärung müsse einen nominalistischen Charakter haben. Der Todeszeitpunkt könne also nicht der Natur abgelesen werden, sondern sei das Ergebnis einer medizinischen Konvention. Eine ähnliche Position haben wir bei Kurt Bayertz (vgl. S. 34-42) kennengelernt.

Wenn die Medizin den Tod erklärt, so muß sie es laut Geilen im Blick auf die *Möglichkeiten der Therapie* tun. Geilen spricht von einer »teleologischen Begriffsbildung«: Der Todeszeitpunkt werde unter Rücksicht des Heilungszieles festgelegt. Der endgültige Ausfall von Atmung und Kreislauf habe nun gegenüber der Hirntodtheorie den Vorteil, daß mit ihm die »Absterbeautomatik« bis hin zum Gesamttod, also dem Tod sämtlicher Zellen des Körpers, unaufhaltsam ablaufe. Im Hirntod ist dagegen ein Weiterleben als »Organpräparat« möglich, so daß der Abstand zwischen menschlichem Tod bzw. »Individualtod« und Gesamttod steuerbar wird. Und im Wettlauf zwischen Todeserklärung und möglichst lebensfrischer Transplantatentnahme entscheide dann oft allein *robuste Pragmatik*.

Geilen kann den Pragmatismus der frühen Hirntodtheorie vielfach belegen. Der Chirurg Peter Röttgen z.B. sagt in einer Diskussion zu den Voraussetzungen der Transplantationsmedizin: »Ich bin dagegen, daß man nur das, was nun wirklich mausetot ist, als tot feststellt. Damit ist dem Totengräber geholfen, aber nicht dem Chirurgen, wenn er wirklich transplantieren will« (S. 54f.). Röttgen denkt offenbar, es müsse für die Medizin einen anderen Todesbegriff geben, als für Bestattungsunternehmen. Eine solche Begriffsbildung hat aber auch Geilen trotz seines Beharrens auf dem »nominalistischen Charakter« der Todes-definition nicht im Blick. Die Todesfrage ist entscheidender An-gelpunkt der Organentnahme und bedarf einer Antwort jenseits der Begierde nach »lebensfrischen« Organen. Die therapeutische Teleologie, von der Geilen spricht, meint die Orientierung des Todesbegriffs an der *Heilungs- oder Linderungsaussicht für den Hirninfarkt-Patienten, nicht für Dritte*, z.B. etwaige Nutznießer der Organentnahme aus dem Hirntoten.

Die Todeserklärung, »zum archimedischen Punkt des Lebens- und Körperschutzes geworden«, kann nicht der Willkür interes-sierten Totsagens überantwortet werden, wenn sie »im buch-stäblichsten Wortsinn ›einschneidende‹ Konsequenzen« hat (Geilen, S. 381). Den »Nominalismus« Geilens bezüglich des Todesbegriffs teile ich nicht; seinen Hinweis auf die Grenzen der »Vereinbarkeit« des Todeszeitpunkts weisen m.E. gerade auf den *nicht-nominalistischen Charakter des Todes* bzw. der Todeszeit-bestimmung hin: Die Nennung der »Absterbeautomatik« und der Zeitspanne zwischen Individual- und Gesamttod artikulieren ein nicht-beliebiges Moment in der Bestimmung des Todes, das dessen rechtlicher und moralischer Bedeutung entspricht.

Mit Geilen halte ich einen »gänzlich kritiklos betriebenen Be-griffsimport« (S. 379) aus der Medizin für unzulässig: »Man ver-wechselte Tod und Todeserklärung und sah in der ganzen Frage ein empirisch vorgegebenes und deshalb in die medizinische Al-leinzuständigkeit fallendes Spezialproblem. Infolgedessen wurde auch die Begriffsbildung der Medizin in sozusagen blankettarti-ger Form von der Rechtswissenschaft übernommen« (S. 377).

Anthropologische und biologische Begründung

Neben instrumentellen Toterklärungen kann Geilen 1972 nur »anthropologische« Begründungen der Hirntodtheorie erken-nen. Er zeigt, daß frühe Begründungen für die Hirntodtheorie *besondere Leistungen und Fähigkeiten des gesunden Erwachse-nen* anführen, die mit dem Absterben des Gehirns (i.d.R. bereits mit dem Absterben der Großhirnrinde) nicht mehr möglich sind. So zitiert Geilen z.B. den Theologen Helmut Thielicke mit den Worten: »Dort wo das Selbstbewußtsein dauernd und radikal ausfällt, wo keine Ansprechbarkeit mehr vorliegt und auch in eindeutiger Weise nicht mehr regenerierbar ist, ist die Signatur des humanum erloschen und ist nur noch die biologische Larve dessen übriggeblieben, was einmal als menschliche Existenz diese Gefäße erfüllte« (zitiert nach Geilen, S. 384).

Diese und ähnliche Begründungen können sich allerdings nicht als Stütze für die Hirntodtheorie ausweisen. Denn Selbstbewußtsein geht schon mit dem endgültigen Ausfall der Großhirntätigkeit verloren, nicht erst mit der Zerstörung des gesamten Gehirns. Es ließe sich also ein neues »Teilhirntod«-Kriterium formulieren, demzufolge auch Apalliker, Anenzephale usw. aus dem Schutzbereich des Tötungsverbots ausscheiden würden. Geilen fordert daher eine »biologische« Begründung der Hirntodtheorie, die 1. dem Ausfall der vegetativen Funktionen im Hirntod gerecht werde und damit 2. auf die funktionelle Bedeutung des Gehirns für den gesamten Organismus abhebe. Nur wenn eine solche Begründung gelänge, könnte es die nötigen Sicherheitsgarantien an der »unmittelbaren Grenzlinie des Lebensschutzes« geben. Zudem müßte eine solche Begründung die »doch einigermaßen paradoxe Tatsache (erklären), daß sich nach übereinstimmender Auffassung der für die Transplantatentnahme entwickelte Todeszeitpunkt von den für Sektion oder Bestattung nach wie vor geforderten Wartefristen grundlegend unterscheiden soll« (S. 388).

Geilens umfangreiche Sichtung der Begründungen für die Hirntodtheorie zeigt, daß bei der Verhandlung der Todesfrage die Auffassung bestimmend ist, daß der *irreversible Bewußtseinsverlust* der Tod des Menschen ist. Diese »personistische« Begründung für die Hirntodtheorie, wie ich sie in Anlehnung an den exklusiven Personenbegriff vieler Bioethiker nenne, verlangte jedoch, *jeden* irreversibel Bewußtlosen, unabhängig von vegetativen Hirnstammfunktionen (Spontanatmung, Kreislauf- und Temperaturregulation usw.), als Leiche zu behandeln. Der »Ganzhirntod« würde überflüssig, ließe sich der endgültige Funktionsverlust der Gehirnteile nachweisen, ohne die Bewußtseinsleistungen unmöglich sind. So schlägt Röttgen schon 1969 vor, »daß wir den Tod des Menschen feststellen können, wenn sein Cortex [die Großhirnrinde] tot ist« (S. 54). Ihm ist in der Konsequenz ein schwerst großhirngeschädigter Mensch, »ein echter Apalliker wie ein Monstrum kein Mensch mehr« (S. 55).

Unter dem Eindruck der »unannehmbaren Folgerungen« (Geilen) ausgearbeiteter Teilhirntodtheorien seit Mitte der 70er Jahre (vgl. S. 189f.), zu denen die Behandlung spontan atmender Apalliker oder schwerst Dementer als Leichen gehörte, mühen sich Hirntodtheoretiker seit 1977 um eine im Sinne Geilens »biologische« Begründung ihrer Behauptung, schon und erst das endgültige Versagen des gesamten Gehirns bedeute den Tod des Menschen. Unter den für die Hirntodtheorie einschlägigen Gehirnleistungen werden nun neben dem Vermögen zu denken, wahrzunehmen und zu antworten das Vermögen, Körperfunktionen zu regeln und zu integrieren, genannt. Gelingt eine solche Begründung nicht (ich habe erste Bedenken angesichts der geforderten »integrativen« Funktion des Gehirns formuliert und die umfassende Hirntod-Kritik von Hans Jonas vorgestellt), muß die Berechtigung einer »anthropologischen« Begründung ausgewiesen oder die Hirntodtheorie insgesamt abgelehnt werden.

In Kapitel 5 prüfe ich die Tauglichkeit ausgearbeiteter, vermeintlich biologischer Begründungen der Hirntodtheorie, um dann in Kapitel 6 die Forderung zurückzuweisen, einen »Personen«-Tod einzuführen, der vor dem Tod des Menschen stattfinden könne und dem allein moralische Bedeutung zukomme.

Mit den Vorschlägen zur Einführung eines »Teilhirntodes« bzw. einer Personenmoral wird der Horizont der Diskussion um den (Ganz-)Hirntod ausgeweitet. Zuvor verteidige ich in den folgenden Abschnitten dieses Kapitels die moralische Bedeutung der Unterscheidung von Töten und Sterbenlassen und skizziere eine Auffassung der ärztlichen Aufgabe, die ein vermeintliches Motiv für die Erfindung des Hirntodes nichtig macht.

4.5 Töten und Sterbenlassen

Mollaret ging davon aus, der Arzt müsse lebensverlängernde Maßnahmen, vor allem die künstliche Beatmung, bis zum unausweichlichen Tod des Patienten fortführen. Lebensverlängerung gehört aber nicht zu den Aufgaben des Arztes (vgl. S. 129ff.). Daß man Patienten in einer aussichtslosen Situation sterben lassen darf, ist schon vor Etablierung der Hirntodtheorie gerade im Kontext der neuen intensivmedizinischen Möglichkeiten bekannt.

Die Auffassung der katholischen Kirche

Hans Jonas hat sich in seiner frühen Kritik an der Hirntodtheorie auch auf die Auffassung der katholischen Kirche in der Frage des Behandlungsabbruchs berufen. Die entscheidende Stellungnahme, die Mollaret in seinem Aufsatz von 1962 zwar zitiert, bei seinem ersten Entwurf der Hirntodtheorie aber nicht »umsetzt«, stammt aus dem Jahr 1957. Papst Pius XII. antwortet auf die Anfrage eines Innsbrucker Anästhesisten, ob der Arzt in aussichtslosen Fällen das Recht oder sogar die Verpflichtung habe, den Patienten künstlich zu beatmen. Der Papst schreibt, der Arzt sei dazu nicht verpflichtet, es sei denn, die künstliche Beatmung sei das einzige Mittel, eine andere moralische Pflicht zu erfüllen. Mit der Schwangerschaft der hirntoten Frau haben wir Umstände kennengelernt, unter denen die Aufrechterhaltung des mütterlichen Lebens zugunsten des Ungeborenen geboten sein kann. Zudem hält der Papst künstliche Beatmung nur dann für gerechtfertigt, wenn der Patient den Arzt ausdrücklich oder stillschweigend autorisiert hat. Die in unserem Zusammenhang entscheidende Stellungnahme betrifft den *Behandlungsabbruch*:

»Wenn sich der Wiederbelebungsversuch in Wirklichkeit für die Familie als eine so starke Belastung darstellt, daß man sie billigerweise ihr nicht auferlegen könnte, kann sie zulässig darauf bestehen, daß der Arzt seine Versuche abbricht, und der Arzt kann zulässig ihr Folge leisten. In diesem Fall ist das keine direkte Verfügung über das Leben des Patienten, noch eine Euthanasie, die niemals zulässig wäre: Selbst wenn die Unterbrechung der Wiederbelebungsversuche den Kreislaufstillstand nach sich zieht, so ist diese Unterbrechung immer nur indirekte Kausa für das Aufhören des Lebens« (S. 1544).

Der Papst erkennt die moralische Relevanz der Unterscheidungen von Töten und Sterbenlassen an, indem er den Behandlungsabbruch bzw. den Verzicht auf Behandlung deutlich von Euthanasie trennt. Die direkte Herbeiführung des Todes ist verboten; *Tötung* ist nie das Ziel ärztlicher Hilfe. Euthanasie und Abtreibung sind nicht mit dem ärztlichen Ethos vereinbar. Der Abbruch von Wiederbelebungsversuchen – gemeint ist vor allem die künstliche Beatmung – allerdings kann zulässig sein, wenn der Patient keine Aussicht auf Heilung oder ein gelingendes Leben trotz Krankheit oder Behinderung mehr hat. Die in der päpstlichen Erklärung genannte Belastung der Familie, deren Bemessung der Papst offensichtlich dem erfahrenen Urteil der Beteiligten überläßt, ist also keineswegs das einzige oder primäre Kriterium des Behandlungsabbruchs.

Die Bestreitung eines tiefgreifenden Unterschieds

Viele zeitgenössische Moralphilosophen (z.B. James Rachels und Michael Tooley) bestreiten die moralische Relevanz der Unterscheidung von Töten und Sterbenlassen. Sie erheben damit die Bedenken der frühen Reanimateure gegen das Abschalten der Beatmungsmaschine beim Hirninfarkt-Patienten zur Theorie. (Diese Bedenken waren eine Motivation, überhaupt nach dem

Tod des irreversibel Komatösen zu fragen.) Die moralphiloso-phische Grundlage der Leugnung der uns geläufigen moralischen Differenz von Töten und Sterbenlassen ist der *Utilitarismus* oder (allgemeiner:) *Konsequentialismus* – Auffassungen also, die ein-zelne Handlungen oder Handlungstypen ausschließlich nach ih-ren *Folgen* bewerten. Der Utilitarist macht den Handelnden für alle erkennbaren Folgen seines Tuns und Lassens gleichermaßen verantwortlich.

Philippa Foot verdeutlicht die *kontraintuitiven Konsequenzen* dieser Position am Beispiel des Hungers in Ländern der Dritten Welt: Der Utilitarist muß uns dafür, daß wir Menschen in armen Ländern verhungern lassen, genauso anklagen, als schickten wir diesen Menschen vergiftete Nahrungsmittel. »Das will nun auf den ersten Blick überhaupt nicht einleuchten. Wir meinen kei-neswegs, es sei nicht schlimmer, jemanden wegen des Geldes für eine leichte Lebensverbesserung wie einen hübschen Winter-mantel zu ermorden, als einen solchen Betrag einer Hilfsorgani-sation vorzuenthalten« (Foot, *Töten*, S. 187).

Eine konsequentialistische Position verfehlt unsere Praxis mo-ralischen Urteilens in Fällen erlaubten Sterbenlassens und ver-botener Tötung. Welchen Unterschied aber meinen wir genau, wenn wir mitunter Sterbenlassen erlauben, wo wir Tötung ver-urteilen würden?

James Rachels hat in der Absicht, den angedeuteten Unter-schied aus der Moral wegzuerklären, darauf aufmerksam ge-macht, daß wir Töten und Sterbenlassen *nicht immer* verschieden beurteilen: Wenn jemand seinen Neffen in der Badewanne er-trinken läßt, um an dessen Erbe heranzukommen, ist sein Ver-halten ebenso verboten, wie das Kind unter Wasser zu drücken.

Das Beispiel von Rachels muß uns nicht irritieren: Es zeigt zu-nächst nur, daß Sterbenlassen nicht *immer* und schon *an sich* er-laubt ist. Auch vom Töten gilt, daß es nicht ausnahmslos verbo-ten ist. Das zeigen Fälle, die unweigerlich Tötung zu nennen sind, die wir aber für erlaubt halten. Dazu zählen z.B. Tötung in Notwehr oder in Kauf genommene Tötung Unbeteiligter im Krieg gegen ein Terror-Regime.

Es gibt also *erlaubtes Töten* ebenso wie *verbotenes Sterbenlas-sen*. Der mit »Töten und Sterbenlassen« angesprochene *morali-sche* Unterschied kann also nicht einfach identisch sein mit dem Unterschied *verschiedener Handlungsweisen*. (Den Ausdruck »Handlungsweise« gebrauche ich hier in einem weiten Sinne, so daß er nicht nur Handlungen, sondern auch Nicht-Handlungen umfaßt. Im Anschluß an Warren Quinn spreche ich auch von verschiedenen »Arten des Tätigseins«.)

Der Vorschlag, dem ich folgen werde, lokalisiert den moralischen Unterschied von Töten und Sterbenlassen (bzw. allgemeiner: von Tun und Lassen) im *Verstoß gegen verschiedene Arten von Rechten*. Zuvor frage ich nach einer angemessenen nichtmoralischen Explikation der mit *Tun und Lassen* bzw. *Töten und Sterbenlassen* angedeuteten, aber noch nicht hinreichend differenzierten *Arten des Tätigseins*.

Negative und positive Tätigkeit

Wie läßt sich der Unterschied *nicht-moralisch* benennen, den wir anerkennen, wenn wir sagen, es sei i.d.R. verboten, jemanden zu töten, manchmal könne es aber erlaubt sein, einen Menschen sterben zu lassen? »Ist der wichtige Unterschied derjenige zwischen Handeln und Unterlassen, das heißt zwischen dem, was jemand tut und was er sich enthält zu tun?« (Foot, *Moral*, S. 166)

Philippa Foot hat ein Beispiel ersonnen, das die Schwierigkeit verdeutlicht, den relevanten Unterschied mit »Tun und Lassen« (bzw. »Handlung und Nicht-Handlung«) zu identifizieren. Nehmen wir an, es gäbe Beatmungsgeräte, die jeden Morgen neu angeschaltet werden müßten, um einwandfrei zu funktionieren. Wenn jemand nun den Tod des Patienten dadurch herbeiführt, daß er die Maschine nicht betätigt (ein Nicht-Tun), ist über die moralische Einschätzung seines »Tuns« noch nicht viel gesagt. Sein Handeln kann moralisch einwandfrei sein, z.B. wenn es sich um einen erlaubten Behandlungsabbruch handelt; oder es ist verwerflich, z.B. als die Wahrnehmung einer willkommenen Gelegenheit, an das Erbe des Patienten heranzukommen. Die Unterscheidung von Tun und Lassen fällt also nicht mit der intuitiven Unterscheidung zusammen, die unser Urteil in bezug auf Töten und Sterbenlassen leitet.

Besonders interessant sind Fälle, in denen der Schaden (hier: der Tod von Menschen) von Gegenständen (oder Kräften) verursacht wird, über die man eine gewisse Kontrolle hat: Nehmen wir an, daß ein Bus auf einen belebten Bürgersteig zurollt, weil der Fahrer plötzlich das Bewußtsein und damit die Kontrolle über das Fahrzeug verloren hat. Ein Fahrgast (ein kundiger Autofahrer, wie wir annehmen), der (in Abwesenheit besonderer Umstände) *nichts tut*, um den Bus umzulenken bzw. zum Stillstand zu bringen, handelt falsch – u.z. obwohl er, wie man sagen könnte, die Fußgänger nur sterben läßt. Der Unterschied von Handeln und Nicht-Handeln allein ist also nicht identisch mit dem gesuchten, moralisch bedeutsamen Unterschied.

Warren Quinn führt eine technische Terminologie ein, um den nicht-moralischen Unterschied der verschiedenen Handlungs-weisen (*kinds of agency*) zu benennen, der in unserer Moral eine große Rolle spielt. »Tätigkeit« (*agency*) soll sowohl eine Hand-lung als auch eine Nicht-Handlung heißen können, in deren Fol-ge ein Schaden eintritt. Was wir als Sterbenlassen *erlauben*, nennt Quinn »*negative Tätigkeit*«. Bei einer negativen Tätigkeit ist der unmittelbarste Beitrag des Tätigen zum Schaden eine *Nicht-Handlung*. Wer z.B. ein Kind im Meer ertrinken läßt, ist negativ tätig (u.z. unabhängig davon, ob er dem Kind nicht hilft, weil ihm das ertrinkende Kind gleichgültig ist oder weil ihn die Ret-tung eines anderen Kindes bindet). Die Situation scheint von derselben Art zu sein, wenn das Kind in einem Behälter ertrin-ken würde, der sich zusehends mit Wasser füllt. Wenn allerdings in diesem Fall ein Zeuge des Geschehens nichts unternimmt (ich will annehmen, er könnte leicht die Wasserzufuhr stoppen), fas-sen wir sein Nicht-Tun als Indiz für seine *Absicht* auf. Wir wür-den annehmen, daß er ein Interesse an dem Tod des Kindes hat. Dann aber ist seine Tätigkeit keine negative, sondern eine positi-ve. Warum meint Quinn, daß die Absicht eine Tätigkeit selbst dann zu einer positiven macht, wenn es sich um ein Nicht-Tun handelt?

Eine »*positive (schädigende) Tätigkeit*« (die i.d.R. moralisch verworfene Handlungsweise) liegt vor, wenn der unmittelbarste Beitrag des Tätigen zum Schaden eine *Handlung* ist. Üblicher-weise ist die Handlung eine des Tätigen selbst; in Ausnahmefäl-len zählt als Handlung aber auch das Wirken eines Gegenstands oder einer Kraft (bzw. der Ablauf eines Geschehens), mit der (bzw. dem) sich der Tätige durch die *Absicht* seines Verhaltens (d.h. seines Nicht-Tuns) *identifiziert*. Eine positive Tätigkeit ist also sowohl das Steuern eines Unglücksfahrzeugs (z.B. beim Selbstmordattentat) als auch das Nicht-Eingreifen in Fällen der »Komplizenschaft« (Quinn) mit der zerstörerischen Fahrt des Autos (oder mit dem Ansteigen des Wasserspiegels in meinem Beispiel des sich füllenden Wasserbehälters).

Der »unmittelbarste« Beitrag eine Tätigen ist derjenige, der den *Schaden* (in bezug auf den Tätigen) am unmittelbarsten er-klärt. Ein Beitrag erklärt Schaden unmittelbarer als ein anderer, wenn der Erklärungswert des zweiten sich darin erschöpft, den ersten Beitrag zu erklären. Am Beispiel: Wenn wir einen Men-schen, den wir erreichen könnten, ertrinken lassen, um an ande-rem Ort fünf Ertrinkende zu retten, ist unser Beitrag zum Scha-den eine negative Tätigkeit. Unser Fernbleiben (eine Nicht-Handlung) erklärt den Tod des einen. Unser Handeln (die Rettung der fünf) erklärt hingegen seinen Tod nur mittelbar, insofern es unser Fernbleiben erklärt.

Quinns Vermutung lautet nun: Unsere Moral *erlaubt* in der Regel *negative schädigende Tätigkeit*, wohingegen sie im allgemeinen *positive schädigende Tätigkeit verbietet*. Ein von Quinn konstruiertes Beispielpaar verdeutlicht die Unterscheidung und ihre Übereinstimmung mit unserem (intuitiven) moralischen Urteil: Im ersten Beispiel rast ein Zug nach einem Unfall führerlos auf ein Auto zu, das auf den Schienen liegengeblieben ist und dessen Fahrer sich nicht befreien kann. Wir sind Reisende, die mit der lebensrettenden Erstversorgung von Unfallopfern in einem der hinteren Waggons beschäftigt sind. Erfahren wir nun von der mißlichen Lage des Autofahrers, sind wir – so Quinn – nicht verpflichtet, unsere verletzten Mitreisenden sterben zu lassen, um im Führerstand der Lokomotive den Zug zum Stillstand zu bringen und so die Tötung des Autofahrers zu verhindern. Unser unmittelbarster Beitrag zum Tod des Autofahrers ist eine Nicht-Handlung (von einer »Unterlassung« würden wir nur dann reden, wenn man die Rettung des Autofahrers von uns erwartete bzw. ein seine Rettung einforderndes Sollen vorläge).

In Quinns zweitem Beispiel, sind wir ebenfalls in einem Zug unterwegs – diesmal, um eine Unfallstelle mit mehreren Schwerstverletzten zu erreichen. Durch einen unglücklichen Zufall ist ein Autofahrer unserer Rettungsfahrt im Weg. Unser intuitives Urteil verbietet es, daß wir den Mann auf den Gleisen überfahren, um das Leben der Unfallopfer zu retten. Dazu paßt Quinns Unterscheidung: Unser Beitrag zum Tod des Autofahrers wäre eine »Handlung« (im besonderen Sinne einer positiven Tätigkeit trotz eines Nicht-Tuns). Denn insofern wir die Fahrt des Zuges (die den Schaden verursachende »Handlung«) *beabsichtigen* würden, müßten wir auch den Tod des Autofahrers in Kauf nehmen; unsere Absicht würde uns zu »Komplizen« des fahrenden Zuges und seiner tödlichen Fahrt machen. Unser Nicht-Tun wäre eine positive Tätigkeit.

Der Unterschied von Beispiel 1 und Beispiel 2 zeigt sich, wenn wir jeweils die Frage: »Warum stirbt der Mann im Auto?«, beantworten. Im ersten Beispiel werden wir, unseren Beitrag erwähnend, sagen: »Wir haben den Zug nicht gestoppt.« Im zweiten (entschieden wir uns für die Weiterfahrt): »Wir haben den Mann überfahren.« Wenn der Zug wider erwarten zum Stillstand käme, wird der Unterschied von negativer und positiver Tätigkeit (und dessen Zusammenhang mit der Absicht des Handelnden) offenkundig: Im ersten Beispiel werden wir erleichtert sein, daß das Leben unserer Mitreisenden *und* das des Autoinsassen gerettet werden kann. Wenn wir im zweiten Beispiel aber an unserer Rettungsabsicht festhalten, dann müßten wir den Zug erneut starten und den Fahrer in seinem Auto überrollen.

Mit Warren Quinn habe ich nun die Antwort auf meine Frage gegeben, wie die mit »Töten und Sterbenlassen« angesprochene moralische Unterscheidung nicht-moralisch artikuliert werden kann. Wie läßt sich aber die (schon geltend gemachte) *moralische Relevanz* der eingeführten Unterscheidung von positiver und negativer Schädigung erklären? Ich habe bereits davon gesprochen, daß es sich bei der moralisch entscheidenden Differenz um die der Beachtung bzw. Nichtbeachtung *verschiedener Arten von Rechten und Pflichten* handelt.

Negative und positive Pflichten

Philippa Foot nennt zwei Arten von Rechten und entsprechenden Pflichten: 1. Dem *Recht auf Güter oder Dienstleistungen* entspricht die *positive Pflicht*, Güter oder Dienstleistungen bereitzustellen. Ein Beispiel ist unser Anspruch auf Hilfeleistung in Not. Wir sind berechtigt, den helfenden Einsatz – manchmal bloß ein Hilferuf – von jedem zu verlangen, wenn er uns leicht aus einer Notlage befreien kann. 2. Dem *Recht, in Ruhe gelassen zu werden*, entspricht die *negative Pflicht*, nicht einzugreifen. Das *Tötungsverbot* ist vorrangig eine negative Pflicht. Wir tun in der Regel nichts besonderes, um andere am Leben zu erhalten, sondern nehmen davon Abstand, Leib und Leben anderer zu gefährden.

Beide Arten von Rechten können durch bestimmte Umstände anderem untergeordnet werden: Der Sozialstaat etwa setzt voraus, daß die dem Recht auf Eigentum entsprechende negative Verpflichtung, fremdes Eigentum nicht anzutasten, zugunsten der Unterstützung Bedürftiger zurückstehen kann.

Entscheidend ist, daß bestimmte Umstände die verschiedenen Arten von Rechten unterschiedlich betreffen: »Im allgemeinen ist mehr nötig, um einen Eingriff zu rechtfertigen, als die Nichtlieferung von Gütern oder Dienstleistungen; und es ist natürlich vorstellbar, daß überhaupt nichts beispielsweise Folter oder die absichtliche Tötung von Unschuldigen rechtfertigt. ... Wenn also unter irgendwelchen Umständen das Recht auf Nichteingriff das einzige bestehende Recht ist, oder das einzige Recht, das nicht hinter besonderen Umständen zurückstehen muß, dann kann es unzulässig sein, eine tödliche Abfolge in Gang zu setzen, aber es *könnte* zulässig sein, eine Hilfeleistung zu unterlassen« (Foot, *Töten*, S. 191). »Die Moral verbietet das absichtliche *Herbeiführen* des Todes eines Unschuldigen *unbedingt*, verlangt aber nicht mit derselben Unbedingtheit seine Rettung. Überhaupt schreibt sie *in erster Linie Unterlassungen, dann erst Taten* vor« (Anselm Müller, *Tötung auf Verlangen*, S. 100).

Warren Quinn schlägt vor, sich die Bedeutung der *Höherbewertung von negativen Pflichten* vor Augen zu führen, indem wir uns eine Moral vorstellen, die das Gewicht von negativen und positiven Pflichten anders verteilte. Eine Moral, die positive Rechte höher bewertete als negative, erlaubte die Tötung von zweien um einen zu retten. Die *Inkohärenz* solch einer Moral zeigt folgendes Beispiel: Stellen wir uns eine Situation vor, in der wir einem Ertrinkenden nur zu Hilfe eilen können, wenn wir zwei Personen, die aus unbekannten Gründen schuldlos den Rettungsweg versperren, überfahren. Die positive Pflicht, den Ertrinkenden zu retten, scheint – unter der Annahme der prinzipiellen Vorordnung positiver Rechte – zunächst die negative Pflicht, die beiden nicht zu töten, außer Kraft zu setzen. Nun setzt aber unsere Entscheidung, dem einen zu Hilfe zu eilen, die beiden auf der Straße einer Gefahr aus, die zumindest so groß ist wie die, in der sich der Ertrinkende befindet – es geht um Leben und Tod. Die Fortsetzung unserer Rettungsfahrt würde also vermutlich die positiven Rechte der beiden Unglücklichen, die unsere Rettung behindern, aktivieren. Unsere Pflicht, dem Ertrinkenden zu helfen, würde durch die Pflicht, den beiden auf der Straße zu helfen, aufgewogen. Die Tatsachen, daß 1. die positive Pflicht gegenüber dem einen (im Wasser) die negativen Pflichten gegenüber den zweien (auf der Straße) aufhebt und daß 2. die positiven Pflichten gegenüber den zweien die gegenüber dem einen zurücktreten lassen, können aber *nicht zugleich* bestehen. Es zeigt sich: Die Forderungen einer Moral, die positive Rechte höher als negative bewertet, sind nicht kohärent formulierbar. Wenn es also einen *Vorrang von Rechten* gibt, muß es der negativer Rechte sein.

Wie steht es aber um die Möglichkeit der *Gleichbewertung von negativen und positiven Rechten?* Eine solches Moralsystem ist kohärent formulierbar. Was würde sich aber gegenüber unserer Moral ändern? In der Transplantationsmedizin z.B. wäre es nun möglich oder gar geboten, einen zu töten, um zwei Patienten zu helfen. In unserem Beispiel der Rettung in einem fahrenden Zug wären wir genötigt, einen zu überfahren, wenn wir nur so den vielen zur Hilfe eilen können. Letztlich bedeutete solch ein System, daß der Einzelne das Sagen über sich, seinen Körper und sein Leben verlöre. Die Berechnung des »Gesamtnutzens« einer Gesellschaft oder der Menschheit würde grundsätzlich auch seinen Tod als Alternative in Betracht ziehen. Unser Körper wäre in keinem relevanten Sinne noch unser, wenn in einer solchen Moral die »Überlebens-Lotterie« eines John Harris (vgl. S. 26f.) institutionalisiert würde.

Einer Moral, die positive und negative Pflichten gleich gewichtet, gilt das *Nicht-Tun des Guten* als ebenso verwerflich wie das *Tun des Nicht-Guten* bzw. Schlechten. Für das Geschehenlassen des Nicht-Guten wären wir ebenso verantwortlich wie für dessen Herbeiführung: Es gäbe unendlich viele (und sich vielleicht oft widersprechende) Verpflichtungen. Denn ständig tun wir Gutes, das wir tun könnten, nicht: Statt dieses Buch zu schreiben oder zu lesen, könnte man den einsamen Patienten im Krankenhaus besuchen, Geld für die Flüchtlingsfamilie sammeln, eine Nachbarschaftshilfe aufbauen, Erste-Hilfe-Kurse anbieten usw. Eine Moral, die von uns verlangte, immer das Gute (oder sogar: das Beste) zu tun, überforderte uns maßlos.

Im Gegensatz zu einer Moral, die uns auf diese Weise als permanente Missetäter vorstellt (und nicht nur darauf hinweist, daß wir oft versäumen, Gutes, das wir tun sollten, zu tun), führt die Höherbewertung negativer Pflichten nicht zum »Tugendterror«. Zwar gibt es auch in unserer Moral unendlich viele Verpflichtungsquellen (ich darf z.B. Milliarden von Menschen nicht töten oder foltern), den Verzicht auf die vielen schlechten Handlungen können wir jedoch »leisten« – anders als die Verwirklichung der unzähligen guten Handlungsmöglichkeiten.

In der *Begrenzung des moralisch Möglichen durch negative Rechte* zeigt sich der *Anti-Konsequentialismus unserer Moral.* Jedem Menschen zollen wir Respekt und betrachten sein Leben als unabhängig von Berechnungen des Gemeinwohls. Unsere Moral tritt – entgegen der utilitaristischen Unterstellung – *nicht* an, den größten Nutzen der größten Zahl (koste es, was es wolle) zu verwirklichen. Am Grunde der Moral liegt kein Optimierungsentscheid. Unsere Moral fragt nach dem *guten Leben des Menschen in einer Gemeinschaft*, nicht nach dem besten Zustand einer Gesellschaft, für den man u.U. über Leichen gehen muß.

Besondere Umstände, besondere Pflichten

Nun könnte man sowohl die Unterscheidung von negativer und positiver Tätigkeit als auch deren moralische Relevanz zugestehen, aber dennoch darauf beharren, daß die Intensivmedizin

Umstände schaffe, unter denen die formulierten negativen Pflichten zurücktreten müßten. Solche Fälle kennen wir: Der Eingriff in fremdes Eigentum ist z.b. gerechtfertigt – nicht schon, wenn jemand seine Wohnung verkommen läßt, spätestens aber dann, wenn aus der verwahrlosten Wohnstätte eine Gefahr für die Gesundheit seiner Nachbarn erwächst. Das Recht auf Nicht-Eingriff tritt zurück. Wer seine Gesundheit durch schlechte Gewohnheit ruiniert, den lassen wir gewähren, solange wir keine besondere Verantwortung für ihn haben (wie Eltern gegenüber ihren Kindern) bzw. seine Erkrankung niemanden (durch Infektion, suchtbedingte Aggression u.ä.) gefährdet. Wenn aber Eltern die Gesundheit ihrer Kinder leichtfertig aufs Spiel setzen, schreitet die Gesellschaft in vielen Fällen zurecht ein. Die (negative) Verpflichtung, die Eltern bei der Erziehung ihrer Kinder gewähren zu lassen, wird zugunsten des Kindeswohls untergeordnet. Das gilt auch im Falle des Kindesmißbrauchs: Eine Gesellschaft, die Kindern nicht zu Hilfe eilt, wenn deren Eltern sie mißbrauchen, halten wir nicht für eine gute Gesellschaft.

Die entscheidende Frage ist: Stoßen wir beim *Coma dépassé* bzw. dem totalen Hirninfarkt auf Umstände, die die mit dem Recht auf Leben verbundenen negativen Pflichten zurücktreten lassen? Ist der Arzt u.U. verpflichtet, einen Hirntoten zu töten, um mehreren potentiellen Organempfängern das Weiterleben oder eine höhere Lebensqualität zu ermöglichen?

Vorschläge von der Sorte einer *Survival Lottery* habe ich abgelehnt. Das Tötungsverbot behält auch angesichts der (technischen) Möglichkeiten der Organverpflanzung seine Gültigkeit. Der Arzt ist dem Hirntoten und anderen Organkranken gegenüber in keiner besonderen, von moralischen Grundsätzen dispensierten Position. Und der Hirntote stellt keine Gefahr für Leib und Leben anderer dar.

Das gilt um so mehr, als mit dem Hirntod die dem Recht auf Leben entsprechenden positiven Pflichten zurücktreten. Philippa Foot räumt diesen Fall ausdrücklich ein: »Wenn es um Leben und Tod geht, ist es oft unzulässig, jemanden zu töten, während bestimmte Umstände, die mit dem Wohl anderer zu tun haben, es zulässig oder sogar geboten machen, die Zeit oder die Mittel zur Rettung seines Lebens nicht aufzuwenden« (*Töten*, S. 192).

Umstände, die mit dem Wohl Dritter zu tun haben, lassen sich beim Hirntod ausweisen. Der Komatöse stellt eine Belastung für Angehörige, Pflegende und Ärzte dar, seine Versorgung bindet Zeit und Mittel (die Organe des Hirntoten nicht eingerechnet), die anderen Schwer-, aber nicht hoffnungslos Kranken nicht zugute kommen können.

Verbietet dann aber nicht *die besondere Verpflichtung des Arztes gegenüber dem Kranken* den Behandlungsabbruch? Es gibt Situationen, in denen der Arzt kraft seines Könnens und durch seinen Auftrag gebunden ist, nicht nur – wie jeder – das Leben z.b. eines Unfallopfers zu respektieren, sondern etwas für das Opfer zu tun, für dessen Unterlassung er – nicht jeder – verantwortlich gemacht werden kann. Der Notarzt, der einen Schockverletzten vernachlässigt, um dessen Gefährdung ein medizinischer Laie nicht weiß, hat sein Verhalten zu verantworten; eventuelles Nichtwissen gereicht ihm ebensowenig zur Entschuldigung wie dem Unfallflüchtigen die Ausflucht, er habe nicht gewußt, daß eine Notrufsäule in der Nähe sei. – Der Diskussion einer besonderen Verpflichtung des Arztes bzw. der Eigenart seiner Aufgabe widmet sich der nächste Abschnitt.

4.6 Ärztliche Aufgabe und Toterklärung

Wer annimmt, der Arzt kämpfe gegen den Tod, müsse also das Leben seines Patienten so lange als möglich fortführen, wird mit Situationen konfrontiert, die es attraktiv erscheinen lassen, ein künstlich verzögertes Sterben bereits »Tod« zu nennen. Der Versuchung, sich der Sorge um aussichtslos Kranke durch Toterklärung zu entledigen, ist die Hirntodtheorie erlegen. In diesem Abschnitt frage ich daher nach einer angemessenen Bestimmung der Aufgabe des Arztes.

Zu kurz greift die Auffassung von Gerhard Pendl, wenn er in seiner Einführung zum Hirntod schreibt: »Der Arzt hat vorrangig die Gesundheit eines Kranken zu fördern, sein Weiterleben zu gewähren und den Tod hintanzuhalten« (S. 95). Trotz der Qualifizierung seiner Auffassung, der Arzt dürfe die Lebensverlängerung nicht erzwingen, wenn sie in einem auffälligen Mißverhältnis zur damit verbundenen Belastung des Patienten stehe, verfehlt Pendl den Charakter ärztlicher Hilfe.

Natürlich gehört Gesundheitsförderung zu den ärztlichen Aufgaben, doch wie genau sollen wir ärztliche Gesundheitsförderung verstehen? Wir verlangen doch z.B. nicht, daß Ärzte Werbeanzeigen gegen das Rauchen oder für ein gesundes Frühstück schalten. Auch nicht, daß Ärzte Kranke auf den Straßen und in den Häusern aufspüren, um sie zu einer Behandlung im Krankenhaus oder zu einem Kuraufenthalt zu überreden. Offensichtlich ist die Gesundheitsförderung durch den Arzt in der Regel vom *Ersuchen des Patienten* abhängig.

Das ändert nur der Notfall. Hier zeigt sich allerdings nicht, daß der Arzt immer den Tod abzuhalten hätte. Er wehrt hier besonders qualifiziert einer Beeinträchtigung der Gesundheit des Unfallopfers bzw. wendet die Gefahr für dessen Leib und Leben ab, die jedem Unfallzeugen Anlaß zur Hilfeleistung wäre, insofern ein *grundlegendes Gut* gefährdet ist. Niemand fragt, bevor er dem Verletzten zu Hilfe eilt, ob der Unfall in selbstmörderischer Absicht geschah: Die akute Gefahr für das Leben und die Gesundheit eines Mitmenschen ist ungefragt der subjektiven Einschätzung des Betroffenen ein *Grund zu handeln* (das Spektrum möglicher Handlungen reicht von Notruf und Beistand bis zu medizinischen Maßnahmen).

Lebensverlängerung als Nebenwirkung

Mit »Hintanhaltung« des Todes und Förderung der Gesundheit ist die Aufgabe des Arztes unter- bzw. zu weit bestimmt. Ich verstehe die Aufgabe des Arztes als Ausbau des allgemeinmenschlichen Verhaltens gegenseitiger *Hilfeleistung in bezug auf Einschränkungen und Gefährdungen durch Krankheit*. Verletzungen, Erkrankungen, Behinderungen, Schmerzen usw. können Einschränkungen durch Krankheit sein, nicht aber z.B. das Sterben oder gar der Tod. Hilfe beim Sterben (wenn es sich nicht z.B. um Schmerzbekämpfung handelt) oder dessen direkte Verzögerung gehören nicht zu den spezifisch ärztlichen Aufgaben. Ebensowenig besteht ärztliche Hilfe in der gezielten Herbeiführung des Todes. Das verdunkelt eine gesellschaftliche Praxis, in der Ärzte für Abtreibungen und Euthanasie verantwortlich sind.

Selbstverständlich ist *medizinisches Können* für die technisch einwandfreie Durchführung schmerz- oder risikofreier Tötung unerläßlich. Der Beruf des Arztes aber ist nicht durch ein besonderes Können, sondern durch ein *spezifisches Ziel*, die Hilfe bei der Bewältigung von Krankheit, gekennzeichnet. Nichts spricht dagegen, Bestattungsunternehmer mit einer entsprechenden Zusatzqualifikation zu Sachwaltern von Abtreibungswilligen oder Lebensmüden zu machen, wenn man Tötung Unschuldiger für erlaubt hält. Wir kennen weniger anstößige Unternehmungen, die medizinisches Wissen erfordern, kaum aber als ärztliche Hilfe zu qualifizieren sind: Die Tätowierung verlangt keimfreies Arbeiten und manche kosmetische Maßnahme geht buchstäblich »unter die Haut«, ohne daß ein Chirurg sie durchführen müßte. Versuche, bestimmte Formen von Tötung in den Katalog ärztlicher Pflichten einzutragen, korrumpieren das ärztliche Ethos.

Charakterisiert man die ärztliche Aufgabe als Krankheitsbewältigung im genannten Sinne, löst sich die *Verengung des Blicks auf die Pflichten des Arztes.* Kontingente Umstände ärztlichen Tuns (z.B. die Zustimmung des Kranken) kommen zur Sprache, die uns nicht länger das Bild eines Gesundheitsfunktionärs – rastlos unterwegs im Namen von Gesundheitsförderung und Todesaufschub – vor Augen stellen. In vielen Fällen steht es dem Kranken zu, selbst unter Drohung eines baldigen Todes, Therapien abzulehnen, wenn er nicht bereit ist, deren Belastung in Kauf zu nehmen. Auch der Kalkül von Kosten, Lebenserwartung und –qualität hat seinen Ort bei der Auswahl und Durchführung von Heilbehandlung. Ob ein Gesundheitswesen teure Ausnahmetherapien eher fördert als eine gediegene medizinische Grundversorgung, ist eine Frage gesellschaftlicher Übereinkunft und politischer Klugheit. Daß man einem Kind Ressourcen erschließt, die einem Menschen am Lebensende nicht mehr zur Verfügung gestellt werden, ist uns in vielen Fällen einsichtig usw.

Wichtig für unseren Zusammenhang ist vor allem die Besinnung auf die *zeitlichen Grenzen* der ärztlichen Aufgabe. Anselm Müller hat die ärztliche Aufgabe wie folgt bestimmt: »Die zentrale Aufgabe eines Arztes ... ist nichts anderes als: Kranken, soweit möglich, zur *Wiederherstellung und Erhaltung der Gesundheit* zu verhelfen, mit einem Wort: *Therapie.* Häufig aber ist Gesundheit nicht oder nur partiell zu erreichen. In diesen Fällen hat er nach unserer heutigen Auffassung die Aufgabe, wenigstens zur Verbesserung der Lebensqualität des Patienten beizutragen, genauer: ihm dabei zu helfen, trotz Krankheit *möglichst weitgehend das Leben zu führen, das bei Gesundheit möglich wäre*« (*Tötung auf Verlangen*, S. 116).

Lebensverlängerung ist dann nur »*indirekte* Aufgabe des Arztes. Die therapeutischen und vielleicht auch palliativen Maßnahmen, für die er zuständig ist, sind unmittelbar auf die Lebens*qualität* des Patienten ausgerichtet; nur mittelbar üben sie dadurch oft auch einen *quantitativen* Einfluß aus: sie ermöglichen ein längeres Leben« (*Tötung auf Verlangen*, S. 116).

Kein Arzt ist etwa dazu verpflichtet, mehr zu tun als jeder andere, um einen Selbstmörder von seiner Tat abzuhalten (es sei denn, er wäre überzeugt, daß überhaupt nur ein Kranker Selbstmordgedanken hegen könne). Die ärztliche Verpflichtung zu Therapie, Bereitstellung von Prothesen oder palliativer Behandlung greift insbesondere dort nicht, wo Lebensqualität nicht wiederzugewinnen ist und die nur mit ärztlicher Unterstützung zu bewerkstelligende Lebensverlängerung nicht durch »eine andere bestimmte moralische Pflicht« (Pius XII.) geboten ist.

Der Hirntod ist auch heute noch eine aussichtslose Diagnose; eine spezifisch *ärztliche* Behandlungspflicht ist mit dem endgültigen Verlust des Bewußtseins erloschen. Johannes Hoff und Jürgen in der Schmitten sprechen davon, daß mit dem Hirntod ein »sinnvolles Therapieziel« entfällt und »daß bei einem hirntoten, sterbenden Menschen die Beatmung grundsätzlich nicht nur abgestellt werden *darf*, sondern abgestellt werden *muß*. Es gibt keine Rechtfertigung für eine Behandlung, die nichts als das bloße Überleben zum Ziel hätte« (S. 330). »Die Ehrfurcht vor dem Sterbenden«, so betont Müller, »dürfte Maßnahmen *verbieten*, die einem ›Erfolg‹ gelten, der mit seiner Situation und mit seinem Wohl nichts mehr zu tun hat« (*Tötung auf Verlangen*, S. 118).

Die Erlaubtheit oder das Gebotensein des Sterbenlassens und das damit verbundene Ende der ärztlichen Aufgabe ist nicht mißzuverstehen: »*Nicht-mehr-Behandeln* heißt nicht Aufgeben, Abschreiben, *Sich-selbst-Überlassen*« (Anselm Müller, *Tötung auf Verlangen*, S. 120). Wo die medizinische Aufgabe endet, sind *Pflege und Sterbebegleitung* in besonderem Maße gefragt – also Formen der Hilfeleistung, für die nur in Ausnahmefällen der Arzt verantwortlich ist (wenn z.B. niemand sonst anwesend ist, der die letzte Lebensphase im Krankenhaus begleiten könnte).

Mit der Entzauberung des ärztlichen Auftrags – Abhilfe bei Beeinträchtigung durch Krankheit, nicht aber Lebensverlängerung – entfällt ein entscheidendes Motiv, den totalen Hirninfarkt als menschlichen Tod anzusehen. Bei der Durchsetzung der Hirntodtheorie sind dann auch nicht Fragen des Behandlungsabbruchs, sondern solche der Behandlung Dritter durch Organersatz bestimmend gewesen. Der Hirntod ist eine *Erfindung der Transplantationsmedizin*. Der in diesem Kapitel aufgewiesene Pragmatismus der Hirntodtheorie ist bis Ende der 70er Jahre mit wenig angemessenen Begründungen für die These, das Absterben des *gesamten* Gehirns sei der menschliche Tod, verbunden.

Im nächsten Kapitel rekonstruiere und kritisiere ich die in Deutschland maßgebliche, vermeintlich »biologische« Begründung der Hirntodtheorie durch die Bundesärztekammer. Es gelingt bis heute nicht, den augenscheinlichen Widersprüchen einer Theorie, die beatmete Patienten tot nennt, zu entgehen.

Lese-Hinweise

Die Hirntod-Geschichte schildert C. Kupatt: *An der Schwelle des Todes* (München 1994); dort wird W. Williamson zitiert. Ich habe besprochen: P. Mollaret/M. Goulon, »Le Coma Dépassé« (in: *Revue Neurologique* 101, 1959); P. Mollaret, »Über die äußersten Möglichkeiten der Wiederbelebung« (in: *Münchener Medizinische Wochenschrift* 104, 1962); H. K. Beecher u.a., »A Definition of Irreversible Coma: Report of the Ad Hoc Committee of the Harvard Medical School to Examine the Definition of Brain Death« (in: *Journal of the American Medical Association* 205, 1968); bewußtseinsorientierte Begründungen für die Hirntodtheorie (z.B. durch H. K. Beecher, zitiert bei K. Bayertz, *Was heißt es, den Tod zu definieren?*, vgl. S. 45); R. M. Veatch, »The Whole-Brain-Oriented Concept of Death« (in: *Contemporary Issues in Bioethics*, hrsg. von T. L. Beauchamp und L. Walters, Belmont 1978); Anmerkungen zur Unterscheidung von Hirn- und Rückenmarksfunktionen von J. F. Spittler (vgl. S. 76).

Hans Jonas' Kritik an der Umdefinierung des Todes ist (bis auf die jüngsten Anmerkungen zum Erlanger Fall in *Wann ist der Mensch tot?*, vgl. S. 44) versammelt in: *Technik, Medizin und Ethik* (Frankfurt am Main 1985). Über die frühe Diskussion des Hirntodes in Deutschland (einschließlich der Stellungnahme von P. Röttgen) unterrichtet: H. Penin/C. Käufer (Hrsg.), *Der Hirntod* (Stuttgart 1969); G. Geilen (vgl. S. 76). Die von Geilen geforderte »biologische« Begründung der Hirntodtheorie unternehmen zuerst: F. J. Veith u.a., »Brain Death« (in: *Journal of the American Medical Association* 238, 1977).

Zur Unterscheidung von Töten und Sterbenlassen nehmen Stellung: Pius XII. am 24. November 1957 (*Acta Apostolicae Sedis* 49, 1957; ich zitiere die deutsche Version nach »Die äußersten Möglichkeiten ...« von Mollaret, vgl. oben); P. Foot, »Töten und Sterbenlassen« (in ihrem Buch *Die Wirklichkeit des Guten*, Frankfurt am Main 1997); dies., »Moral, Handlung und Ergebnis« (ebd.); das 5. Kapitel von A. W. Müller, *Tötung auf Verlangen – Wohltat oder Untat?* (Stuttgart, Berlin, Köln 1997); W. Quinn, »The Doctrine of Doing and Allowing« (in seinem Buch *Morality and Action*, Cambridge 1993). Zur Aufgabe des Arztes habe ich befragt: A. W. Müller, *Tötung auf Verlangen* (vgl. oben); ders., »›Seelisch krank‹ – Eine Frage der Definition« (in: *Gesundheit und Krankheit*, hrsg. von A. Hahn und N. H. Platz, Trier 1997); ders., »Lebens- oder Sterbeverlängerung?« (in: *Leben – Sterben – Euthanasie?*, hrsg. von J. Bonelli und E. H. Prat, Wien, New York 2000); J. Hoff/J. in der Schmitten, »Hirntote Patienten ...« (vgl. S. 45).

5 Die Begründung der Hirntodtheorie

Der geschichtliche Durchgang des vierten Kapitels belegt das starke Interesse an der Hirntodtheorie (Abbruch lebensverlängernder Maßnahmen und Organentnahme) und zugleich die Schwäche der Argumentation für die Forderung, den Tod mit dem *Versagen des gesamten Gehirns* zu identifizieren. Mit Hans Jonas und Gerd Geilen habe ich vermeintliche Begründungen und die »pragmatische« Werbung für den Hirntod kritisiert.

Im vorliegenden Kapitel wende ich mich der heute geläufigen Begründung der Hirntodtheorie zu. Die *Bundesärztekammer* hat ihre Zuständigkeit für Regeln der Todesfeststellung (vgl. S.15) schon früh weit verstanden. Die Standesorganisation zeigt sich nicht nur bemüht, die Diskussion um den Hirntod auf dem Feld spezifisch medizinischer Kompetenz zu führen und zu fördern. Ihr kommt auch das Verdienst zu, einer breiten Öffentlichkeit die medizinische, philosophische und juristische Argumentation für die Hirntodtheorie zugänglich gemacht zu haben.

Die Bundesärztekammer behauptet, der Mensch sei tot, wenn die *zweifache Steuerungsleistung des Gehirns* – die *Integration zum Organismus* und die *Ermöglichung geistiger Vollzüge* – endgültig ausfalle. Einem zweiten Begründungstyp, der i.d.R. mit der Forderung einer *Teilhirntodtheorie* einhergeht, gilt der Mensch bereits dann als gestorben, wenn mit der Funktion bestimmter Hirnteile allein die *Fähigkeit zu bewußten Vollzügen* endgültig verloren ist. In diesem Kapitel zeige ich, daß es der Bundesärztekammer nicht gelingt, eine Begründung der Hirntodtheorie zu entwerfen, die sich mit Erfolg vom Begründungsmuster von Teilhirntodtheorien absetzen läßt.

Schließlich nenne ich Aspekte des Transplantationswesens, die dessen Humanität in Frage stellen: Organspende und –empfang befördern (schon unabhängig von einer ungerechtfertigten Todestheorie) bedenkliche Handlungsmuster im Kontext medizinischer Hilfe.

5.1 Der Tod des Menschen und die Bundesärztekammer: Eine Biologie des Todes

1982 hat der Wissenschaftliche Beirat der Bundesärztekammer erstmals Stellung zum Verhältnis von Hirntod und Tod des Menschen bezogen. Die Stellungnahme bezieht sich auf die

»Diskussion über alle mit Sterben und Tod zusammenhängenden Fragen in der Öffentlichkeit und die durch neue technische Möglichkeiten aufgeworfenen medizinischen und ärztlichen Probleme«. Der wissenschaftliche Beirat schreibt: »Der Hirntod ist der vollständige und irreversible Zusammenbruch der Gesamtfunktion des Gehirns bei noch aufrechterhaltener Kreislauffunktion im übrigen Körper. Dabei handelt es sich ausnahmslos um Patienten, die wegen Fehlens der Spontanatmung kontrolliert beatmet werden müssen. Der Hirntod ist der Tod des Menschen« (S. 45).

Denselben Wortlaut übernimmt die erste Fortschreibung der »Kriterien des Hirntodes« durch den Wissenschaftlichen Beirat der Bundesärztekammer von 1986. Auch bei der *Begründung der Hirntodtheorie* im Kommentar der »Entscheidungshilfen zur Feststellung des Hirntodes« schließt sich die Stellungnahme von 1986 der von 1982 wortwörtlich an: »Mit dem Organtod des Gehirns sind die für jedes personale menschliche Leben unabdingbaren Voraussetzungen, ebenso aber auch alle für das eigenständige körperliche Leben erforderlichen Steuerungsvorgänge des Gehirns endgültig erloschen« (S. 50).

Bei der zweiten und dritten Fortschreibung der »Kriterien des Hirntodes« von 1991 und 1997 hat man auf eine Begründung der These: »Der Hirntod ist der Tod des Menschen« (1991), bzw.: »Mit dem Hirntod ist naturwissenschaftlich-medizinisch der Tod des Menschen festgestellt« (1997), verzichtet. 1991 heißt es: »›Hirntod‹ wird definiert als Zustand des irreversiblen Erloschenseins der Gesamtfunktion des Großhirns, des Kleinhirns und des Hirnstamms, bei einer durch kontrollierte Beatmung noch aufrechterhaltenen Herz-Kreislauffunktion«. »Hirntod« steht in Anführungszeichen, denn: »Begriffe wie ›Herztod‹ oder ›Hirntod‹ oder ›klinischer Tod‹ können nicht nur unter Laien den falschen Eindruck erwecken, als gebe es nun mehrere Tode. … Richtig ist die Formulierung ›Tod nach Herzstillstand‹ beziehungsweise ›durch endgültigen Ausfall der gesamten Hirnfunktion‹« (1993).

Im Sinne Geilens wird man sagen können, die Bundesärztekammer verzichte auf eine rein »anthropologische« Begründung, die nur menschliche Besonderheiten ins Auge faßt, zugunsten einer umfassenderen, auch »biologischen« Begründung der Hirntodtheorie. Bevor ich diese im einzelnen diskutiere, nenne ich Momente des Todesbegriffs und Anforderungen an eine Begründung der Hirntodtheorie, denen die Bundesärztekammer gerecht zu werden sucht.

Scheinbegründungen

Die deutsche Debatte zeigt, daß die Bundesärztekammer an einem natürlichen, *biologischen Todesbegriff* festhalten will: Der Tod trifft den Menschen trotz seiner Sonderstellung so wie andere Lebewesen; die spezifisch menschliche Physiologie des Todes unterscheidet sich nicht von der anderer höherer Säugetiere. Die Besonderheit des menschlichen Todes ist nicht kriteriell bestimmt, sondern durch das *Wissen des Menschen um sein Sterben* und seinen eigenen Tod. Der Tod, um den der Mensch im Unterschied zum Tier weiß, ist als *Ende des Lebens* – nicht etwa als Ende der Fähigkeit zu bewußten Vollzügen – eine biologische Größe; zu seinem Begriff zählen *Endgültigkeit, Ereignishaftigkeit und Ausschließlichkeit*: Es gibt keinen dritten Zustand neben oder zwischen Leben und Tod.

Eine Begründung für die Hirntodtheorie muß folgende Scheinbegründungen – bei den Punkten 1. bis 4. folge ich Alan Shewmon – meiden: 1. »Der Hirntote ist so gut wie tot.« – *Todesnähe* ist nicht Tod. a) Auch den Verblutenden kann man leicht töten. Tötung erscheint uns aber nicht weniger verwerflich, wenn sie kaum Anstrengung erfordert. Und manche Unterlassung mit Todesfolge – wie beim ertrinkenden Kind oder dem Patienten an der Maschine (vgl. S. 120f.) – ist vielleicht ebenso verwerflich wie ein Mord, obwohl die Todesnähe hier in einem Geschehen beschlossen liegt, das u.U. niemand initiiert hat. b) Der Todesbegriff umfaßt die *Ereignishaftigkeit des Todes*, die grundsätzliche Bestimmbarkeit eines Todeszeitpunkts. Der Vorgang des Sterbens ist vom Eintritt des Todes unterscheidbar. Vagheit ist kein Moment des Todesbegriffs, obwohl vielleicht ein Moment der sekundengenauen Bestimmung des Todeszeitpunkts. Diese Unbestimmtheit ist dann einer medizinischen Praxis hinderlich, die möglichst »lebensfrische« Transplantate begehrt. 2. Die »Vogel-Strauß-Strategie« erklärt: »Die Feststellung des Hirntodes ist zuverlässig. Auf die Klärung des Todesbegriffs kann man also verzichten.« – Der Hirntod mag zweifelsfrei nachweisbar sein; daß er der Tod ist, kann aber keine Diagnostik belegen. *Diagnostische Sorgfalt* kann *begriffliche Klarheit* nicht ersetzen (vgl. S. 69-74). 3. Eine utilitaristische Scheinbegründung macht geltend: »Der Hirntod ist eine gesetzliche *Fiktion*, um der Verschwendung lebensfrischer Organe vorzubeugen.« – Der Zweck heiligt nicht die Mittel (vgl. S. 25f.): Nur rechtmäßig zu erwerbendes Gut kann man »verschwenden«. 4. Der kulturelle *Relativismus* behauptet: »Was der Tod ist, bestimmt eine gesellschaftliche Übereinkunft« (vgl. S. 21ff.). – Der Tod ist eine natürliche Vorgabe. Die (zweifellos durch Natur begrenzte) konventionelle Instrumentalisierung des Todesbegriffs unterläuft das Tötungsverbot in einem besonders sensiblen Bereich, der des unmißverständlichen Schutzes menschlichen Lebens vor Begehrlichkeiten aller Art bedarf. 5. Die Bundesärztekammer weist mit Teilhirntodtheorien auch die These zurück: »Tod ist der endgültige Bewußtseinsverlust«. – Der Hirntod soll *mehr* sein *als ein irreversibles Koma.*

Meine These ist: Den Verteidigern der Hirntodtheorie gelingt es nicht, dem eigenen Maßstab eines biologischen Todesbegriffs gerecht zu werden. Die Hirntodtheorie gerät – zumeist ungewollt – auf eine schiefe Ebene in Richtung auf einen *Bewußtseins- oder »Personen«-Tod.* Das zeigen Stellungnahmen von medizinischen und philosophischen Fachleuten in den Beratungen zum Transplantationsgesetz sowie die Aufnahme der Hirntodtheorie im Bundestag.

Die Begründung der Hirntodtheorie

Im Jahr 1993 bemüht sich der wissenschaftliche Beirat der Bundesärztekammer, »den naturwissenschaftlich-medizinischen Sachverhalt des völligen und endgültigen Hirnausfalls in seiner Bedeutung als sicheres Todeszeichen des Menschen verständlich zu machen« und damit die knappe Begründung von 1982 und 1986 zu entfalten. Die Bundesärztekammer reagiert auf ein »Verständnisproblem«, nicht zuletzt angestoßen durch den Erlanger Fall: »Ein gut durchblutet aussehender, scheinbar atmender Mensch, in Wirklichkeit aber ein beatmeter Körper, dessen Herztätigkeit nicht nur am Monitor angezeigt wird, sondern auch am Puls fühlbar ist, soll tot sein« (S. 3004).

Die Bundesärztekammer geht von einer Todesdefinition aus, die ausdrücklich bei allen Lebewesen Anwendung finden soll: »Der Tod eines Menschen ist – wie der Tod eines jeden Lebewesens – sein Ende als Organismus in seiner funktionellen Ganzheit« (S. 3003).

Die Rede vom »Organismus in seiner funktionellen Ganzheit« ist *tautologisch.* Als »Organismus« bezeichnen wir nur ein funktionierendes Ganzes. Der noch unspezifische Ausdruck »Ende als Organismus in seiner funktionellen Ganzheit« wird nicht klarer, wenn man die Liste mustert, die belegen soll, daß der Organismus-Tod des Menschen mit dem totalen Hirninfarkt eintritt:

»Denn der vollständige und endgültige Ausfall des gesamten Gehirns bedeutet biologisch den Verlust der Selbst-Ständigkeit als Funktionseinheit, als Ganzes (Autonomie als Organismus), Selbst-Tätigkeit als Funktionseinheit, als Ganzes (Spontaneität als Organismus), Abstimmung und Auswahl von Einzelfunktionen aus der Funktionseinheit des Ganzen (Steuerung durch den Organismus), Wechselbeziehung zwischen dem Ganzen als Funktionseinheit und seiner Umwelt (Anpassung und Abgrenzung als Ganzes), Zusammenfassung der einzelnen Funktionen und ihrer Wechselbeziehungen zum Ganzen als Funktionseinheit (Integration). Beim Menschen bedeutet dieser Ausfall schließlich den Verlust der unersetzlichen physischen Grundlage seines leiblich-geistigen Daseins in dieser Welt« (S. 3003).

Ganz ähnlich wie 1982 lautet eine Kurzform der Begründung: »Der Organismus als Ganzes endet mit dem Absterben des Gehirns, das beim Menschen zugleich die unersetzliche physische Voraussetzung seines Gefühls- und Geisteslebens ist« (S. 3004).

Angesichts einer organismischen Todesdefinition (»Ende des Organismus in seiner funktionellen Ganzheit«), bleibt die Bundesärztekammer eine Erklärung schuldig, warum »personales menschliches Leben« oder »Gefühls- und Geistesleben« in der Begründung der Hirntodtheorie überhaupt eine Erwähnung finden. Sollte die »funktionelle Ganzheit« des menschlichen Organismus nicht ohne Bezug auf das »Gefühls- und Geistesleben« oder das »leiblich-geistige Dasein des Menschen« zu beschreiben sein? Ist der menschliche Organismus in besonderen Situationen nicht ohne spezifisch menschliche (»personale«) Bewußtseins-Leistungen denkbar? Gegen die Annahme, im Begriff des menschlichen Organismus liege bereits die Bewußtseinsfähigkeit beschlossen, spricht die Tatsache, daß die Bundesärztekammer ausdrücklich irreversibel Komatöse und anenzephale Kinder zu den lebenden Menschen zählt; u.z. obwohl »das für den Menschen charakteristische bewußte Leben« bei diesen Patientengruppen bereits beendet oder nie entstanden ist. Die genannten Patienten mit schwersten Hirnschäden leben, weil die »zentrale Steuerung der Körperfunktionen« – gemeint sind die »integrativen« Hirnstammfunktionen (v.a. Spontanatmung) – nicht ausgefallen ist.

Warum aber werden dann das »personale« menschliche Leben und das »leiblich-geistige« Dasein des Menschen in der Abgrenzung vom körperlichen Leben überhaupt genannt? Die Bundesärztekammer beteuert doch, daß nicht auf das »spezifisch Menschliche«, sondern »auf die notwendige biologische Basis des Menschen verwiesen werden (muß), wenn es gilt, wertfrei und nicht manipulierbar festzustellen, ob ein Mensch lebt oder nicht« (S. 3004)?

Die Rede von einer »biologischen Basis des Menschen« ist entlarvend. Die Todesdefinition der Bundesärztekammer soll für alle Lebewesen gelten, wer aber würde von einer »notwendigen biologischen Basis« einer Weinbergschnecke oder einer Forelle reden? Der Verdacht drängt sich auf, daß die »Basis«, also der Organismus, für Leben und Tod des Menschen nur als »die unersetzliche physische Voraussetzung seines Gefühls- und Geisteslebens« Relevanz hat. Letztlich entschiede also doch allein das »personale menschliche Leben« über den Tod des Menschen, die Nennung lebender irreversibel Bewußtloser und Anenzephaler offenbarte nicht eine »biologische« Begründung der Hirntodtheorie, sondern nur die *Inkonsequenz* bei der Zuschreibung des »anthropologischen« Todes.

5.2 Der Tod des Menschen und die Bundesärztekammer: Eine anthropologische Begründung

Die bislang dargelegte Begründung der Hirntodtheorie durch die Bundesärztekammer beruft sich auf eine zweifache Steuerungsleistung des menschlichen Gehirns: »Das Gehirn ist das Steuerungszentrum für alle Organe und für den menschlichen Geist«, heißt es in einer Veröffentlichung des Arbeitskreises Organspende. Die Aussage bleibt angesichts ihrer Kürze – und auch nach den Aussagen der Bundesärztekammer – erläuterungsbedürftig.

Was macht das Leben des Menschen aus, die Steuerung aller Organe oder die des menschlichen Geistes – oder vielleicht beide Steuerungsleistungen zusammen? Was bedeutet »Steuerung aller Organe«, was »Steuerung des Geistes«? Gibt es nur das Steuerungszentrum Gehirn, nur *ein* unersetzliches Zentralorgan? Und ist nach des Ausfall des Gehirns *jegliche* Steuerung *aller* Organe (abzüglich des Gehirns) und die »Steuerung des menschlichen Geistes« unmöglich?

Organismus und Bewußtsein

Die Mitglieder des wissenschaftlichen Beirates der Bundesärztekammer (Dieter Birnbacher u.a.) betonen, daß der Mensch erst stirbt, wenn sowohl alle seine Organe als auch sein Geist nicht mehr gesteuert werden. Organismus *und* Bewußtsein müßten endgültig erloschen sein, bevor vom Tod des Menschen gesprochen werden könnte:

»Entsprechend der Natur des Menschen und jedes Säugetieres als Bewußtseins- und Körperwesen unterscheiden sich Leben und Tod durch Funktion und Funktionsverlust *zweier* Systeme: des Bewußtseins und des physischen Organismus. Der irreversible Funktionsverlust nur *eines* dieser Systeme reicht nicht aus, einen Menschen tot zu nennen. Ein Mensch im irreversiblen Koma ist nicht tot, weil und solange er als biologischer Organismus lebt. Auch der irreversible Verlust der Integration der Körperfunktionen zur Einheit des Organismus, die durch die Gehirntätigkeit zustande kommt, würde nicht ausreichen, einen Menschen tot zu nennen, wäre dennoch ein weiteres Bewußtseinsleben möglich« (S. 2172).

Entscheiden tatsächlich Bewußtsein und Organismus gleichermaßen über den Tod des Menschen? Der von Birnbacher u.a. angebotene Test besticht zunächst. Einen endgültig Bewußtlosen können wir uns ja problemlos vorstellen, solche Menschen gehören zum Alltag der Krankenhäuser und Pflegeheime. Sie sind nicht tot, keine Leichen, ihr Organismus funktioniert – trotz der erheblichen Beeinträchtigung menschlichen Lebens durch dauerhafte Bewußtlosigkeit.

Ist aber der umgekehrte Fall denkbar: ein Bewußtseinsleben ohne organismische Ganzheit? Wie sollen wir uns das Bewußtseinsleben eines Menschen ohne »Integration der Körperfunktionen zur Einheit des Organismus« vorstellen? Die Schwierigkeit einer solchen Vorstellung deutet eine *Schieflage im »Zwei-Systeme-Argument« zugunsten des Bewußtseins bzw. des Bewußtseinsverlustes* hin.

Birnbacher u.a. konstruieren ein Gedankenexperiment, um die vermeintliche Symmetrie von »bewußtlosem Organismus« und »desintegriertem Bewußtem« zu veranschaulichen: Stellen wir uns vor, das Bewußtsein setze nur intakte Herz- oder Nierentätigkeit voraus. Ein hirntoter Mensch würde dann, so Birnbacher u.a., trotz abgestorbenen »Integrations-Organs« Gehirn leben, wenn – sagen wir – das Herz nicht geschädigt sei. Wie sollen wir dieses Gedankenexperiment verstehen?

1. Vorauszusetzen sei der irreversible Verlust der »Integration der Körperfunktionen zur Einheit des Organismus, die durch die Gehirntätigkeit zustande kommt«. Durch diesen Verlust werde der Hirntote zur »Organansammlung« (Heinz Angstwurm), die nur aufgrund äußerer Unterstützung noch funktioniere und keinen bedeutsamen Zweck mehr erfülle.

2. Es spricht also nichts dagegen, sich das Bewußtseinsorgan Herz in einer hirntoten »Organansammlung« vorzustellen, deren Sauerstoffversorgung (durch künstliche Beatmung, medikamen-

töse Unterstützung des Kreislaufes usw.) intensivmedizinisch aufrechterhalten wird. Ganz im Gegenteil: Unter den kontrafaktischen Bedingungen des Gedankenexperimentes werden wir ebensowenig geneigt sein, einem frisch aus dem Körper herausgeschnittenen, noch schlagenden Herzen menschliches Leben zuzusprechen wie unter »normalen« Umständen einem vor Augenblicken abgeschlagenen, das noch »lebensfrische« Gehirn beherbergenden Kopf. Den sich anschließenden Fragen – z.B.: Wie zeigt sich Bewußtsein? Was heißt überhaupt »Herz als Bewußtseinsorgan«? Ist das »bewußte Herz« ein Mensch? – gehe ich in den nächsten Abschnitten nach.

3. Wie steht es nun um die Behauptung der Hirntod-Befürworter, der »physische Organismus« sei bereits vergangen, der Tod des Menschen mit »Herz-Bewußtsein« aber noch nicht eingetreten? Inwiefern widerspricht die künstliche, gehirnunabhängige Aufrechterhaltung von Kreislauf und Atmung des Hirntoten der Einheit des Organismus? Wir sind doch gar nicht bereit, Leben bloß aufgrund der Funktionsfähigkeit eines vermeintlichen Bewußtseinsorgans – ob Herz oder Hirn – zuzusprechen, wenn ein *funktionsfähiger Körper* fehlt: Offensichtlich verlangen wir mehr als ein Gehirn in einer Nährlösung, wenn wir von einem Lebewesen sprechen. Die Lebensmerkmale des Hirntoten – von der Hirntodtheorie als Zeichen eines bloßen »Scheinlebens« umgedeutet – sind m.E. keine schlechten Anhaltspunkte für die Zuschreibung von Lebendigkeit.

4. Genügt in der Folge nicht doch der Ausfall nur eines »Systems«, nämlich des »physischen Organismus«, um den Tod des Menschen, »sein Ende als Organismus in seiner funktionellen Einheit«, zu bestimmen? Alles hängt dann vom Erfolg des Versuchs ab, das Gehirn als unersetzliches Integrationsorgan zu begreifen. Die Schwierigkeiten eines solchen Versuchs angesichts der offenkundigen Lebendigkeit des Hirntoten, seiner Ununterscheidbarkeit von anderen Komatösen habe ich erwähnt. Entkommt der Organismus-Begriff der Hirntodtheorie diesen Schwierigkeiten?

Die Intensivstation als Hirnstamm-Prothese

Wer die (Ganz-)Hirntodtheorie nicht aufgeben will, wird »biologisch« argumentieren müssen. Wenn er den Tod als »das irreversible Ende der Existenz eines bestimmten Organismus« versteht, muß er nachweisen können, daß das Gehirn »das Organ ist, das für die Integrationsfähigkeit eines menschlichen Organismus eine notwendige kausale Basis darstellt« (Quante, S. 177). Insbesondere muß er den Nachweis führen, daß die entscheidenden Hirnfunktionen heute noch nicht *intensivmedizinisch ersetzt* werden können.

Unter den vielfältigen Leistungen des Gehirns identifizieren Edward Bartlett und Stuart Youngner zwei Arten von Funktionen, die für die Hirntodtheorie von Bedeutung sind: 1. die neurale Integration (Shewmon spricht von »Modulation«) vegetativer Funktionen (Spontanatmung, Regulierung des Blutdrucks und der Temperatur sowie neuroendokrine Kontrolle); 2. die Steuerung von Bewußtsein und Wahrnehmung. Den beiden Steuerungsleistungen lassen sich – ohne Anspruch auf Ausschließlichkeit – anatomisch der Hirnstamm (1.) und die Großhirnrinde (2.) zuordnen. Mediziner wie Robert Truog oder Daniel Wikler und Alan Weisbard machen darauf aufmerksam, daß Intensivstationen sich zu ausgesprochen leistungsfähigen »Ersatz-Hirnstämmen« entwickelt hätten, die sowohl die respiratorischen als auch die hormonellen und andere regulative Funktionen des Hirnstammes übernehmen könnten. In bezug auf die von Bartlett und Youngner »vegetativ« genannten Funktionen sei das Gehirn also ebenso zu ersetzen wie andere Organe.

Kann nun eine biologische Argumentation für die Hirntodtheorie gelingen, wenn die mit dem Absterben des Gehirns ausgefallenen vegetativen Leistungen von Geräten und Medikamenten übernommen werden können? Gelingt der geläufigen Begründung für die Hirntodtheorie eine Analyse des Lebensbegriffs – etwa unter Rekurs auf den Integrationsbegriff – unabhängig von Kreislauf und Atmung des Hirntoten?

Integration durch Bewußtsein?

Die Bundesärztekammer entfaltet in der Begründung der Hirntodtheorie ihr Verständnis eines Lebewesens als »Organismus in seiner funktionellen Ganzheit«; dieser ende mit dem Verlust von Selbständigkeit, Selbsttätigkeit, Steuerung, Wechselbeziehung mit der Umwelt und Integration. Ähnliche Listen, die Merkmale wie Fortpflanzung, Wachstum, Stoffwechsel, Anpassung an die Umwelt usw. umfassen, finden sich traditionell beim Versuch, Leben zu definieren.

Markus Schwarz z.B. schreibt: »Von einem lebenden Organismus spricht man dann, wenn die einzelnen Teile (Organe) des Organismus so strukturiert sind, daß sie, aufeinander bezogen, eine neue übergeordnete Einheit bilden, welche die Phänomene des Lebendigen (Stoffwechsel, Reizbarkeit, Abgrenzbarkeit usw.) aufweist und sich selbständig reguliert« (S. 9, im Original kursiv).

Hirntodtheoretiker beanspruchen, mit der Angabe solcher Definitionsmerkmale, das traditionelle »biologische« Lebens- und Todesverständnis wiederzugeben, dem allein das Hirntod-Kriterium (im Sinne des in Kapitel 2 vorgestellten Drei-Ebenen-Modells) gerecht werde.

Obwohl die Hirntodtheorie Bewußtseinsleistungen unter den vom Gehirn »gesteuerten« oder gar unter den »integrierenden« Funktionen nennt, so geht sie doch davon aus, daß es auch menschliche Lebewesen ohne Bewußtseinsfähigkeit bzw. nach endgültigem Ausfall des Bewußtseins gebe. Das Urteil Gerd Haeffners, daß »der künstlich erhaltene, bloß vegetative Restbestand eines menschlichen Lebens« (S. 812) nicht mehr menschliches Leben sei, ist im Sinne der Hirntodtheorie abzulehnen. Denn die Hirntodtheorie spricht Anenzephalen und Apallikern das Leben nicht ab – auch dann nicht, wenn es von Maschinen aufrechterhalten wird. Gerade das apallische Syndrom - im Englischen *persistent vegetative state* genannt – wird aber als »Zustand vegetativer Lebendigkeit« (Haeffner) ausgewiesen, wäre nach Haeffner also schon »Tod« zu nennen.

Was aber verstehen Hirntodtheoretiker unter »Leben«, wenn Durchblutung, Herzschlag, Atembewegungen, Stoffwechsel, Wundheilung, Schwangerschaft, Reflexbewegungen usw. zwar Phänomene »eines Lebens (sind), zu dem eine (von den Rükkenmarksnerven geleistete) Integration von Einzelfunktionen zu einer gewissen Ganzheit gehört« (Haeffner, S. 812), dieses Leben aber nicht mehr erfolgreich als das eines Menschen beschrieben werden könne?

Hirntod-Begründungen argumentieren mit »der leibseelischen Ganzheit der Lebensvollzüge, die für das menschliche Leben charakteristisch ist« (Haeffner, S. 812), für die Berücksichtigung nicht nur des »vitalen«, sondern auch des »mentalen« Aspektes menschlichen Lebens.

Die Gedankenexperimente der Hirntodtheoretiker und ihre Einschätzung der Situation von »Teilhirntoten« belegen, daß die Hirntodtheorie von einer möglichen Trennung der beiden Aspekte ausgeht: Leib und Seele bzw. Körper und Geist könnten demnach unabhängig voneinander bestehen. Solcher *Dualismus* muß aber m.E. das Unternehmen einer »biologischen« Definition des Todes zunichte machen.

Leichen sind nicht bewußtlos

Eine nicht-dualistische Alternative nimmt ernst, daß wir *Bewußtsein* nur *in Verhalten und Gestalt von Lebewesen* wahrnehmen: »Es kommt darauf hinaus: man könne nur vom lebenden Menschen, und was ihm ähnlich ist, (sich ähnlich benimmt) sagen, es habe Empfindungen; es sähe; sei blind; höre; sei taub; sei bei Bewußtsein, oder bewußtlos« (Ludwig Wittgenstein, *Philosophische Untersuchungen* I, § 281).

Wittgensteins Einsicht ist, daß unsere Begrifflichkeit von Empfindungen und Bewußtsein auf unsere (und ähnliche) Lebensformen bezogen ist. Dem unbelebten Gegenstand und der Leiche sind Empfindungswörter nur metaphorisch (in einem Märchen usw.) zuschreibbar. Ich verstehe z.B. Mollarets Mitleid mit dem Hirninfarkt-Patienten (vgl. S. 101) auf dem Hintergrund der Bemerkung von Wittgenstein: »Das Mitleid, kann man sagen, ist eine Form der Überzeugung, daß ein Anderer Schmerzen hat« (*Philosophische Untersuchungen* I, § 287). Dann beweist Mollarets Mitleid entweder, was er nicht wahrhaben will – daß der Hirntote lebt, weder Roboter noch Leiche ist –, oder er verwendet das Wort »Mitleid« falsch. Denn »nur von dem, was sich benimmt wie ein Mensch, kann man sagen, daß es Schmerzen *hat*« (*Philosophische Untersuchungen* I, § 283).

Wer mit Hans Jonas den *Dualismus der Hirntodtheoretiker* entlarvt, muß ihre Rede vom Bewußtseinsleben ohne Organismus ablehnen. Bewußtsein und Bewußtlosigkeit gibt es nicht bei »irreversiblem Verlust der Integration der Körperfunktionen zur Einheit des Organismus« (Birnbacher u.a.); die Leiche ist so wenig bewußtlos wie das Gehirn in der Nährlösung bei Bewußtsein: »Bewußtsein ist nur einem ganzen Organismus zuschreibbar, nicht seinen Teilen, u.z. unabhängig davon, wie komplex diese sind. Und es ist dem Organismus aufgrund seines Verhaltens, der Ausübung seiner Wahrnehmungsvermögen, seiner Reizbarkeit durch Sinneseindrücke und aufgrund seiner freiwilligen Taten zuschreibbar« (Peter Hacker, S. 522f.).

Ich schließe mich der Auffassung Wittgensteins an: »Der Mensch ist das beste Bild der menschlichen Seele« (*Bemerkungen* I, § 281), bzw. genauer: »Der menschliche Körper ist das beste Bild der menschlichen Seele« (*Philosophische Untersuchungen* II, iv). Unser Begriff des Seelischen ist der Begriff von etwas, das sich im lebenden Körper ausdrückt. Zunächst einmal wissen wir daher mit dem Ausdruck »Bewußtseinsleben ohne Organismus« gar nichts anzufangen. Die »Seele« eines Menschen ist uns nur als »Beseeltheit« eines lebendigen Körpers bekannt. Die Rede von einem Bewußtseinsleben ohne Organismus ist ebenso sinnlos wie die Rede von bewußtlosen Leichen. Das »Herzbewußtsein«-Gedankenexperiment der Hirntodtheorie (vgl. S. 139f.) verkennt die Tatsache, daß die Zuschreibung von Bewußtsein nur bei Lebewesen (z.b. menschlichen Organismen) möglich ist.

Alle unsre Reaktionen sind verschieden

Wie könnte es der Hirntodtheorie gelingen, die Bedeutung unseres Wortes »Leben« so zu fassen, daß es beim Apalliker gebraucht werden kann, beim Hirntoten aber nicht? Man müßte aufzeigen, daß unser Lebensbegriff beim Hirntoten ebensowenig angreifen kann, wie der Begriff des Schmerzes bei einem Stein:
»Schau einen Stein an und denk dir, er hat Empfindungen! – Man sagt sich: wie könnte man auch nur auf die Idee kommen, einem *Ding* eine *Empfindung* zuzuschreiben? Man könnte sie ebensogut einer Zahl zuschreiben! – Und nun schau auf eine zappelnde Fliege, und sofort ist diese Schwierigkeit verschwunden und der Schmerz scheint hier *angreifen* zu können, wo vorher alles gegen ihn, sozusagen *glatt* war.
Und so scheint uns auch ein Leichnam dem Schmerz gänzlich unzugänglich. – Unsere Einstellung zum Lebenden ist nicht die zum Toten. Alle unsre Reaktionen sind verschieden. – Sagt einer: ›Das kann nicht einfach daran liegen, daß das Lebendige sich so und so bewegt und das Tote nicht‹ – so will ich ihm bedeuten, hier liege ein Fall des Übergangs ›von der Quantität zur Qualität‹ vor« (*Philosophische Untersuchungen* I, § 284).
Wittgensteins Ausdruck »Übergang von der Quantität zur Qualität« versteht, wer z.B. die Leiche Lenins gesehen hat: Der konservierte Leichnam sieht aus wie ein Schlafender; läge er nicht in einem Mausoleum, wir würden uns seiner Leblosigkeit dadurch versichern, daß wir ihn ansprechen, berühren, auf seinen Atem lauschen würden usw. Es sind nur geringe Veränderungen, die den im Sterben Liegenden von der Leiche unterscheiden – gemessen an einem Maßstab, der die Besonderheit des Lebendigen nicht bereits berücksichtigt. Und doch begründete ein kaum merkliches Heben und Senken des Brustkorbs einen entscheidenden, »qualitativen« Unterschied in unserem Verhalten. Nicht nur Mollarets Mitleid, auch die fürsorgende Zuwendung, die Begleitung und Hilfe in (Todes-)Not, die Aufmerksamkeit für die verbliebenen Lebensäußerungen des Sterbenskranken (seinen Gesichtsausdruck z.B.) und vieles mehr kennzeichnen den Unterschied der »Einstellungen«: »Unsere Einstellung zum Leben-

den ist nicht die zum Toten«. Und an diesem vertrauten Unterschied (so vertraut, daß uns die Marginalität der physikalischen Veränderung im Tod i.d.R. kaum bewußt ist) setzen unsere Begriffe von »Leben« und »Tod« sowie die gesamte Moral von Töten und Sterbenlassen, Fürsorge, Beistand und Pietät an.

Die Einstellung zum Hirntoten und deren Rolle bei der Zurückweisung der Hirntodtheorie thematisiere ich noch einmal ausführlich in Kapitel 6. Es wird sich zeigen, daß es keinen Grund gibt, schon mit dem Gehirnversagen den »qualitativen« Übergang vom Leben zum Tod anzusetzen. Wie bei anderen Komatösen greift unser Lebensbegriff auch beim Hirninfarkt-Patienten an.

Oder doch nur Bewußtsein?

Läßt sich überhaupt ein von Bewußtseinsleistungen unabhängiger Organismus-Begriff in der gängigen Hirntodtheorie ausmachen? Birnbacher u.a. benennen das Subjekt des Todes als das »menschliche Individuum als leiblich-seelische Ganzheit, als (in der Regel) bewußtseins- und selbstbewußtseinsfähiges Lebewesen« (S. 2171). Es sollte also einen von der Regel der Bewußtseinsfähigkeit absehenden Begriff der leiblich-seelischen Ganzheit oder des Organismus geben bzw. einen Lebensbegriff der über die Grenzen der aktuellen Bewußtseinsfähigkeit des Lebewesens Mensch hinaus Anwendung finden kann, um dauerhaft Komatöse nicht tot nennen zu müssen.

Bei der Klärung meiner Frage nach dem Organismusbegriff der Hirntodtheorie greife ich auf die Ausführungen des Münchner Neurologen Heinz Angstwurm zurück. Er ist Mitglied des wissenschaftlichen Beirats der Bundesärztekammer von 1993 und der Arbeitsgruppe der gemeinsamen Erklärung der Deutschen Bischofskonferenz und des Rates der Evangelischen Kirche in Deutschland zur Organverpflanzung von 1990.

Im Ausschuß für Gesundheit des Deutschen Bundestages votiert Angstwurm für das Hirntod-Konzept, weil es beim Menschen »untrennbar biologisch und anthropologisch« begründet sei. *Biologisch* gelte der Hirntod als sicheres Todeszeichen des Menschen, denn: »Mit dem Verlust des Gehirns fehlt ... jede Möglichkeit zu irgendeinem Verhalten und Handeln, zu irgendeiner Empfindung und Wahrnehmung einschließlich Schmerzwahrnehmung, zur selbständigen Umweltbeziehung, zur Steuerung innerer Organe, zu eigener Selbsterhaltung, zu selbständigem Wachstum, zu selbständiger Reife und zur selbstbestimmten

Fortpflanzung ... *Anthropologisch* hört der Mensch mit dem völligen und endgültigen Ausfall seines Gehirns auf, die körperlich geistige oder leiblich seelische Einheit zu sein, die der lebende Mensch ist, denn durch den Tod seines Gehirns verliert der Mensch auch die notwendige und unersetzliche Grundlage für alles, was an ihm unstofflich ist. Ohne Hirntätigkeit kann der Mensch auch im menschlichen Sinn nichts mehr tun, nichts mehr erfahren und nichts mehr erleiden« (meine Hervorhebung).

Auch Angstwurm betont, daß weder die biologische noch die anthropologische Bedeutung des Hirntodes je für sich dessen Relevanz als Todeszeichen begründen. Den »geistbegabten Organismus« Mensch beende erst der Verlust von *Organismus und Geist*:

1. Was oben »Steuerung aller Organe« hieß, verhandelt Angstwurm ausführlicher unter dem Begriff des »Organismus als ... selbständigen, selbstbestimmenden und aus eigenen inneren Gründen selbsttätigen Lebewesen(s)« (*Wann ist ein Mensch ...*, S. 35). Das menschliche Gehirn allein bewerkstellige »die Lebensäußerungen, die das Lebewesen als solches (den menschlichen Organismus) kennzeichnen«, nämlich: »a) Selbständigkeit als Funktionseinheit, als das Ganze (Autonomie als Lebewesen), b) Selbsttätigkeit als Funktionseinheit, als das Ganze (Spontaneität als Lebewesen), c) Abstimmung und Auswahl von Einzeltätigkeiten durch das Ganze als Funktionseinheit (Steuerung des Lebewesens), d) Wechselbeziehung zwischen dem Ganzen als Funktionseinheit und seiner Umwelt (Anpassung und Abgrenzung des Lebewesens), e) Zusammenfassung der einzelnen Tätigkeiten und ihrer Wechselbeziehungen zum Ganzen als Funktionseinheit (Integration als Lebewesen)« (*Wann ist ein Mensch ...*, S. 35).

Zu dieser und ähnlichen Listen von Lebensmerkmalen werde ich in Kapitel 6 Stellung nehmen; hier interessiert zunächst die *Unterscheidung von Organismus und Geist* innerhalb der »untrennbaren Einheit« Mensch:

»Bezeichnungen des Menschen als körperlich-geistige oder als leibseelische oder als psychophysische oder als physisch-metaphysische oder als körperlich-unkörperliche Einheit besagen immer ein und dasselbe: Was am Menschen zur Natur gehört und was darüber hinausgeht, bildet eine untrennbare Einheit, das Individuum Mensch« (Angstwurm, *Der Hirntod*, S. N2).

2. Den Organismus als geistbegabten kennzeichnet bis zum Ausfall des Gehirns der »grundsätzliche und unaufhebbare Unterschied zwischen dem Menschen und allen anderen Lebewesen, also Bewußtsein einschließlich Selbstbewußtsein, Verstand, Ur-

teilskraft, Vernunft, Wahrnehmung, Empfindung, Gemüt, Freiheit und Verantwortlichkeit, Fähigkeit zu kultureller Gestaltung und zu personaler Beziehung« (*Ärztliche Gedanken*, S. 177f.).
Angstwurm nennt »Geist« das, was die *Sonderstellung des Menschen* ausmacht: »Geist (ist) die Gesamtheit dessen, was allein dem Menschen trotz aller seiner Einbindung in die Natur eignet und ihn eben durch diese Einzigartigkeit von ihr abhebt« (*Wann ist ein Mensch ...*, S. 36). Den Verlust des Geistes im Hirntod charakterisiert er wie folgt: Ein hirntoter Mensch »kann nichts mehr fühlen, nichts mehr empfinden, nichts mehr aus seiner Umgebung und aus seinem Inneren wahrnehmen, beobachten und beantworten, nicht mehr denken, nichts mehr entscheiden, nichts Personales mehr erleben und nichts« mehr wollen« (*Der Tod des Gehirns*, S. 63).

Die Aufzählung von Möglichkeiten des gesunden Erwachsenen, die dem Hirninfarkt-Patienten fehlen, sollte allerdings nicht dazu verleiten, den irreversiblen Geist-Verlust mit dem Tod des Menschen zu verwechseln. Das beachtet auch Angstwurm, wenn er von Komatösen und Sterbenden, also für ihn unzweifelhaft Lebenden, spricht:

»Schon ein nur vorübergehend wirklich bewußtloser Mensch, der grundsätzlich wieder zu Bewußtsein kommen kann, solange sein Gehirn noch nicht vollständig und endgültig ausgefallen ist, kann keine entsprechenden Wahrnehmungen machen und mitteilen. Ebensowenig ... ein Sterbender, der bereits sein Bewußtsein verloren hat« (*Wann ist ein Mensch ...*, S. 37).

Die hirntote Marionette

Angstwurms Organismusbegriff läßt also ein *organismisches Leben ohne Bewußtsein* zu. Gilt dasselbe umgekehrt vom Organismus-Ende ohne Verlust des Bewußtseins? Gibt es also ein *Bewußtseinsleben ohne Organismusleben*? Die vermeintliche Desintegration konnten wir uns nur vorstellen unter der Voraussetzung künstlicher Beatmung und Kreislaufunterstützung. Solche intensivmedizinischen Maßnahmen dürften nach Birnbacher u.a. aber nicht als Integrationsleistungen eines Organismus angesehen werden; entscheidend sei doch, daß der Organismus selbst diese Steuerungs- und Integrationsleistungen ausübe. Auch Angstwurm betont ja die *Selbsttätigkeit, Selbständigkeit und Selbstbestimmung* eines Lebewesens.

Ein weiteres Gedankenexperiment von Birnbacher u.a. soll die Notwendigkeit der *Selbst*-Integration des Organismus durch das

Gehirn aufzeigen: »Würden eines Tages Computer entwickelt, die nach Funktionsausfall des Gehirns dessen Integrationsfunktionen übernehmen – und den toten wie einen lebendigen Menschen agieren lassen – könnten, würde das an dem Tod des (auf diese Weise ausschließlich von außen gesteuerten) Menschen nichts ändern« (S. 2172). Ähnlich urteilt Angstwurm: »Sollte einmal, etwa durch Computer, ein Ersatz auch dieser Hirntätigkeit [die jene Lebensmerkmale bewirkt, die das einzelne Lebewesen als Lebewesen kennzeichnen] möglich werden, entstünde dadurch nicht mehr das Lebewesen, sondern eine Marionette oder ein Roboter« (Drucksache 579/13, S. 13).

Ist schon ausgemacht, daß uns ein solchermaßen auf »äußere« Unterstützung (die ja durchaus von einem »unsichtbaren« Computer im Schädelinneren geleistet werden könnte) angewiesener Patient, bloß als »Roboter« (Mollaret, Angstwurm) oder »Marionette« (Angstwurm) erschiene?

Das Frankenstein-Szenario heischt zunächst Zustimmung. Doch das Bild krankt an seiner Unvereinbarkeit mit dem Leben des irreversibel Komatösen. Welche besondere Integrationsleistung zeichnete den Organismus des bewußtlosen Patienten (eines unbestritten Lebenden!) aus, die dem Hirntoten fehlte, wenn wir zusätzlich annehmen, daß auch der erste beatmet werden müßte? Verlangt nicht zuviel an Integration, wer den Menschen nur als lebendig ansieht, solange er »agiert«?

Das Integrations-Argument der Hirntodtheoretiker ist ein Zirkelschluß. Hans Jonas schreibt in seinem Brief an Hans-Bernhard Wuermeling zum Spontanabort im Erlanger Fall: »Wie konnte der selber tote Leib das tun? ... Die Gebärmutter ist eben muskulär nicht vom Gehirn, sondern vom unteren Rückenmark her regiert ... also gibt es subcerebrale neuronale Integration! Aber die zählt nicht als ›Leben‹, weil nicht vom Gehirn ausgehend? das ja bekanntlich allein der Integrator des menschlichen Leibeskonglomerates ist? Merkst Du nicht das Zirkuläre Deines Gedankenganges? Die selbstdekretierte Nominaldefinition zum Sachrichter erhoben!« (S. 23)

Integration darf bei Angstwurm, Birnbacher u.a. von vornherein nur heißen, was das Gehirn selbst zum Leben des Organismus beiträgt. Dann aber muß das menschliche Leben beendet sein, wenn der totale Hirninfarkt eintritt – u.z. unabhängig davon, daß beim Hirntoten der Verlust *per definitionem* nichtintegrativer, bloß »einzelner« Gehirntätigkeiten durch maschinelle Beatmung, intensivmedizinische Herz- und Kreislaufunterstützung, wärmedämmende oder -ableitende Maßnahmen und Medikamentengabe usw. ausgeglichen wird.

148

»Zwar kann der Ausfall einzelner Hirnstammtätigkeiten teilweise intensiv-medizinisch ausgeglichen, aber nicht insgesamt ersetzt werden ... Völlig unersetzbar jedoch ist das Gehirn als die körperliche Bedingung für die physisch-metaphysische Einheit, die der lebende Mensch ist. Ebenso unersetzbar ist die sensomotorische Integration durch das Gehirn. Entsprechende Bemühungen könnten allenfalls eine Marionette ergeben« (Angstwurm, Drucksache 824/13, S. 9).

Das Organismus-Argument ist soweit reduziert (»sensomotorische Integration«, »agieren«), daß es auch beim endgültig bewußtlosen Intensivpatienten Anwendung fände, damit aber verliert es seine Bedeutung als notwendige Ergänzung des Geist-Argumentes. Die Begründung Angstwurms für das Hirntod-Konzept kann letztlich nur noch »anthropologisch« bzw. für alle »(in der Regel) bewußtseins- und selbstbewußtseinsfähigen Lebewesen« lauten: »Mit dem völligen und unabänderlichen Ausfall der Gesamtfunktion des Gehirns ist die den lebenden Menschen konstituierende physisch-metaphysische Einheit für immer zerstört« (Angstwurm, Drucksache 824/13, S. 9). Es ist nicht länger einzusehen, warum beide Komponenten dieser Einheit, Organismus und Geist, zugleich ausfallen müssen, bevor vom Tod des Menschen gesprochen werden kann.

Der Jurist Rainer Beckmann bringt meine Kritik auf den Punkt, wenn er das »Ganzhirntod«-Konzept ein »nicht zu Ende gedachtes Teilhirntod-Konzept« (S. 221) nennt. Nicht die Einheit des Organismus, sondern Bewußtseinsleistungen sollen die Begriffe von Tod und Leben explizieren. Das zumindest haben auch die Bundestagsabgeordneten in der Debatte um das neue Transplantationsgesetz verstanden.

5.3 Der Deutsche Bundestag und die Hirntodtheorie

Der Deutsche Bundestag hat das Transplantationsgesetz in zwei Sitzungen, am 19. April 1996 und am 25. Juni 1997, ausführlich verhandelt. Die Debatten zeigen, wie die Begründung des Hirntod-Konzepts durch die Bundesärztekammer u.a. bei vielen Abgeordneten aufgenommen wird. Das »Ende des Organismus in seiner funktionellen Einheit« findet kaum Erwähnung, wenn es um die Argumentation für die Hirntodtheorie geht. Das, was die Bundesärztekammer den Verlust »personalen menschlichen Lebens« oder des »Gefühls- und Geisteslebens« nennt, gilt als das zentrale Argument für die Hirntodtheorie:

»Das Ende des Lebens ist ... das *Erlöschen der personalen Identität des Menschen*, dessen Steuerungszentrale das Gehirn ist«, sagt die Abgeordnete Beatrix Philipp. Und der damalige Bundesminister für Gesundheit Horst Seehofer meint: »Mit dem endgültigen, nicht mehr behebbaren Ausfall aller Hirnfunktionen ist die Grundlage und das Wesensmerkmal des Menschen, die körperlich-geistige Einheit, die ihn als Individuum konstituiert, unwiderruflich zerbrochen«. Editha Limbach betont den *Persönlichkeitsverlust* im Hirntod: »Mit dem Hirntod ... (ist) der Mensch als Persönlichkeit – dazu gehören auch Bewußtsein und Geist und nicht nur Körperfunktionen – tot«. Auch Peter Hintze spricht vom *Tod der Person*: »Für mich ist die Einheit von Körper und Geist, die das Menschsein, das Personsein ausmacht, mit dem Tod des Hirns beendet. Damit ist der Mensch nach meinem Verständnis gestorben«. Und Hans-Hinrich Knaape ergänzt seine Stellungnahme zugunsten eines *psychischen Todes* um den Hinweis auf medizinisches Wissen: »Wenn der Hirntod festgestellt wird, dann ist nach medizinischem Wissen ... der Tod des Menschen erfolgt, dann ist das, was seine Individualität, was seine psychische Eigenart, was seine Persönlichkeit ausmacht, das, was wir als Mensch an ihm erleben konnten, schon von uns gegangen, dann ist diese Persönlichkeit bereits verschieden«.

Exemplarisch für die Begründungen der Hirntodtheorie im Plenum des Deutschen Bundestag, die gegenüber der Bundesärztekammer auf das Argument der körperlichen Ganzheit weitgehend verzichten, ist die Stellungnahme von Beatrix Philipp. Sie zitiert die gemeinsame Erklärung der evangelischen und katholischen Kirche in Deutschland *Organtransplantationen* (1990) mit den Worten:

»Der Hirntod bedeutet ebenso wie der Herztod den Tod des Menschen. Mit dem Hirntod fehlt dem Menschen die unersetzbare und nicht wiederzuerlangende körperliche Grundlage für sein geistiges Dasein in dieser Welt. Der unter allen Lebewesen einzigartige menschliche Geist ist körperlich ausschließlich an das Gehirn gebunden. Ein hirntoter Mensch kann nie mehr eine Beobachtung oder Wahrnehmung machen, verarbeiten und beantworten, nie mehr einen Gedanken fassen, verfolgen und äußern, nie mehr eine Gefühlsregung empfinden und zeigen, nie mehr irgend etwas entscheiden«.

Die unmittelbar hierauf folgenden Sätze der Erklärung der Kirchen unterschlägt Philipp: »Nach dem Hirntod fehlt dem Menschen zugleich die integrierende Tätigkeit des Gehirns für die Lebensfähigkeit des Organismus: die Steuerung aller anderen Organe und die Zusammenfassung ihrer Tätigkeit zur übergeordneten Einheit des selbständigen Lebewesens, das mehr und etwas qualitativ anderes ist als eine bloße Summe seiner Teile. *Hirntod bedeutet also etwas entscheidend anderes als nur eine bleibende Bewußtlosigkeit, die allein noch nicht den Tod des Menschen ausmacht«* (S. 18, meine Hervorhebung).

Ist es Nachlässigkeit in der Wiedergabe der kirchlichen Bewertung des Hirntodes oder nicht vielmehr Ausdruck eines anderen Todesverständnisses, wenn »personale Identität«, »Persönlichkeit« oder »psychische Eigenart« mit menschlichem Leben gleichgesetzt werden? Philipp und Kollegen beschreiben einen Tod, den – entgegen der ausdrücklichen Vorgabe der Bundesärztekammer – nur Menschen (vielleicht auch Delphine, Schimpansen und noch zu entdeckende Außerirdische?) sterben können. Ein Regenwurm ohne »geistiges Dasein in dieser Welt« kann nicht mit dem Verlust seiner »personalen Identität« sterben. Auf der anderen Seite ist ein irreversibel Bewußtloser den Tod der Abgeordneten schon gestorben, seine »Persönlichkeit bereits verschieden«. Müssen wir für anenzephale Neugeborene oder Apalliker andere Todeskriterien als »Bewußtsein und Geist« einführen, oder sollen wir sie erst gar nicht als lebende Menschen – statt dessen als »atmende Totgeburten« oder »atmende Leichen« – ansehen?

Die Bundestagsdebatte bestätigt den Eindruck, daß die offizielle Hirntodtheorie eine *versteckte Teilhirntodtheorie* ist, sich von einer solchen zumindest aber nicht konsistent abgrenzen kann. Auch in Deutschland wird von manchen Autoren mit Nachdruck die ausdrückliche Anerkennung eines menschlichen Todes gefordert, der die unbestrittene Sonderstellung des Menschen schon in den Lebensbegriff einträgt.

5.4 Unterwegs zum »Teilhirntod«

Autoren wie der Neurologe Johann Spittler beschränken sich ausdrücklich auf eine im Sinne Geilens und Angstwurms »anthropologische« Begründung für das Hirntod-Konzept und fragen: »Wie wollen wir einen lebenden ›Körper‹ bei unwiederbringlich gestorbenem ›Gehirn‹ in bezug auf den ›Menschen‹ als Subjekt des Sterbens verstehen« (*Hirntod*, S. 317)?

Im Ausschuß für Gesundheit des Deutschen Bundestages plädiert Spittler für einen »erlebnisorientierten« Tod: »Wenn das Gehirn abgestorben ist, dann gibt es niemals wieder irgendein Erleben, Erinnern, Fühlen, Wahrnehmen ... Wenn Sie einen

Menschen ohne jegliches Erleben und Wahrnehmen haben, dann entscheiden Sie bitte, ob das für Sie noch wirklich ein lebendiger Mensch ist.« »Das Entscheidende am Menschen (ist)«, so Spittler, »sein Erleben, sein Fühlen, sein Empfinden.«

Der Hirntote befinde sich in einem dritten »Zustand zwischen der Lebendigkeit des ›Menschen‹ und dem Gestorbensein eines ›Leichnams‹« (*Sterbeprozeß*, S. 3). Spittler macht zwar zurecht darauf aufmerksam, daß das Wort »Leiche« bzw. »Leichnam« in unserem Sprachgebrauch mit der Vorstellung der Blässe, der Kälte und Starre verbunden ist – wovon im Hirntod keine Rede sein kann. Die von Spittler eingeführte, vermeintliche korrekte Bezeichnung des Menschen nach totalem Hirninfarkt als »*hirntoter, noch überlebender übriger Körper*« (*Sterbeprozeß*, S. 3) vermag aber auch nicht zu überzeugen.

Ausdrücklich spricht Spittler von der im Hirntod erhaltenen, natürlich »ausschließlich biologischen« Lebendigkeit des »übrigen Körpers« und fordert anzuerkennen, »daß der Mensch seines Wesens entleert und also gestorben ist, wenn im Hirntod alle geistig-seelischen Funktionen unwiederbringlich erloschen sind« (*Sterbeprozeß*, S. 14).

Als solche geistig-seelischen Leistungen führt Spittler die »Summe von Wahrnehmen, Empfinden, denkendem Erlebnis-Verarbeiten, raschem Reagieren und überlegtem Handeln« an. Diese Summe will er so weit verstanden wissen, daß »auch einem allerschwerst geistig und körperlich behinderten, menschenabstammenden Wesen ... weder ein Menschsein noch eine Individualität, noch eine Personalität, noch viel weniger ... ein Lebensrecht abgesprochen« (*Sterbeprozeß* , S. 2) werden.

Der Hirntod ist laut Spittler gleichbedeutend mit dem »Tod des Menschen als Person in dieser Welt« (*Hirntod*, S. 320); mit dem »Ausfall des die personale Identität des Menschen tragenden Gehirns« (*Sterbeprozeß*, S. 13) fehlten die den »Menschen als Person, als erlebendes und handelndes Ich« (*Hirntod*, 326) auszeichnenden Empfindungen und Fähigkeiten:

»Unser Erleben, Empfinden, Denken, Wollen und Handeln, Lieben und Streiten, unsere ›geistig-seelischen‹ oder ›mentalen‹ Funktionen sind auf dieser Erde nicht unabhängig von einem Gehirn in einem Körper zu beobachten« (*Hirntod*, 317).

Spittlers argumentativer Dreischritt lautet: 1. »Ohne lebendes Gehirn gibt es in dieser Welt kein Wahrnehmen, Erleben, Wünschen, Hoffen, Wollen und Handeln.« 2. »Nach unwiederbringlichem Ausfall jeglichen Wahrnehmens, Erinnerns und Erlebens ist der *Mensch als individuelle Person* nicht mehr.« 3. »Der Hirntod ist der Tod des Menschen« (Drucksache 589/13, S. 42).

Der »Personen«-Tod des Menschen tritt, so Spittler, der sich selbst zu den »konsequent denkenden Neurowissenschaftlern und Philosophen« rechnet, schon mit der unwiederbringlichen und vollständigen Zerstörung der Großhirnrinde ein: »Denken und Handeln des Menschen als Person auch in ihrer einfachsten Form sind im Zustand des Großhirntodes nicht mehr möglich« (*Hirntod*, S. 321).

Spittler kennzeichnet seine Überlegungen zum Großhirntod allerdings als »theoretische Diskussion über Denkmöglichkeiten«. Das Großhirntodkonzept sei ausschließlich als »theoretisches Konstrukt für Philosophen- und ... Juristendiskussionen« geeignet, in der Medizin aber völlig unbrauchbar. Praxisferne kann man seinen Überlegungen aber schwerlich bescheinigen, wenn Spittler im Blick auf Apalliker, anenzephale Neugeborene und Patienten »in dem gedankenleeren Spätstadium einer dementiellen Entwicklung« fragt: »Was hat ein körperliches Überleben im Falle einer endgültigen und vollständigen Wahrnehmungs- und Kontaktunfähigkeit für einen Sinn?« (*Hirntod*, S. 325) Wo bleibt die weiter oben beschworene Weite des Begriffes »geistig-seelischer Leistungen«, wenn »allerschwerst geistig und körperlich behinderten, menschenabstammenden Wesen« jetzt nicht das Lebensrecht, sondern gleich das Leben abgesprochen wird? Spittler sieht uns gar in der Schuldigkeit, Organe bei anenzephalen Neugeborenen und Apallikern zu entnehmen und den natürlichen Lebensverlauf (das körperliche Absterben des »entleerten« Organismus) beim Dementen zu verkürzen. Die klinische Praxis kennt schon heute sonderbare Euphemismen für die Tötung durch Organentnahme. Von Spittlers »Verkürzung des natürlichen Lebensverlaufes« behauptet eine Krankenschwester, letztendlich handle es sich ja nur um ein »kontrolliertes Zu-Ende-Sterben« (zitiert nach R. Rotondo, vgl. S. 76).

Wer meint, daß der Tod mit dem irreversiblen Bewußtseinsverlust eintritt, kann nicht überzeugend für die (Ganz-)Hirntodtheorie argumentieren, die gegenwärtig das intensiv- und transplantationsmedizinische Handeln leitet. Denn diese Theorie setzt den Tod des Menschen erst mit der *Zerstörung des gesamten Gehirns* an. Der Kreis der Leichen würde bei Einführung von *Teilhirntodtheorien* weiter und damit das Angebot an transplantablen Organen größer. Muß also die Hirntodtheorie zugunsten einer Teilhirntodtheorie aufgegeben werden?

In Kapitel 6 frage ich nach der Plausibilität von Teilhirntodtheorien und Personenmoral, die zwei unterschiedliche Strategien verfolgen, um gleichermaßen das Tötungsverbot zu unterlaufen. 1. Der Teilhirntodtheorie gelten einige »funktionierende menschliche Organismen« – »lebende Menschen« hätte man bislang fälschlicherweise gesagt – als tot. 2. Eine *personistische Ethik* meint, die Tatsache allein, daß ein Mensch lebt, sei noch kein Grund dafür, daß er den Schutz des Tötungsverbots genieße.

Der Hirntote als Zellkultur

Ein weiterer, besonders anschaulicher Beleg für die *Asymmetrie der Hirntodtheorie* findet sich in den Schriften des Wiener Theologen Ulrich Körtner. 1995 schließt sich Körtner noch der offiziellen Begründung der Hirntodtheorie an:

»Der Hirntod wird nämlich nicht deshalb mit dem Tod der Person gleichgesetzt, weil allein im Gehirn der Sitz der Persönlichkeit oder des Bewußtseins zu verorten wäre, sondern deshalb, weil das Gehirn nach heutigem Kenntnisstand jene organische Instanz ist, welche die Integration des gesamten Organismus zu einer leiblich-seelischen Ganzheit gewährleistet« (*Ganztod*, S. 14).

Schon hier scheint die Integrität oder Integration, also Aufrechterhaltung organismischen Lebens nur qualifiziert, nämlich als »leiblich-seelisch«, für das Leben zu sprechen. Eindeutig spricht Körtner nur ein Jahr darauf von einer »Definition des Hirntodes als Tod der Person«: Denn »die Frage nach dem Subjekt des Todes ... läßt sich nicht einfach mit dem Hinweis auf einen vorhandenen Organismus beantworten« (*Bedenken*, S. 39f.). »Weil der hirnlose Körper die Identität mit dem vorherigen Gesamtorganismus von sich aus nicht mehr aufrecht zu erhalten vermag, kann vom Fortbestehen des Gesamtorganismus gar nicht mehr die Rede sein. Der verbleibende, künstlich am Leben erhaltene Körper hat prinzipiell keinen anderen Status als ein Organpräparat oder eine von einem Verstorbenen gewonnene Zellkultur« (*Bedenken*, S. 41).

5.5 Hirntodtheorie, Transplantationspraxis und Teilhirntodtheorie

Die Begründungen für die Hirntodtheorie sind unzureichend. Hirntodtheoretikern gelingt es nicht, einen »biologischen« Todesbegriff auszuweisen, demgemäß Hirntote Leichen, Apalliker aber oder schwerst Demente und anenzephale Neugeborene lebendig, also Patienten sind.

Die Argumentation, die sich um den Begriff der Integration des gesamten Organismus zu einer leiblich-seelischen Ganzheit gruppiert, ist nicht konsistent: Wenn zum Menschsein nicht allein das Funktionieren eines Organismus, sondern darüber hinaus die Fähigkeit zu bewußten, »geistig-personalen« Vollzügen gehört, ist nicht einzusehen, warum menschliches Leben nicht schon mit dem Verlust einer der beiden Komponenten endet.

Vom Dualismus zum »Personen«-Tod

Die dualistische Prämisse der Hirntodtheorie lautet: Es gibt Bewußtseins- ohne Organismusleben bzw. lebende Menschen ohne Seele. Diese Prämisse geht mit einer *Asymmetrie zugunsten »spezifisch geistig-personaler Lebensvollzüge«* einher. Ausdrücklich gestehen einige Hirntodtheoretiker zu, daß es sich beim Hirntod um einen »Zustand vegetativer Lebendigkeit« (Gerd Haeffner) handelt. Die Beschreibung dieses Zustandes läßt keinen Zweifel daran, daß der Hirntote ein *lebendiger Organismus* ist.

So beobachtet der Philosoph Gerd Haeffner beim Hirntoten »Phänomene ... eines Lebens, zu dem eine (von den Rückenmarksnerven geleistete) Integration von Einzelfunktionen zu einer gewissen Ganzheit gehört« (S. 812). Die intensivmedizinische Ersetzung von Gehirnfunktionen wie Steuerung von Atmung, Wärme-, Wasser- und Hormonhaushalt, führt zu den bekannten »Phänomenen eines Lebens«: Das Herz schlägt, Organe werden durchblutet, »der Brustkorb hebt und senkt sich beim Atmen, künstliche Ernährung wird assimiliert, die Nieren scheiden aus. Gebrochene Knochen können heilen. Eine Schwangerschaft kann weitergehen. Der Hirntote kann sich im Bett aufrichten und mit den Armen eine Bewegung machen, die einer Umarmung ähnelt. Bei der Explantation von Organen schnellt der Blutdruck hoch« (S. 811f.).

Nach Haeffner aber ist die beschriebene Ganzheit gerade nicht die für das menschliche Leben charakteristische leibseelische Ganzheit der Lebensvollzüge. Der »bloß vegetative Restbestand eines menschlichen Lebens« sei kein Mensch mehr. Es fehlten »Empfindung und Wahrnehmung ... sinnvoll der Umgebung antwortende Bewegung ... erst recht alle Zeichen der typisch menschlichen Lebendigkeit ... erkennende und überlegene Tätigkeit, die sich sprachlich ausdrückt«. Der hirntote Rest sei subjektlos, der Hirntod ein »anonymer Zustand eines zerfallenden Organismus« (S. 812) – das heißt auch: nicht eines bereits zerfallenen Organismus!

Nun will jedoch auch Haeffner »die doppelte Komponente des Hirntodes, der sowohl das geistig-seelische wie das vitale Leben betrifft« (S. 814) nicht aufgeben, um Anenzephale und Apalliker nicht tot nennen zu müssen. Was aber ist ein Zustand vegetativer Lebendigkeit anderes als »vitales Leben«, das (verlöschende) Leben eines (schwer geschädigten) Menschen? Natürlich ist der Hirntote zu den allermeisten spezifisch menschlichen Vollzügen nicht mehr in der Lage. Das berechtigt aber nicht dazu, einen *zweiten Tod*, der den Verlust ebendieser Vollzüge bezeichnete, einzuführen und vom Tod des Menschen zu unterscheiden. Bislang sind wir doch davon ausgegangen, daß der Mensch seinen Tod als Lebewesen unter anderen erleidet. Erst wenn der menschliche Organismus nicht mehr aufrechterhalten werden kann, stirbt der Mensch.

Das Abrücken von dem überkommenen Todesbegriff ist motiviert durch die Möglichkeiten der *Organentnahme*. Haeffner gilt die Organspende als *Tat der Nächstenliebe*. Er sagt: »Keine kostet den Spender weniger als diese, kaum eine bringt dem Empfänger mehr als diese« (S. 817). Die Motivlage ist allerdings auch eine Gefährdung für den Apalliker, dessen »spezifisch menschliches Funktionieren« erheblich eingeschränkt, wenn nicht nach den Maßstäben von Haeffner bereits erloschen, ist.

Humanität und Personalität

Der Übergang zu einem bewußtseinsorientierten Todesbegriff hat, wie die Bundestagsdebatte gezeigt hat, offensichtlich eine gewisse Plausibilität. Im Hintergrund steht wohl wie bei Gerd Haeffner die Überzeugung von der *Humanität der bestehenden Transplantationspraxis*. Der Verweis auf die Möglichkeit, Leben durch Organentnahme aus dem Hirntoten zu retten, räumt oft Zweifel an dessen Tod aus. »Organspende rettet Leben«, ist der Werbespruch des Arbeitskreises Organspende. Und Harris nennt seinen Vorschlag zur Organverpflanzung »*Überlebens-Lotterie*«.

Beide Vorschläge empfehlen sich durch aufweisbare Erfolge für die Lebensrettung von Organempfängern – Harris' Vorschlag könnte sogar, gemessen an der Zahl möglicher Organverpflanzungen, erfolgreicher sein. Die Erfolge bei der Organgewinnung allein aber können nicht schon Gründe dafür sein, die »Todeslotterie« von John Harris oder die Hirntodtheorie zu akzeptieren. Eine »pragmatische Umdefinierung des Todes« (Hans Jonas) will denn auch die Hirntodtheorie nicht sein.

156

Der Hirntote ist tot, so wird gesagt, und muß geradezu tot sein, denn »zuzulassen, daß Menschen, deren Gehirn tot ist, die aber selbst ... noch leben, von den explantierenden Chirurgen getötet werden dürfen, ... rührt an die Fundamente der Rechtsordnung und des ärztlichen Selbstverständnisses« (Gerd Haeffner). Dieser Argumentation bin ich in Kapitel 1 gefolgt.

Doch wie begründet Haeffner seine Sicherheit, daß die Alternative, »die Organexplantation aus hirntoten menschlichen Organismen einzustellen und damit viele Menschen ihrer letzten Hoffnung auf eine Wiedergewinnung der Lebenschance zu berauben, ... inhuman« ist? Ich habe in Kapitel 1 auf die *Versuchlichkeit durch die Möglichkeiten der Lebensrettung* hingewiesen. Tatsächlich ist das Hilfreiche des Konzeptes, den Hirntod des Menschen als dessen wirklichen Tod zu begreifen, für die Ermöglichung einer Organtransplantation erwiesen. Das »Hilfreiche« aber »human« zu nennen, steht nur dem frei, der den Tod des Hirntoten schon voraussetzt, nicht allererst möglichst »hilfreich« (für wen und wozu?) festlegt.

Im übrigen ist die Humanität der Transplantationspraxis auch bei Anerkennung der Hirntodtheorie noch nicht erwiesen. Philippa Foot fragt zurecht: »Wäre es denn nicht bedenklich, wenn in einem Krankenhaus, in dem Patienten mangels Organverpflanzung sterben, ein Todesfall, durch den mehrere übertragbare Organe zur Verfügung gestellt werden, ganz selbstverständlich als eine gute Nachricht behandelt würde?« (S. 169) Und Wolfgang Kluxen betont: »Wir können keine Gesellschaft wollen, in welcher der Tote einfach für deren Zwecke vereinnahmt wird« (S. 94).

5.6 Organtransplantation im Zwielicht

Die Humanität der Transplantationsmedizin ist keinesfalls unbestritten – auch wenn viele Beiträge zur Hirntoddebatte das glauben machen. Die Werbung für die Organspende unterschlägt zumeist deren anstößige und z.T. empörende Momente. Ulrike Baureithel und Anna Bergmann beklagen in ihrem Buch *Herzloser Tod* die »Vergewaltigung des natürlichen, spontanen Empfindens« (vgl. S. 182) im Kontext der Organentnahme: Zum einen manipulierten »rationalisierende« Strategien die unverstellte Wahrnehmung von hirntoten Patienten; zum anderen sei die Organentnahme als Zerstückelung einer Leiche (bzw. eines schwerkranken Patienten) eine »*per se* mit Ekel, Angst und vor allem

Schuld beladene Tabuüberschreitung« (S. 147). Nun verhindern aber gerade die unkritische Empfehlung der Organspende als »Akt der Nächstenliebe« und die verkürzte Darstellung der Erfolge der Transplantationsmedizin, daß *Trauer, Reue und Schuld* im Zusammenhang der Tötung durch Organentnahme überhaupt zur Sprache kommen.

Ein herzloser Tod

Die beiden Autorinnen kennzeichnen die gegenwärtige Transplantationspraxis als »todesabhängiges System um Unfalltote herum« (S. 186), das einen Patiententypus mit »sozialdarwinistischem Verhaltensmuster« hervorbringt. Man beobachtet bei Kranken, die auf ein Spenderorgan warten das im Englischen als »*rainy-day syndrome*« bezeichnete Phänomen. Damit ist die »prekäre emotionale Situation« des auf ein Organ wartenden Patienten umschrieben: Er ersehnt schlechtes Wetter (»*donor weather*«, sagt man) und die damit verbundene Unfallgefahr – ein Unfallopfer erhöht die Chancen, ein Spenderorgan zu erhalten. Das *rainy-day syndrome* veranschaulicht das »strukturelle Dilemma« (Baureithel/Bergmann), in das eine (mittlerweile etablierte) Therapie gerät, deren Erfolge vom »nützlichen« Tod eines anderen Menschen abhängen.

Das Angebot einer Organersatztherapie beeinträchtigt die Gestaltung der letzten Lebensphase eines todkranken Menschen. Die Psychotherapeutin Elisabeth Wellendorf berichtet von einer Patientin, die durch das Angebot der Transplantation aus der mühsamen und schließlich trostvollen Vorbereitung auf ihr Sterben gerissen wird. Nach anfänglichen Irritationen lehnt sie den Empfang eines Spenderorgans ab und findet so zu einem versöhnten Tod. Ihr Ringen mit der in Aussicht gestellten Therapie wird von dem Satz begleitet: »Ich muß es mir ja wünschen, daß jemand für mich stirbt«.

Schwere Schuldgefühle plagen aber auch manche Patienten, die eine Transplantation erfolgreich überstanden haben. Das »Räuberische und Unrechtmäßige« (Wellendorf) der Organverpflanzung wird oft erst durch die Annahme (oder Suggestion) bewältigt, die Organspende sei das freiwillige »Opfer« eines Todkranken. Eine fragwürdige Annahme angesichts der Fakten: Nur drei Prozent der Organspenden werden in Deutschland aufgrund einer schriftlich dokumentierten Einwilligung des Organ-»Spenders« durchgeführt; i.d.R. entscheiden die Angehörigen auf Nachfrage der Klinik über die Organentnahme.

Viele Organempfänger empfinden das Spenderorgan als Geschenk und Chance eines Neuanfangs (manche Patienten feiern nach einer erfolgreichen Herztransplantation einen »zweiten Geburtstag«). Das gilt allerdings nicht von allen Transplantierten. Wellendorf berichtet von einer Haltung unter Organempfängern, »die die Machbarkeit zum höchsten Wert erhebt«. Die eigenen Organe – z.T. auch durch die persönliche Lebensführung geschädigt – werden als austauschbar, ein neues Organ als Ersatzteil begriffen. Diese Haltung spiegelt die *Hilflosigkeit vieler Ärzte* angesichts einer infausten Prognose wider: Keine Möglichkeit der Therapie will man dem Kranken vorenthalten, wenn der *Tod als Versagen des eigenen Könnens* begriffen wird.

Selten wird in der öffentlichen Diskussion um Hirntod und Organverpflanzung betont, daß die Annahme der schweren Erkrankung und die Vorbereitung auf Sterben und Tod *humane Alternativen zum Organersatz* sind. Und nur wenige sprechen von den bedenklichen Veränderungen des letzten Lebensabschnitts vieler Todkranker, die auf eine Lebensverlängerung durch Organempfang hoffen. Der Hoffnung korrespondiert häufig eine zunehmende Angst vor dem Sterben bzw. dem Tod. Menschen, die in der Hoffnung auf eine zweite Geburt das im Sterben geforderte Loslassen nicht einüben können, überrascht der Tod als »Fiasko, als große Enttäuschung« (Wellendorf). Die »Suggestion der High-Tech-Medizin, der Tod sei in jedem Fall etwas, das verhindert werden muß« (Wellendorf), kann nicht zu einer unbefangenen Auseinandersetzung mit dem eigenen Tod beitragen.

Angst, Schuldgefühle und Reue prägen aber nicht nur die Erfahrungen von Organempfängern. Von den Belastungen der Pflegenden bei der Versorgung und Explantation Hirntoter werde ich noch einmal im nächsten Kapitel sprechen: Im Operationssaal z.B. sehen Anästhesie- und OP-Schwestern den Eintritt des Herztodes während der »chirurgischen Zerstückelung« (Baureithel/Bergmann) des Hirninfarkt-Patienten.

Ähnlich dramatische Erfahrungen machen Angehörige, die in die Organentnahme bei ihrem Kind oder Ehegatten einwilligen. Schon die Nachricht, der Verwandte sei tot, wird kaum verstanden, wenn man ihn atmend, warm und schwitzend auf der Intensivstation erlebt. Die *Frage nach der Organentnahme* überfordert Menschen, die nicht einmal beginnen konnten, den Verlust ihres Kindes oder ihres Partners zu verstehen – geschweige denn, um den angeblich Verstorbenen zu trauern. Das zeigt die Reaktion auf die bei Zustimmung zur Explantation in Aussicht gestellte Heilung (des Organempfängers). Baureithel und Bergmann berichten von der »paradoxen Reaktion« vieler Angehöriger: Um die Einwilligung in die Organentnahme gebeten und über die Möglichkeiten der Lebensrettung für den Organempfänger unterrichtet, fragen manche: »Ja, meinen Sie, er [der Hirntote] wird wieder gesund?«.

Die Belastung Angehöriger von möglichen Organspendern ist hoch. Oft tritt die Beeinflussung im Sinne der Transplantationsmedizin an die Stelle von Mitgefühl und Trost. Elisabeth Wellendorf schildert beispielhaft den Fall einer Mutter, die unter Zeitdruck in die Organentnahme bei ihrem verunglückten Kind einstimmt. Auch diese Frau wünscht sich für ihr Kind Leben und stimmt der Organentnahme – dem »Lebensgeschenk« – zu. Erst als sie ihr Kind nach der Explantation wiedersieht, realisiert sie, was geschehen ist: »Wie kann ein warmer, atmender Mensch tot sein?«, fragt sie und wirft sich vor, ihr Kind, das sie atmend und fiebernd verlassen hat, nicht vor dem »Ausschlachten« bewahrt zu haben. Angst und Schuldgefühle verfolgen sie.

Rastlose Trauer und schwere Vorwürfe prägen viele Schilderungen von Angehörigen hirntoter Organspender. Besonders nach einer sogenannten »Multiorganentnahme« (»Ob Augäpfel, Luftröhre, Dünndarm, Gehörknöchelchen, Bauchspeicheldrüse, Lungen, Herz, Nieren, Leber, Kniegelenke oder Haut – alles, was verwertbar ist, kann potentiell herausgeschnitten werden« [Baureithel/Bergmann, S. 146]) zeigen sich die Hinterbliebenen von Organspendern bestürzt über die *Diskrepanz des eingeredeten und des nach der Explantation erlebten Todes.*

Renate Greinert spricht wohl für viele Eltern, die um die Zustimmung zur Organentnahme aus ihren »hirntoten« Kindern gebeten wurden, wenn sie auf den »ganz anderen Tod« der Transplantationsmedizin hinweist: »Alle Betroffenen sind davon ausgegangen, daß ihre Kinder so tot waren, wie man sich Tot-Sein vorstellt. Alle erinnerten sich daran, daß ihre Kinder aber gerade nicht kalt, starr, leblos und ohne Atem waren. ... Wir kennen und verstehen nur den einen Tod und merken plötzlich, der Mediziner muß einen ganz anderen Tod meinen« (S. 82).

Weder hirntot noch tot, aber Herzspender?

Das mit der Hirntodtheorie verbundene »Lebensrettungsprogramm« (Baureithel/Bergmann) – die Ermöglichung der Organersatztherapie durch Toterklärung – zwingt hirntote und andere schwerst organkranke Patienten, ihre Angehörigen, Pfleger und Ärzte in eine prekäre Situation: Vom Tod des einen hängt das Leben des anderen ab. Die Hoffnung auf Heilung und Weiterleben wird instrumentalisiert. Statt der Trauer um das unausweichliche Sterben des Hirntoten Raum zu geben, nährt die Werbung für die Transplantation die Heilungsaussicht und lenkt sie zugleich auf einen (anonymen) Organempfänger um. Das unbestechliche Empfinden, einen Lebenden zu pflegen, der erst auf dem Operationstisch getötet wird, wird betäubt – die »Vernunft« gebietet doch, Zweifel zurückzustellen, wenn ein hirntotes »Herz-Lungen-Paket« in vielfach lebensrettende »Teile« zerlegt wird. (Die »rationalisierende« Betäubung ist nicht immer notwendig: Manch ein Transplantationschirurg berichtet zwar von seinem Gefühl, den hirntoten Spender erst durch die Herzentnahme zu töten, rechtfertigt sein Tun dann aber durch das hehre Ziel der Lebensrettung.)

Die transplantationsmedizinische Begehrlichkeit führt zu immer neuen Methoden der Organbeschaffung. Ich diskutiere das Verfahren der *non-heart-beating donation* (NHBD) – ein besonders deutlicher Beleg dafür, daß *die Todeszeitbestimmung zur Funktion des Explantationsinteresses* zu werden droht. Paradoxerweise fördert das Bemühen um »lebensfrische« Organe, zu dessen Legitimation die Hirntodtheorie erfunden wurde, mit der NHBD zugleich eine nur den (vermeintlichen) Herztod berücksichtigende Form der Explantation.

In den USA werden seit Ende der 80er Jahre Patienten explantiert, die den Hirntod noch nicht erlitten haben, deren Kreislauf aber stillsteht. Die Herausgeber eines Sammelbandes zur NHBD sprechen von einem *Déja vu*, insofern auch die ersten »Kadaver-Organe« von Leichen ohne Herzschlag entnommen wurden (so z.B. bei der ersten Herzverpflanzung von 1967 oder der ersten erfolgreichen Lebertransplantation von 1963). Ich bespreche im folgenden nur die sogenannte »kontrollierte« Form der Organentnahme von nicht-hirntoten »Spendern ohne Herzschlag«.

Das Protokoll der *University of Pittsburgh* von 1992 sieht vor, Patienten mit infauster Prognose, die nur noch mit maschineller Unterstützung leben können, mit ihrer Einstimmung zu explantieren. »Kontrolliert« heißt diese Form der NHBD, weil die künstliche Beatmung bei Patienten, die dem Vorgehen zustimmen, im Operationssaal (unter Narkose) beendet und so Zeit und Ort des Todes bestimmt werden. Nach dem Ausfall der Spontanatmung und zweiminütiger Pulslosigkeit beginnt die Organentnahme. Zu diesem Zeitpunkt ist der Patient nicht hirntot (eine Hirntod-Diagnostik wird nicht durchgeführt). Viele Hirntodtheoretiker (die meisten deutschen) lehnen die NHBD als *Tötung durch Organentnahme* ab.

Die US-amerikanische Rechtsprechung verfolgt die Transplantationschirurgen allerdings nicht wegen Totschlags. Die explantierenden Ärzte berufen sich auf die gesetzlich festgehaltene Alternative der Todeszeitbestimmung. Im *Uniform Determination of Death Act* (UDDA), der nationalen Vorgabe der meisten US-amerikanischen Staatsverfassungen, heißt es: »Ein Individuum, das entweder (1) den endgültigen Verlust der Kreislauf- und Atemfunktion oder (2) den endgültigen Verlust aller Funktionen des gesamten Gehirns erlitten hat, ... ist tot« (S. 2). Das NHBD-Protokoll von Pittsburgh macht sich die Operationalisierung der Endgültigkeitsforderung im Anhang des UDDA zunutze. Dort heißt es, der irreversible Verlust der Herzfunktion werde durch »anhaltenden Funktionsverlust während einer angemessenen Zeit der Beobachtung und/oder des Therapieversuchs« (S. 162) manifestiert. Die NHBD-Verfechter halten die zweiminütige Wartefrist vor der Organentnahme für ausreichend, um eine spontane Wiederbelebung des Patienten nahezu sicher auszuschließen. Sie gehen zudem davon aus, daß es verboten ist, einen Patienten, dessen Behandlung rechtmäßig (so die Voraussetzung) abgebrochen wurde, wiederzubeleben. »Irreversibel« soll also heißen: »Eine spontane Wiederbelebung ist äußerst unwahrscheinlich und ein therapeutischer Eingriff (die Reanimation) verboten«. Der *non-heart-beating donor* gilt den Vertretern dieser Position daher als Spenderleiche; man spricht vom *non-heart-beating cadaver donor*. Im Operationssaal wird folgerichtig nach zweiminütiger Pulslosigkeit der Tod noch vor der Organentnahme festgestellt. (Das EKG zeigt i.d.R. das Erliegen der Herzaktivität, manchmal aber auch verbliebene, dysfunktionale Aktivitäten des Herzmuskels an – nicht der Herz-, sondern der Kreislaufstillstand ist also für die NHBD entscheidend.)

Mit der Einführung von NHBD werden unzweifelhaft zwei *konkurrierende* (und gleichermaßen unhaltbare) *Todesbegriffe*, *nicht nur unterschiedliche Kriterien* ein und derselben Todesdefinition, unvermittelt nebeneinander gestellt. Ein Patient kann nun lebendig (d.h. nicht hirntot) und tot (d.h. »herztot« im erläuterten Sinne) zugleich sein. Die Entscheidung für das eine oder andere Konzept fällt allein im Blick auf die Möglichkeiten der Organgewinnung: Den aufgrund eines Hirninfarktes irreversibel Komatösen wird man für hirntot, den Sterbenskranken nach Einstellung der Beatmung und zweiminütiger Pulslosigkeit für »herztot« erklären. So oder so, immer handle es sich, heißt es, um eine »Leichenspende«; die *dead donor rule*, nach der die Entnahme eines lebenswichtigen Organs den Tod des Spenders voraussetzt, werde keinesfalls verletzt.

Dead donor rule und Herzspende

Wie sind NHBD-Protokolle zu bewerten? Muß nicht, wer die Hirntodtheorie zurückweist, aber Organverpflanzungen nicht grundsätzlich ausschließt, die Möglichkeit der Transplantation auch von Herz, Leber oder Lunge ohne (»bereichsspezifische«) Aufhebung des Tötungsverbots begrüßen? Trotz der oben formulierten Bedenken halte ich die Organverpflanzung nicht für eine prinzipiell abzulehnende Therapieform. Heilung durch fremde Organe und Gewebe ist in vielen Fällen selbstverständlich oder zumindest erlaubt: das gilt von der Entnahme von Organen, in die der Lebende einwilligt und die ihn nicht über ein bestimmtes Maß hinaus einschränkt (z.B. die Blutspende, die Spende einer Niere oder die Knochenmarksspende). Auch die Entnahme von Geweben und Organen (Hornhaut, Nieren usw.) aus der Leiche scheint mir zulässig, wenn der Spender bei Lebzeiten seine Zustimmung erteilt hat (die stellvertretende Zustimmung schließe ich nicht aus, diskutiere sie aber nicht eigens).

Die Forderung, die *non-heart-beating donation* als Leichenspende anzuerkennen, halte ich allerdings für unberechtigt. Erst die Umdeutung von »irreversibel« macht den NHB-Spender zum »Kadaverspender«. Der nach dem Pittsburgh-Protokoll für tot erklärte Patient lebt bei Beginn der Explantation bzw. Organ-Konservierung noch; er ist weder hirntot noch tot. Der Herzstillstand wird erst mit der Entnahme des Herzens bzw. der Kühlung endgültig. Denn diese Maßnahmen verhindern eine erfolgreiche Reanimation, die ohne Zweifel innerhalb der ersten zwei, drei Minuten nach dem Herzstillstand (vielleicht sogar spontan) möglich ist.

Wer aber wiederbelebt werden kann, ist nicht tot (auch wenn er nicht wiederbelebt werden sollte). NHBD-Protokolle werden dem Todesbegriff, insbesondere der in ihm beschlossenen Bedingung der Endgültigkeit, nicht gerecht. (Die »schizophrene« Situation einer gesetzlich eingeräumten Alternative nicht bloß der Todesfeststellung, sondern des Todesbegriffs nenne ich nur, ohne daraus eine umfassende Kritik an der NHBD-Praxis oder der US-amerikanischen Legislative abzuleiten. Unser Todesbegriff läßt es jedenfalls nicht zu, daß Tote auferstehen, bloß weil sie Staatsgrenzen überschreiten oder von der kardiologischen auf die neurologische Station verlegt werden.) Die NHBD ist keine Leichenspende – bleibt zu prüfen, ob sie eine *erlaubte Form der Lebendspende* ist.

Shewmons Vorschlag

Alan Shewmon habe ich als einen Kritiker der Hirntodtheorie eingeführt. Anders als viele deutsche Vertreter der Hirntod-Kritik, geht er davon aus, daß viele Organentnahmen (insbesondere die Entnahme des schlagenden Herzens) eine direkte Tötung des Hirntoten darstellen und als solche unerlaubt sind. Die auf der Umdefinierung des Todes als dauerhafte Bewußtlosigkeit errichtete Transplantationspraxis trage unabhängig von der Frage nach subjektiver Schuld zum »objektiven Übel« der allgemeinen *Erosion der Achtung vor menschlichem Leben* bei. Dennoch hält Shewmon die Transplantation lebenswichtiger unpaariger Organe (Herz, Leber etc.) für möglich, bestreitet also den unauflöslichen Zusammenhang von Tötungsverbot und *dead donor rule* – und damit die Regel, nach der die Entnahme eines »vitalen« oder lebenswichtigen Organs nur erlaubt sein kann, wenn der Spender bereits tot ist.

Shewmon fragt: Ist es nicht unter besonderen Umständen möglich, einem lebenden Spender z.B. das Herz zu entnehmen, ohne seinen Tod zu verursachen oder auch nur zu beschleunigen? Und könnte ein solches Vorgehen nicht erlaubt sein? Sollte die diskutierte Form der Organentnahme eine moralische Möglichkeit darstellen, entfielen nicht nur die utilitaristische (oder »pragmatistische«) Motivation der Hirntodtheorie und deren untragbare moralische, psychologische und soziale Konsequenzen. Die Organtransplantation könnte zudem ohne Umdeutung des Todes und in größerer Zahl fortgesetzt werden.

Shewmons Vorschlag – nur als solchen versteht er seine Überlegungen – ist eine um die Fiktion der »Leichenspende« gekürzte Fassung der *non-heart-beating donation*. In Shewmons Szenarium fehlt die Todesfeststellung vor der Organentnahme. Ausdrücklich betont Shewmon, ein NHB-Organspender sei nicht tot; denn die Herz-Lungen-Wiederbelebung ist zum Zeitpunkt der Organperfusion mit der Blutersatz-Flüssigkeit sicherlich noch möglich. Die Pointe des Vorschlags ist die Behauptung, in Abwesenheit der Blutzirkulation sei kein Organ mehr im Sinne der *dead donor rule* lebenswichtig: Selbst das Herz leiste keinen Beitrag mehr zur *physiologischen Integrität des Organismus*. Unter der NHBD-Annahme, daß die technisch noch mögliche Herz-Lungen-Wiederbelebung moralisch untersagt ist, behauptet Shewmon, die Organentnahme am NHB-Patienten sei keine Tötung: »Die bloße Anwesenheit [der »vitalen« Organe] im Körper trägt zur physiologischen Integrität oder zur verbleibenden kurzen Lebensspanne (vielleicht in der Größenordnung von zehn Minuten) nichts bei; daher würde ihre Entnahme den Tod weder verursachen noch beschleunigen« (*Apologia*, S. 82).

Wie bei anderen Lebendspenden wäre die Erlaubtheit der von ihm vorgeschlagenen Variation der NHBD Shewmon zufolge nach einem doppelten Maßstab zu beurteilen: 1. Die funktionale Integrität des Körpers darf nicht behindert werden; 2. das »Lebensgeschenk« für den Organempfänger muß das Risiko des chirurgischen Eingriffs und der strukturellen Beeinträchtigung des Spenders rechtfertigen.

Ist die Herzverpflanzung erlaubt?

Die Organentnahme von NHBDs ist abzulehnen, wenn sie (wie beim Hirntoten) zum Tod des Spenders führt. Kann Shewmons Deutung der NHBD, derzufolge die Organentnahme aus dem Pulslosen ohne Aussicht auf spontane Wiederbelebung (anders als die aus dem Hirntoten) keine Tötungshandlung darstellt, überzeugen? Shewmon meint, der NHB-Spender werde nicht getötet; endgültig verändere sich nur die *Möglichkeit der Wiederbelebung*. Die eigentliche Frage laute also: Ist es grundsätzlich falsch, die Möglichkeit zur (externen) Wiederbelebung in den Fällen zu zerstören, in denen es moralisch unzulässig wäre, den Patienten wiederzubeleben?

Meines Erachtens ist Shewmons Deutung der Lebendspende und ihrer (Mindest-)Anforderungen (Freiwilligkeit und von Fall zu Fall zu beurteilende Verhältnismäßigkeit des strukturellen, vielleicht sogar eines evtl. funktionellen Verlustes) zutreffend. Bei der Beurteilung des Eingriffs am NHB-Spender bin ich mir nicht sicher: Handelt es sich tatsächlich nicht um Tötung, sondern nur um die Zerstörung eines Reanimations-Potentials (das wir zudem nicht in Anspruch nehmen dürften)?

Der übliche Lebendspender lebt ja eindeutig nach der (problemlos verlaufenen) Organentnahme noch. Gilt das aber auch bei der NHBD? Kann man bestreiten, daß der NHB-Spender (ohne Herz, ohne Lunge ...) nach der Organentnahme eine Leiche ist? Die »strukturelle« Integrität bzw. ein bestimmtes Maß ihrer Nicht-Beeinträchtigung spielt wahrscheinlich doch eine entscheidende Rolle für unser Urteil darüber, ob der NHB-Spender nach der Organentnahme noch lebt. Man könnte so argumentieren: Nur weil die NHB-Person lebt, ist Herzspende möglich. Indiz (oder Kriterium?) für dieses Leben ist nicht das bloße Funktionieren von Teilen (also einzelner Organe und Gewebe), sondern die Möglichkeit der Reanimation des ganzen Ormation des ganzen Organismus. Gerade diese Möglichkeit wird aber mit dem Herzen »entnommen«.

Und würden wir nicht unter gewöhnlichen Umständen am Bett eines Menschen, der im Sterben liegt, auch nach dem Stillstand seines Herzens noch eine Zeitlang jeden Eingriff abwehren, der ihn unzweideutig zur Leiche machte? Shewmons Unterscheidung des strukturellen und funktionellen Verlustes greift m.E. im Zustand des NHB-Spenders nur bedingt (bzw. trägt eine zu hohe Beweislast): Die Entnahme einer Niere tötet den NHBD nicht, die beider Nieren oder die des Herzens, der Leber usw. machte ihn aber genauso zum Leichnam wie eine Autopsie in der Gerichtsmedizin. Das gilt auch von der Kühlung des Körpers bzw. der inneren Organe im Verlaufe der NHBD; pulslos und ausgekühlt (nicht bloß unterkühlt) ist erst die Leiche. Wir kennen keine Lebenden, deren Organe von einer Kühlflüssigkeit durchspült würden.

Ich neige dazu, die NHBD ebenso wie die *heart-beating donation* (von hirntoten Patienten) als Vivisektion (Hans Jonas) bzw. als Tötung durch Organentnahme abzulehnen. Die Lebendspende verschiedener Gewebe und paariger Organe bliebe beim NHB-Spender ebenso möglich wie beim Hirntoten. Auf die Verpflanzung unpaariger »vitaler« Organe müßten wir allerdings verzichten. Die Schmerzlichkeit eines solchen Verzichts wird nicht überbewerten, wer einen unverstellten Blick auf die Praxis der Verpflanzung lebenswichtiger Organe wirft. Die NHBD ist nur ein besonders anschauliches Beispiel für die *Instrumentalisierung des Sterbens im Interesse der Organbeschaffung*. Das eigentliche Ziel ärztlichen und pflegerischen Handelns am Lebensende, die *Ermöglichung eines menschlichen Todes*, gerät zunehmend in Vergessenheit. Und die medizinische Kompetenz am Lebensende droht, zum Erfindungsreichtum bei der Verwertung des Sterbenden zu verkommen.

Besonders menschlich?

Humanität wird in der Auseinandersetzung um den Hirntod nicht nur (und nicht immer zurecht) den Anwälten des Organempfängers zum Argument. Die Positionen, die ich im folgenden Kapitel vorstelle und zu denen, wie gezeigt, die Hirntodtheorie neigt, behaupten: Das »Humane« ist nicht einfach das Menschliche, vielmehr ein Menschliches in ausgezeichnetem Sinne: das »Personale«. Unser Handeln, z.B. in der Intensiv- und Transplantationsmedizin, sollten wir deshalb nicht am Ende des Lebewesens Mensch ausrichten, sondern am Ende der menschlichen »Person«; letzteres könne aber schon vor dem Tod des Menschen eintreten.

Die Relevanz des Organismus-Todes zugunsten eines »Personen«-Todes bestreiten 1. Teilhirntodtheorien, die den Menschen für tot erklären, wenn die Gehirnteile unwiderruflich geschädigt sind, die »personale« Leistungen ermöglichen, und 2. Gegenentwürfe zu unserer »Moral der Heiligkeit des Lebens« (*Sanctity of Life Ethic* ist Peter Singers Terminus; seine Konzeption nennt Singer *Quality of Life Ethic*, »Lebensqualität-Moral«). Die »Lebensqualität«-Moral bestimmt den Todeseintritt wie üblich (endgültiger Kreislaufstillstand), erlaubt aber dann die Tötung durch den Arzt, wenn ein Patient (z.B. nach dem totalen Hirninfarkt) keine Möglichkeit mehr hat, sein Bewußtsein wiederzuerlangen.

Beide Theorien, sowohl die *Neudefinition des Todes* als auch die *Revision der Moral*, vergrößern den Kreis potentieller Organspender: entweder um »Leichen«, die heute noch irrtümlich als »lebendig« angesehen würden, oder um Menschen, die heute zu Unrecht den Schutz des Tötungsverbotes genießen würden. Teilhirntodtheorien und »Lebensqualität«-Ethik teilen eine Auffassung der menschlichen Person, die ich im nächsten Kapitel vorstelle und zurückweise.

Lese-Hinweise

Der wissenschaftliche Beirat der Bundesärztekammer hat 1982, 1986, 1991 und 1997 »Kriterien des Hirntodes« veröffentlicht (*Deutsches Ärzteblatt*). Begründungen für die Hirntodtheorie unternehmen (jeweils in: *Deutsches Ärzteblatt* 90, 1993): Wissenschaftlicher Beirat der Bundesärztekammer, »Der endgültige Ausfall der gesamten Hirnfunktion (›Hirntod‹) als sicheres Todeszeichen«; D. Birnbacher u.a., »Der vollständige und endgültige Ausfall der Hirntätigkeit als Todeszeichen des Menschen – Anthropologischer Hintergrund«. M. Schwarz nennt »Biologische Grundphänomene von Lebewesen« in *Der Status des Hirntoten* (vgl. S. 76). Scheinbegründungen der Hirntodtheorie weisen D. A. Shewmon (»Recovery from ›Brain Death‹«, vgl. S. 76) und P. A. Byrne u.a. (vgl. S. 76) zurück.

H. Angstwurm wird zitiert aus: Protokoll der 17. Sitzung (vgl. S. 44) und Drucksachen 579/13 und 824/13 des Gesundheitsausschusses; »Ärztliche Gedanken zum Gespräch mit Theologen über das sichere Todeszeichen ›Hirntod‹« (in: *Transplantations-*

medizin und Ethik, hrsg. von F. W. Albert u.a., Lengerich 1994); »Wann ist ein Mensch wirklich tot?« (in: *Gehirntod und Organtransplantation* ..., vgl. S. 76); »Der Tod des Gehirns als sicheres Todeszeichen des Menschen« (in: *Politische Studien* (46/339, 1995); »Der Hirntod ist der Tod des Menschen« (in: *Frankfurter Allgemeine Zeitung* vom 26. Februar 1997).

Die Intensivstation sei eine »Hirnstamm-Prothese«, sagen: R. D. Truog (vgl. S. 75); D. Wikler/A. J. Weisbard, »Appropriate Confusion Over ›Brain Death‹« (in: *Journal of the American Medical Association* 261, 1989); E. T. Bartlett/S. J. Youngner, »Human Death and the Destruction of the Neocortex« (in: *Death: Beyond Whole-Brain Criteria*, hrsg. von R. M. Zaner, Dordrecht 1988). Die Affinität der Hirntodtheorie zur Teilhirntodtheorie konstatiert R. Beckmann, »Ist der hirntote Mensch eine ›Leiche‹?« (in: *Zeitschrift für Rechtspolitik* 29, 1996). Seine Einschätzung belegen die Beiträge von G. Haeffner (vgl. S. 76), U. H. J. Körtner (»Der sogenannte Ganztod«, in: *Lutherische Monatshefte* 34/3, 1995; *Bedenken, daß wir sterben müssen*, München 1996) und J. F. Spittler (Gesundheitsausschuß, Protokoll der 64. Sitzung, vgl. S. 44; Ausschußdrucksache 589/13; »Der Hirntod ist der Tod des Menschen«, in: *Universitas* 50, 1995; *Sterbeprozeß und Todeszeitpunkt*, vgl. S. 76).

Von L. Wittgenstein habe ich herangezogen: *Philosophische Untersuchungen* (Werkausgabe, Bd. 1, Frankfurt am Main [10]1995) – dazu P. M. S. Hacker (vgl. S. 76); *Bemerkungen über die Philosophie der Psychologie* (Werkausgabe, Bd. 7, Frankfurt am Main [6]1994).

Fragen der Transplantationsmedizin erörtern: P. Foot (»Moral, Handlung und Ergebnis«, vgl. S. 132); W. Kluxen, »Ersatzteillager Mensch?« (in: *Die politische Meinung* 40/312, 1995); D. P. T. Price »Organ Transplant Initiatives: The Twilight Zone« (in: *Journal of Medical Ethics* 23, 1997); U. Baureithel/A. Bergmann (vgl. S. 76); E. Wellendorf, »Der Zweck heiligt die Mittel?« (in: *Wann ist der Mensch tot?*, vgl. S. 44); dies., »Seelische Aspekte der Organtransplantation« (in: *Sterben auf Bestellung*, vgl. S. 76); R. Greinert/G. Wuttke (Hrsg.): *Organspende: Kritische Ansichten zur Transplantationsmedizin* (Göttingen 1993). Die *President's Commission for the Study of Ethical Problems in Medicine* (...) hat den *Uniform Determination of Death Act* in *Defining Death* (Washington 1981) entwickelt. Die *non-heart-beating donation* diskutieren: D. A. Shewmon, »Recovery ...« (vgl. S. 76); ders., »Doctor replies on ethics of transplantation« (in: *The Catholic World Report*, Mai 1998); R. M. Arnold u.a. (Hrsg.), *Procuring Organs for Transplant* (Baltimore, London 1995).

6   Ein menschlicher Tod

Die Zurückweisung von Begründungen für die Hirntodtheorie im vorigen Kapitel stützt die These meines Buches: Der Hirntote lebt. Zur Verteidigung dieser Behauptung mag jedoch das Aufzeigen von Fehlern in den Folgerungen der Hirntodtheoretiker nicht ausreichen. Ein alternativer Ansatz oder zumindest eine angemessene Verteidigung des klassischen Todesbegriffs und seiner Implikationen steht noch aus. Im folgenden werde ich zu den Versuchen der Hirntodtheorie, Leben über den Organismus-bzw. Integrationsbegriff zu definieren, Stellung nehmen und die *Rolle vor-begrifflicher Reaktionen auf Lebewesen* (speziell auch auf Menschen) für eine Erläuterung des Lebensbegriffs verdeutlichen. Zugleich greife ich die Überlegungen zum Begriffsverstehen aus Kapitel 2 wieder auf, um die *Verknüpfung der Verwendung des Wortes »Tod« mit bestimmten Verhaltensregeln*, insbesondere mit dem Tötungsverbot, zu beleuchten.

Die von der Hirntodtheorie und weiten Teilen der bioethischen Diskussion eingeforderte »Rationalisierung« der Hirntoddebatte trennt den Lebens- bzw. Todesbegriff von seinen natürlichen Wurzeln. Damit werden Tür und Tor für *bioethische Personismen* geöffnet, deren Überzeugungskraft die Bundestagsdebatte dokumentiert. Gegen diese Ansätze, die die moralische Relevanz der Zugehörigkeit zur Spezies *homo sapiens* leugnen, verteidige ich am Ende dieses Kapitels (ab S. 189) die Menschlichkeit der Moral.

6.1   Die Definition des Lebens

Der Tod ist das Ende des Lebens. Jede Analyse des Todesbegriffs wird sich daher mit der *Definition des Lebens* auseinandersetzen müssen. Zur Hirntodtheorie gehört ein exemplarischer Versuch, Leben durch die Angabe bestimmter *Merkmale* zu definieren.

Die offizielle Begründung der Hirntodtheorie durch die Bundesärztekammer sieht im Hirntod den Verlust von »Autonomie«, »Spontaneität als Organismus«, »Steuerung durch den Organismus«, »Anpassung und Abgrenzung als Ganzes« und »Integration«. Leben wird insbesondere unter Bezugnahme auf den *Begriff der Integration* bzw. den *Organismusbegriff* verstanden.

Bereits in Kapitel 2 habe ich erste Bedenken formuliert, ob am Leitfaden einer solchen Begrifflichkeit eine Umsetzung des Drei-

Ebenen-Modells gelingen und die besondere Kompetenz der Philosophie in der Auseinandersetzung um den Hirntod gewahrt werden kann. In diesem Abschnitt zeige ich, daß der Ansatz beim Organismus- bzw. Integrationsbegriff verfehlt ist. Jeder Versuch, Leben durch abstrakte »Lebensmerkmale« zu bestimmen, ist zum Scheitern verurteilt.

Merkmale des Lebendigen?

»Integration« soll die Leistung eines Lebewesens heißen, die ihn zu einem »Organismus« macht – ich erinnere an die tautologischen Formulierungen »Organismus in seiner funktionellen Ganzheit« oder »Organismus als ganzer«. In die gleiche Richtung zielen Kennzeichnungen des Lebendigen durch »hohe Komplexität«, »Individualisierung« (d.i. Abgrenzung von der Umwelt), oder »Homöostase« (so erläutert die Brockhaus-Enzyklopädie von 1998 den »Schlüsselbegriff« Leben). *Listen von Lebensmerkmalen*, die sich solcher Einträge (oft nur in Einzelheiten voneinander abweichend) bedienen, enthalten also ziemlich allgemeine Kennzeichnungen des Lebendigen. Sie arbeiten nicht mit *anschaulichen* Begriffen, auch nicht mit *Fachausdrücken*, die wir aus Biologie oder Medizin kennen; es finden sich z.B. nicht Einträge wie »Bewegung«, »Körperwärme«, »Hautfarbe« oder »Hirnstammfunktion«, »Kreislauf und Atmung«, »Aufbau aus Zellen« oder »DNS«.

Die Suche nach einer Definition von »Leben« gibt sich offensichtlich nicht mit *Symptomen des Lebens* bzw. empirischen Korrelaten der Verwendung der Wörter »Leben« und »Tod« zufrieden. Die Tatsache der Allgemeinheit und (noch zu belegenden) Unbestimmtheit auf der Ebene der Definition von »Leben« – physiologische Konkretionen erwartet man erst auf der kriteriellen Ebene (vgl. S. 63) – läßt m.E. verschiedene Deutungen zu:

1. Sie könnte Ausdruck des *Bemühens um ein naturwissenschaftlich-medizinisches Definitionsmonopol in Sachen Tod* sein. In der Auseinandersetzung um die Hirntodtheorie befleißigen sich ja viele Beiträger, medizinisch-naturwissenschaftliche Autorität für die These vom »Hirn-Tod« geltend zu machen. Nichtmedizinischen (philosophischen, juristischen und theologischen) Disputanten wird zwar die Formulierung von Lebensmerkmalen zugestanden; man erwartet aber eine möglichst allgemeine (und vielleicht diffuse) Begriffsbestimmung. Der so »analysierte« Lebensbegriff könnte dann kein tauglicher *Maßstab* sein, nach dem sich die Hirntodtheorie als richtig oder falsch erweisen würde.

Die entscheidende Festlegung des Todes würde sich also nicht auf der Definitions-Ebene, sondern in den medizinischen Wissenschaften vollziehen. Absehbare Kontroversen bei einer nichtmedizinischen Begriffsklärung, die auf die Konkretion verzichten müßte, wären dann zusätzliches Argument für die Übertragung der entscheidenden Kompetenz z.b. an die Bundesärztekammer (so geschehen im Transplantationsgesetz).

2. In der Tat ist die Klärung eines Begriffs keine empirische Aufgabe. Grundsätzlich heißt das natürlich nicht, die Definition dürfe selbst keine empirischen Größen einschließen. Nun nimmt aber der Lebensbegriff eine so *grundlegende und zentrale Rolle in unserem »Begriffshaushalt«* ein, daß jeder empirische Beitrag zur Begriffsklärung in Verdacht gerät, einen weniger allgemeinen und flexiblen Lebensbegriff zu konstruieren als den uns geläufigen. Die Nennung einer bestimmten Ausstattung (z.B. »Lebewesen haben Zellen«) machte die Definition angreifbar. Wir können uns *neue Lebensformen* auf unserem oder anderen Planeten vorstellen, die das jeweils genannte Spezifikum entbehren, die wir aber dennoch als Lebewesen identifizieren würden.

In meinem zweiten Punkt ist angedeutet, daß wir von bestimmten empirischen Konkretionen keinen Beitrag zur Analyse unseres Lebensbegriffs erwarten dürfen. Eine Definition des Lebens soll mehr leisten als eine Reformulierung des Lebensbegriffs unter Rückgriff auf Symptome des Lebendigen. Konkrete physikalisch-chemische oder biologische Größen helfen uns nicht bei der Suche nach Lebensmerkmalen. Wie steht es aber um allgemeine Kennzeichnungen des Lebendigen durch Begriffe wie »Organisation« oder »Integration«?

Verhängnisvolle Allgemeinheit

Die Lebensdefinitionen der Hirntodtheorie verwenden an herausragender Stelle den Begriff der Integration: Leben sei ein »Integrationsphänomen« und der Funktionsverlust des »Integrationsorgans« Gehirn bedeute den Tod des Menschen.

Verstehen wir die angebotene Analyse von »Leben«? Ist Integration also ein tauglicher Maßstab, das Lebendige vom Unbelebten, den Lebenden von der Leiche zu unterscheiden? Und wie ist näherhin der Integrationsbegriff zu fassen?

Michael Quantes Erläuterung von »Integration« exemplifiziert den angestrebten Grad von Allgemeinheit und zugleich das drohende Risiko der Zirkularität des Bemühens um eine Definition von »Leben«. Unter »Integration« versteht Quante »die Herstellung eines Ganzen als einer Einheit aus Teilen ... Von einer Integrationsleistung (kann) dann gesprochen werden ..., wenn die Teile eines Ganzen so aufeinander reagieren, daß man das Ganze (den Organismus) erfolgreich als sich selbst steuernd und integrierend beschreiben kann« (S. 176). Quante vermutet, daß eine naturwissenschaftliche Übersetzung des Integrationsbegriffs nicht alle Aspekte erfassen könne, die dieser Begriff in unserem lebensweltlichen Sprachspiel erfüllt. Die Warnung vor naturwissenschaftlicher Okkupation des Integrations- und damit des Lebensbegriffs unterschreibe ich, halte aber den skizzierten Integrationsbegriff für ungeeignet bei der Definition des Lebens.

Ein abstrakter Begriff von Integration – Quante spricht von dem Aufeinander-bezogen-Sein von Teilen – läßt kaum einen Maßstab für ein Mehr oder Weniger an Organisation, für die Herstellung oder den Verlust von Integration erkennen. Warum sollten die Teile eines Lebewesens (bei Mensch und Tier sprechen wir von »Organen«) »höher« organisiert sein als die Teile eines Autos, die Moleküle eines Kristalls oder die Regeln des Schachspiels?

Nun gibt Quante aber einen weiteren Hinweis: Das lebendige Ganze soll erfolgreich als *»sich selbst* steuernd und integrierend« beschrieben werden können. Läßt man das zirkuläre »und integrierend« unberücksichtigt, bleibt die Einsicht in eine besondere, durch den *reflexiven Ausdruck* angezeigte Form der Organisation oder Integration von Lebewesen. Sagt uns der reflexive Zusatz aber mehr, als daß es sich bei dem gesuchten Integrationsbegriff um denjenigen handelt, den wir nur auf Lebewesen anzuwenden bereit sind? *»Selbststeuerung«* könnte also ebenso gut durch eine Begriff der vitalen oder biologischen Steuerung ersetzt werden, der die Zirkularität der vermeintlichen Definition offenkundig machte. Denn das Präfix »Selbst-« fungiert zwar als Index einer besonderen Art von Steuerung beim Lebendigen, qualifiziert die Besonderheit der »Selbststeuerung« aber nicht ihrem Inhalt nach. D.h. die Rede von der Selbststeuerung bietet uns keine Anhaltspunkte einer tragfähigen Unterscheidung der Steuerungsleistung z. B. eines Thermostats und der Selbststeuerung eines Einzellers. Bei der Klärung der Differenz von organischer und anorganischer Steuerung ertappen wir uns dabei, daß wir immer schon einen Begriff des Lebewesens voraussetzen.

Wir greifen dann auf einen *Begriff »vitaler Organisation«* zurück, der wohl eine besondere Form der Organisation der Teile eines Lebewesens (die dann »Zellen« und »Organe« heißen) anzeigt, aber die Besonderheit dieses Zusammenspiels nicht ausbuchstabiert. Die Vorstellung dieses besonderen Typs von Or-

172

ganisation ist schlichtweg identisch mit der Vorstellung des Lebens selbst. Die vermeintliche Erläuterung des Lebensbegriffs: »zu leben heißt, organisiert zu sein«, müssen wir umformulieren, so daß die *Zirkularität* des Organismus-Begriffs offenkundig wird: »zu leben heißt, *wie ein Lebewesen* organisiert zu sein«. Der Begriff vitaler Organisation kann daher zur Definition des Lebens nichts beitragen; er setzt ein Verständnis von »Leben« bereits voraus.

Sowohl Integrations- als auch Organismus-Begriff erweisen sich als untauglich für eine Definition des Lebens. Michael Thompson, dessen Argumentation ich beim Aufweis der Zirkularität in Vorschlägen zur Lebensdefiniton gefolgt bin, führt vor, daß selbst solch vertraute Lebensmerkmale wie Ernährung, Fortpflanzung und Selbstbewegung den Lebensbegriff bereits implizieren und daher keinen entscheidenden Beitrag zur Begriffsklärung leisten können. Der Versuch, Lebewesen durch die Angabe charakteristischer Merkmale von Unbelebtem zu unterscheiden, schlägt also fehl. Der Rückgang auf abstrakte Kategorien (»Organisation«) entscheidet nichts, der auf »vitale Kategorien« (z.B. »biologische Organisation« oder »vitale Integration«) ist zirkulär.

Bio-Logie

Warum widersetzt sich der Lebensbegriff dem definitorischen Zugriff, bzw. warum endet das Definitionsbemühen in einem unentwirrbaren Netz von »vitalen Kategorien«? Thompsons These lautet: Eine Definition des Lebens scheitert, da wir uns beim gedanklichen und sprachlichen Umgang mit Lebendigem einer eigenen Logik oder Grammatik, d.h. einer *besonderen Form von Gedanken und Aussagen über Lebewesen*, bedienen. Wir verwenden eine ausgezeichnete Verknüpfung von Subjekt und Prädikat, wenn wir über Lebewesen sprechen. Jeder Versuch, diese besondere Rede (z.B. durch eine Definition von »Leben«) auf Aussagen einer anderen logischen Form hin aufzulösen, mißlingt.

Thompsons entfaltetes Argument und seine Ansätze, unsere Logik des Lebendigen aufzuhellen, stelle ich nicht detailliert vor. Hier genügen die Hinweise, daß der Lebensbegriff in ein besonderes »Sprachspiel« eingebettet ist, dessen Durchdringung in definitorischer Absicht nicht gelingen kann.

Wie ist aber dem Geflecht »lebensspezifischer« Aussagen beizukommen, wenn es um die Bestimmung des Todeszeitpunktes geht? Wir sind ja keineswegs hilflos, wenn wir entscheiden sollen, ob dieses Tier oder dieser Mensch noch lebt oder bereits gestorben ist. Während Thompson nach der besonderen Gestalt oder *Grammatik unserer Rede vom Lebendigen* fragt (»Wie reden wir vom Lebendigen?«), frage ich, an welchen Aspekten menschlichen Verhaltens die Verwendung von »Leben«, »Lebendigsein«, »lebender Mensch« bzw. »Tod« oder »Leiche« angreift. Welche Phänomene und Verhaltensweisen sind es, in die unsere Rede vom Lebendigen eingebettet ist? In welchen Kontexten erhalten unsere Worte »Leben« und »Tod« ihren Sinn?

Meine Untersuchung richtet sich auf den Ort, den der Lebensbegriff in übereinstimmenden Reaktionen und fraglosem Handeln einnimmt. Die Rede vom Lebendigen, zu der auch meine argumentative Verteidigung der Lebendigkeit des Hirntoten gehört, begreife ich dabei als Ausbau »primitiven«, weil vorbegrifflichen Verhaltens (Wittgenstein).

6.2   Die Einstellung zum Hirntoten

Der Versuch, die Frage nach dem Leben des Hirntoten über eine Definition des Lebens zu entscheiden, scheitert. Die Angabe von Definitionsmerkmalen des Lebens bleibt unauflöslich auf einen vorgängigen Begriff des Lebendigen bezogen. Die in der Begründung der Hirntodtheorie entscheidende Begrifflichkeit von »Organismus als ganzer« bzw. »Integration« trägt daher zur Analyse des zugrundeliegenden Lebensbegriffs nichts bei. Nun gibt es aber neben der Definition andere Möglichkeiten, einen Begriff zu analysieren. Ich folge der Methode Wittgensteins, zur Klärung eines Begriffs *das Funktionieren entsprechender Ausdrücke in unserem sprachlichen und nicht-sprachlichen Verhalten* zu untersuchen. Eine solche Verortung des Lebensbegriffs, die Aufdeckung seines »Sitzes im Leben«, wird zeigen, daß wir Ausdrücke wie »lebendig« und »tot«, »Patient« und »Leiche« so verwenden, daß kein Zweifel daran besteht, daß der Hirntote lebt. Erst die Hirntodtheorie trägt Unsicherheiten in den Umgang mit Hirntoten und das Sprechen von ihnen ein (vgl. S. 52-60); der totale Hirninfarkt selbst hätte keine Revision des traditionellen Todesbegriffs und seiner Kriterien einleiten müssen.

Meine Analyse des Lebensbegriffs setzt bei der Einsicht Wittgensteins ein, daß Sprache »Ausbau des primitiven Benehmens« ist. Unsere Verwendung der Wörter »lebendig« und »tot« gründet auf Einstellungen zu anderen Lebewesen bzw. auf übereinstimmenden spontanen Reaktionen auf Lebendiges überhaupt und auf lebende Menschen im besonderen. Wittgenstein spricht auch von »natürlichen instinktiven Arten des Verhaltens zu den anderen Menschen«, die jeder Reflexion vorausgehen. Die Bedeutung solch *primitiver, d.h. vorsprachlicher und vorreflexiver Reaktionen* und unwillkürlicher Impulse für den Lebens- bzw. Todesbegriff hat Wittgenstein in den *Philosophischen Untersuchungen* angesprochen (vgl. S. 144): »Unsre Einstellung zum Lebenden ist nicht die zum Toten. Alle unsre Reaktionen sind verschieden« (I, § 284).

Ich werde Wittgensteins Begriff der Einstellung erläutern und illustrieren, daß unsere Reaktionen auf den Hirntoten gegen die Hirntodtheorie sprechen. Ignoriert man diese oft als »emotional« disqualifizierten Hindernisse für die Hirntodtheorie, wird der Todesbegriff aus seiner *Verwurzelung in unserem Erleben und Verhalten* gelöst. Die dann gewonnene neue Verfügbarkeit des Wortes »Tod« impliziert einen neuen Todesbegriff, dessen *Anwendungsbedingungen und Konsequenzen* von unserem Wort »Tod« abweichen. Ein solcher Todesbegriff hat weitreichende Folgen für die Moral (vgl. S. 183-188).

Eine Einstellung zur Seele

In den *Philosophischen Untersuchungen* spricht Wittgenstein im Zusammenhang der Frage: »Woher weiß ich, daß der andere ein Mensch und nicht bloß ein Automat ist?«, von einer »Einstellung zur Seele«. Wittgenstein fragt: »*Glaube* ich ..., daß er [der andere] kein Automat ist?«, und fährt fort: »Denke, ich sage von einem Freunde: ›Er ist kein Automat.‹ – Was wird hier mitgeteilt, und für wen wäre es eine Mitteilung? Für einen *Menschen*, der den Andern unter gewöhnlichen Umständen trifft? Was *könnte* es ihm mitteilen! (Doch höchstens, daß dieser sich immer wie ein Mensch, nicht manchmal wie eine Maschine benimmt.) ›Ich glaube, daß er kein Automat ist‹ hat, so ohne weiteres, noch gar keinen Sinn. Meine Einstellung zu ihm ist eine Einstellung zur Seele. Ich habe nicht die *Meinung,* daß er eine Seele hat« (*Philosophische Untersuchungen* II, iv).

Die Verwendung des Wortes »Seele« in der zitierten Passage mag dem einen oder anderen suspekt sein. Mir liegt im gegenwärtigen Kontext nicht viel an einem bestimmten Wort. Ich bin statt dessen an dem Gedanken interessiert, daß unser »Wissen« um die Beseeltheit (für meine Zwecke verstehe ich darunter mehr »Lebendigkeit« als »bewußtes Leben«) eine *Einstellung* ist.

175

Peter Winch macht darauf aufmerksam, daß unterschiedlichste Auffassungen zu unserem »Wissen« von der Lebendigkeit (bzw. Psyche) des anderen annehmen, daß es eine Sache der *Ansicht oder Überzeugung* – das Ergebnis eines Urteils also – sei, einen anderen Menschen als bewußtes Wesen mit Gedanken, Gefühlen, Emotionen, Hoffnungen, Absichten usw. zu betrachten. So denken z.B. Vertreter des Behaviorismus, es sei das Ergebnis einer *auf Verhaltensbeobachtung gegründeten Theorie,* einen anderen nicht als Automaten, sondern als Menschen zu sehen. Und auch eine dualistische Position führt die Realität der Seele aufgrund einer *Theorie über das menschliche Wesen* ein.

Wittgenstein hingegen betont, daß es nicht eine Sache der Überzeugung, sondern der *Einstellung* ist, einen anderen Menschen als »beseeltes« Wesen im Unterschied zu einem Automaten zu sehen. Den anderen nicht als Roboter zu sehen, ist ein vor jeder Theorie liegender Bestandteil der »Naturgeschichte« von Menschen: Wir behandeln einander anders als Lebloses und andere Lebensformen; wir reagieren aufeinander anders als auf Steine, Automaten oder Tiere. Unter der menschlichen *»Naturgeschichte«* versteht Wittgenstein das »ganze Gewimmel der menschlichen Handlungen«, das als »der Hintergrund, worauf wir jede Handlung sehen, ... unser Urteil, unsere Begriffe und Reaktionen« bestimmt (*Zettel,* § 567).

Simone Weil hat solche primitiven, vorreflexiven Einstellungen zu anderen Menschen beschrieben: »Die menschlichen Wesen um uns haben durch ihre bloße Gegenwart ein Vermögen, das nur ihnen angehört, jede Bewegung, zu der unser Körper sich anschickt, zum Stillstand zu bringen oder abzuändern. Eine Person, die unseren Weg kreuzt, verändert die Richtung unserer Schritte nicht auf die gleiche Weise wie ein Straßenschild; man erhebt sich, man geht, man setzt sich in seinem Zimmer nicht in der gleichen Art, wenn man allein ist oder wenn man Besuch hat« (S. 8).

Einstellungen wie die geschilderten Reaktions- und Verhaltensweisen aufgrund des besonderen »Vermögens« anderer Menschen sind nicht selbstgemacht oder konstruiert. Man entscheidet sich nicht, eine Einstellung zur Seele einzunehmen, sondern findet sich in solch einer Disposition vor. Winch veranschaulicht das Gemeinte durch die Parallele des »falling in love«: Verliebtheit ist *nicht Resultat einer Überlegung oder einer bewußten Entscheidung*; die anfängliche Sympathie geht jeder bewußten Gestaltung einer Beziehung voraus.

Nun wird man geltend machen, daß Einstellungen Irrtum nicht ausschließen. Wir kennen doch Automaten und Puppen, die wir im ersten Moment für Menschen halten. Und jetzt soll gerade *der* »erste Eindruck« gegen die Hirntodtheorie geltend gemacht werden, der die Faszination von Madame Tussaud's ausmacht?

Natürlich können Einstellungen täuschen. Der *Scheintod* ist das im Zusammenhang des Hirntodes immer wieder angeführte Beispiel: So wie wir auf den Scheintoten falsch reagierten, gaukle uns unsere natürliche, weithin geteilte Reaktion auf den Hirntoten einen Lebenden vor. Es handle sich jedoch eigentlich um bloßes »Scheinleben«.

In der Tat kennen wir *Korrektur, Kritik und Rechtfertigung von Einstellungen*. Solche Revision einzelner spontaner Eindrücke ist allerdings nicht unabhängig von einem Ensemble anderer, nicht gleichzeitig in ihrer Gesamtheit zu bezweifelnder Einstellungen möglich. Als »instinktive« Bestandteile der menschlichen »Naturgeschichte« ermöglichen Einstellungen ja allererst Urteile z.B. über die Lebendigkeit oder »Beseeltheit« eines Menschen und deren Verteidigung: »Der Instinkt ist das Erste, das Raisonnement das zweite. Gründe gibt es erst in einem Sprachspiel« (Wittgenstein, *Bemerkungen* II, § 689).

Die menschliche Praxis der Begründung (von Behauptungen und Handlungen) ist nicht ohne Sprache denkbar. Und sprachliches Verhalten ist Fortführung, Gestaltung, mitunter Ersetzung und Verdrängung (Wittgensteins Terminus ist »Ausbau«) vorsprachlichen Verhaltens. So treten beim Menschen *Gründe* an die Stelle, die beim pflanzlichen oder tierischen Organismus der Reiz ausfüllt; Gründe sind *zivilisierte Auslöser*. Die Zivilisierung löst sich (als »zweite Natur«, wie die Tradition sagt) allerdings nicht gänzlich von der zivilisierten (»ersten«) Natur. Die Theoriebildung – und damit die Formulierung von Kriterien, die es uns erlauben, den Automaten als unbelebt, den Scheintoten dagegen als lebendig einzuordnen – ist sekundär und bleibt auf das Material vorreflexiver Reaktionen bezogen, aus dem unsere Begriffe der menschlichen Person und ihrer Lebendigkeit geformt sind. Die Kultivierung von Einstellungen in einer sprachlichen Praxis des Begründens und der Kritik würde von vornherein ausgeschlossen, wenn man die Theorie prinzipiell dem »Instinkt« vorordnete.

Die *Parallele von Scheintod und Scheinleben* im Interesse der Durchsetzung der Hirntodtheorie überzeugt nicht. Den Scheintoten bewahrt die genaue Anwendung der Todeskriterien, die auf der Grundlage des in Einstellungen wurzelnden Todesbegriffs formuliert sind, vor Begräbnis und anderen Formen des Todesverhaltens. Eine noch so präzise *Anwendung der herkömmlichen*

Todeskriterien jedoch kann dem vermeintlichen Tod des Hirntoten nicht auf die Spur kommen, kein Scheinleben entlarven. Denn nach ebendiesen Kriterien ist er ja lebendig. Und andere Kriterien (wie die der Hirntodtheorie) werden weder dem Phänomen des totalen Hirninfarkts noch der Moral gerecht. Das zeige ich in den nächsten Abschnitten.

Der Hirntote lebt

Die Frage nach der Lebendigkeit des Hirntoten begreife ich als entscheidbar im Blick auf jeder Todestheorie vorausliegende, primitive Reaktionen: unsere *Einstellungen zum Hirntoten*. Martyn Evans betont, daß sich unsere Einstellung zum Hirntoten, der warm, rosig, durchblutet ist, grundsätzlich von der Einstellung zu einer Leiche, die kalt, grau und pulslos ist, unterscheidet. Auf den einen reagieren wir wie auf einen Lebenden, auf den leblosen Körper hingegen wie auf einen Toten.

Wer den Hirntoten als »Leiche« bezeichnet, verläßt die *gemeinsame Basis unserer Urteile über Leben und Tod*. Er bestreitet die Bedeutsamkeit der Tatsache, daß beim Hirntoten alle unsre Reaktionen sich nicht von denen gegenüber anderen lebenden Menschen unterscheiden. Dabei bestreite ich nicht, daß sich spontane Reaktionen auf einen Kranken oder Sterbenden von denen auf einen Gesunden unterscheiden; aber auch die spezifischen Einstellungen z.B. zum Bewußtlosen sind gerade Einstellungen zum lebendigen Menschen, nicht zur Leiche.

Zu den Reaktionen auf den Hirntoten, die wir teilen, zählen Mitleid (bezeugt schon von Mollaret, vgl. S. 101), spontane Zuwendung, Trauer, vielleicht auch die Unsicherheit und das Gefühl der Hilflosigkeit angesichts seiner schweren Beeinträchtigung. Wie bei anderen Bewußtlosen ist es uns ganz natürlich, *den Patienten anzusprechen*; der Hirninfarkt steht unserer Tendenz, mit dem Totgesagten zu kommunizieren nicht im Wege. Die *Behutsamkeit im körperlichen Umgang* mit dem Hirntoten, von der Krankenschwestern und –pfleger berichten, ist von der Scheu, mit der wir Leichen behandeln, unterschieden. In einer Leichenhalle werden wir z.B. kein Lied anstimmen. Die Einstellung zum Hirninfarkt-Patienten unterscheidet sich von der Ehrfurcht vor dem Leichnam auch durch *bestimmte Erwartungen*: Auf die Reflexbewegungen des Hirntoten sind wir gefaßt; die Wärme seines Körpers, ein Geräusch beim Atmen und weitere Lebensäußerungen sind uns vertraut. Irritationen stellen sich erst *nach* der Belehrung über den Hirntod ein. Auch die *Hemm-*

schwelle und entsprechendes *Unbehagen* bei der Hirntod-Diagnostik, wenn z.b. die Reaktion des Patienten auf Schmerzreize geprüft wird, sind Ausdruck von Einstellungen, in denen wir uns nur in der Gegenwart von Lebewesen befinden.

Eine Korrektur dieser Einstellungen ist nicht möglich, ohne die Emanzipation einer Todestheorie von übereinstimmenden Reaktionen. Eine solche Emanzipation beträfe dann aber nicht nur den Hirntoten, sondern auch andere Komatöse usw. Das 5. Kapitel hat gezeigt, daß man die Hirntodtheorie nicht als einen berechtigten Hinweis auf »Scheinleben«-Phänomene in bezug auf den überkommenen Todesbegriff verstehen kann. Das Totsagen von Menschen mit zerstörtem Gehirn tendiert zur Ausweitung der Für-tot-Erklärung auch auf andere Patientengruppen.

Von der Einstellung zur Leiche im Unterschied zur Einstellung zum Hirntoten berichtet der Krankenpfleger und Psychologe Roberto Rotondo: »Ein Zimmer zu betreten, in dem sich *eine Leiche* – mit sicheren Todeszeichen – befindet, ist meiner Ansicht nach für jeden, der dies nie erlebte, eine besondere Erfahrung. Auch die ständige Konfrontation mit Leichen läßt dieses Gespür nicht verschwinden. Die *Atmosphäre* im Raum, das Aussehen des Verstorbenen, die Blässe und das völlige *Fehlen von Lebensäußerungen*, Glanz- und Leblosigkeit der Augen und Erstarrung des Körpers machen den Tod sinnlich erfahrbar. Vor allem aber ist Ruhe eingekehrt.

Im Gegensatz dazu ist der Tod eines ›hirntoten‹ Patienten ›unanschaulich‹, sinnlich nicht erfahrbar. Sie liegen im Bett wie andere bewußtlose Patienten auch, werden beatmet und das Herz schlägt. Sie fühlen sich nicht wie Tote, wie Leichen an, und sehen einer Leiche in keiner Weise ähnlich. Im Gegensatz zu ›richtigen‹ Leichen, müssen ›Hirntote‹ gewaschen werden, auch Hautpflege, Zahnpflege, sowie Lagerung und ständige Kontrollen der Kreislaufstabilität und der Beatmungsparameter sind notwendig. Zum Entsetzen mancher Pflegekräfte kann es vorkommen, daß eine solche nur ›scheinbar‹ lebende Leiche eine Pflegekraft ›reflexartig‹ mit den Armen umschlingt oder anfängt, im Bett ›laufähnliche Bewegungen‹ (*Lazarus-Zeichen*) zu vollziehen. ›Hirntote‹ Männer können Erektionen haben, ›hirntote‹ Frauen schwanger sein« (S. 76, meine Hervorhebungen).

Rotondo berichtet, daß Intensivpflegekräfte Hirntote i.d.R. wie andere Patienten behandeln »mit demselben Respekt und mit der gleichen Sorgfalt«. Dazu gehört die Ansprache an den Hirntoten, von der Krankenpfleger und –schwestern berichten (nicht ohne sich für die »Unvernunft« zu tadeln, mit Toten zu reden – erste »Erfolge« der Hirntodtheorie!): »Gespräche mit Toten scheinen zwar makaber, aber einfach umzustellen fällt mir persönlich schwer«, sagt die Krankenschwester Doris Dietmann. Und der Pfleger Harald Petri schreibt: »Beim Absaugen ertappe ich mich dabei, wie ich mit der ja sicher toten Patientin rede, und ich ärgere mich etwas«.

Die Einstellung zum Hirntoten ist erst nach eingetretenem Kreislaufstillstand bzw. Organentnahme die zum Toten. Die Krankenschwester Monika Grosser beschreibt den Explantierten, wie sie ihn im Operationssaal wahrnimmt: »Jetzt ist er für mich tot. Er sieht aus wie ein Toter, er fühlt sich an wie ein Toter, und er riecht wie ein Toter. Es gibt nichts Zwitterhaftes mehr an ihm, nichts, das Zweifel aufkommen ließe«.

Überredung im Dienst der Organentnahme

Achtet man genau auf die Aussagen von Ärzten und Pflegenden, ist auch die Meinung auszuräumen, der Hirntote habe im Unterschied zu anderen Patienten der Intensivstation selbst »Zwitterhaftes« an sich und folglich müsse die Frage nach seinem Tod ohne den Rückgriff auf die sich widerstreitenden Einstellungen – selbstverständlich »rational« – entschieden werden. »Unser eingespieltes emotionales Orientierungssystem« versagt ja gar nicht angesichts der Konfrontation mit Hirntoten: »Man sträubt sich, einen solchen Menschen als ›tot‹ zu bezeichnen, der doch alle sichtbaren Zeichen von Leben zeigt« (Kurt Bayertz). Selbst, wenn man der Hirntodtheorie zustimmt, bedarf es gehöriger »Verstandes«-Leistung, um die Organentnahme bei der hirntoten »Leiche« zuzulassen: »Das Innerste sträubt (sich), ›so‹ mit einem toten Menschen umzugehen«, weiß die Krankenschwester Doris Möller.

Von der vermeintlichen Verstandesleistung, das Sich-Sträuben gegen die Hirntodtheorie zu überwinden, geben Krankenpfleger und Ärzte Auskunft. So z.B. André Korn, wenn er schreibt: »Ich (begann) rational zu denken und akzeptierte den Hirntod als eine neue Form des Sterbens«. Oder Monika Grosser: »Was ich sehe, ist sein lebender Körper. Das tote Gehirn sehe ich nicht. … Mein Verstand ruft mich zur Ordnung. ›Es ist bei hirntoten Patienten normal, dass der Körper lebt, aber das Gehirn tot ist …‹«. Vom unsichtbaren Tod, den erst der Verstand begreifen könne, spricht auch der Arzt Andreas Meier-Hellmann: »Bei einem ›Organspender‹ müssen wir den Tod dieses Menschen, zum Teil unter Zuhilfenahme aufwendiger diagnostischer Maßnahmen, mit unserem Verstand begreifen«.

Erst Überredung führt dazu, die unvertrauten und abschrek-kenden Züge der Hirntod-Konzeption zu akzeptieren. Martyn Evans macht auf die Möglichkeit aufmerksam, Einstellungen durch Überredung und Erziehung zu formen bzw. zu manipulieren. Er sieht im Zusammenhang mit Todestheorien, die den fortbestehenden spontanen Herzschlag ignorieren, einen Überredungsprozeß am Werk, der in Zukunft vielleicht »emotionale« Hindernisse der Hirntodtheorie erfolgreich ausräumen wird. Ein Beispiel »gelungener Bekehrung« zum neuen Tod ist folgender Bericht von Johann Spittler:

»Zu Anfang meiner Untersuchungen habe ich ein Kind mit sehr ausgedehnten spinalen Reflexbewegungen nicht für hirntot angesehen; ... ich habe meine innere Beunruhigung gegenüber dem Abgelaufensein des Hirntodes zunächst nicht abstreifen können. Erst nach zwei bis drei Jahren habe ich ein inneres Gefühl der Sicherheit erlebt und seither keinen Zweifel mehr an der Richtigkeit und Zuverlässigkeit des Hirntod-Konzeptes« (*Hirntod*, S. 315).

Der *Überredungsprozeß*, von dem viele annehmen möchten, es handle sich um Überzeugungsarbeit, Werbung für eine »gute Sache«, steht *im Dienste der Transplantationsmedizin*. Den, der angesichts seiner Einstellung zum Hirntoten glaubt, es sei besser, nicht nachzudenken, wird das Argument des Organverlustes überzeugen, »eine Form des Sterbens, die im Gesamten gesehen abstrakt bleibt, durch die aber todkranke Menschen eine neue Lebensqualität erhalten können« (André Korn), anzuerkennen.

Die von Hans-Walter Striebel und Jürgen Link in ihrem Buch *Ich pflege Tote* gesammelten Aufsätze zeigen, daß die *Hilfe durch Organverpflanzung* die Akzeptanz der Hirntodtheorie begünstigt. Krankenschwestern und -pfleger berichten dort von den Belastungen durch Organentnahme aus dem Hirninfarkt-Patienten und deren Bewältigung. Doris Möller z.B. schreibt: »Organentnahmen sind für mich eigentlich nur deshalb zu akzeptieren, weil am Ende doch etwas Positives steht, die Hilfe für einen anderen Menschen«. Und Brigitte Putz betont: »Trotz aller Belastungen durch Organentnahmen freuen wir uns mit den Organempfängern, wenn die Transplantation erfolgreich war. Wir freuen uns mit ihnen über ihr neues Leben«.

Die Versuchung, für einen neuen Tod einzutreten bzw. den neuen Tod nicht anzufechten, ist angesichts der Erfolge der Transplantationsmedizin verständlich (vgl. S. 23ff.). Darf aber die Aussicht, daß einem anderen Menschen geholfen wird, ein *Grund* sein, den Todesbegriff umzudeuten und den Hirntoten trotz widerspenstiger Reaktionen wie eine Leiche zu behandeln?

Fundamente der Vernunft

Die Hirntodtheorie hat sich trotz unserer Einstellungen zum Hirntoten durchgesetzt. Hans Jonas hat solche Einstellungen »unser irrationales Empfinden, tiefsitzende Sensibilitäten« genannt und sie so ungewollt entwertet. Sein Fehler ist die *Verwechslung von irrationalen und vor-rationalen Reaktionen und Gemütsbewegungen.* Wer die Fundamente menschlicher Rationalität nicht aufzugeben bereit ist, ist nicht unvernünftig oder außerordentlich (womöglich über-)sensibel.

Denn Einstellungen bzw. vorbegriffliche Reaktionsmuster spielen eine entscheidende Rolle bei der Bestimmung dessen, was überhaupt als vernünftig zählen kann – z.B. indem sie den Bereich der Phänomene abgrenzen, die als Gründe für die Zuschreibung von Lebendigkeit in unser Verstehen und Handeln eingehen. Einstellungen zu Lebewesen sind *vor-*, nicht *unvernünftig.* Unsere Vernunft (auch ihre Kreativität und Eigenständigkeit) wurzelt in *Tatsachen menschlichen Lebens* wie den geschilderten Wahrnehmungen und Impulsen bei der Begegnung mit dem lebenden Menschen. Wer angesichts des Komatösen auf seiner unverstellten Wahrnehmung eines lebendigen Körpers (auch gegen die Hirntodtheorie) beharrt, ist nicht übersensibel; vielleicht *fühlt* er (ohne es angemessen artikulieren zu können), daß die *Fundamente seiner Rationalität* auf dem Spiel stehen, wenn Patienten trotz Herzschlags für tot erklärt werden.

Dieter Birnbacher spricht vom »emotionalen Paradox« des Umgangs mit dem Hirntoten, der »gleichzeitig tot ist und unleugbar Lebenszeichen von sich gibt«. Doch »Eindrücke und spontane Reaktionen« seien eben keine geeignete Grundlage für Urteile darüber, ob ein Mensch tot ist oder lebt« (S. 67). Die »Zumutung dieses emotionalen Paradoxes ist«, meint Birnbacher, »der Preis, der für eine alles in allem unzweifelhaft segensreiche Transplantationspraxis bezahlt werden muß« (S. 74). Ich denke, die Hirntodtheorie mutet nicht bloß emotionale Verunsicherung zu. Der Preis für die Organverpflanzung ist höher: Das Totsagen des Hirninfarkt-Patienten bewertet Grundlagen der Verständigung über Leben und Tod neu und manipuliert so *Maßstäbe des Vernünftigen* im Interesse des Machbaren.

Die Verdinglichung des Hirntoten

Simone Weil hätte in der Hirntodtheorie wohl die Gewalt wiedererkannt, von der sie schreibt: »Sicher wird sie töten, oder vielleicht wird sie töten, oder aber sie schwebt über dem Wesen, das sie jeden Augenblick töten kann; in jedem Fall verwandelt sie den Menschen in Stein. Von der Macht, einen Menschen zu einer Sache zu machen, indem man ihm das Leben nimmt, leitet sich eine andere Macht ab, die noch weit wunderbarer ist: die, aus einem Menschen, der leben bleibt, eine Sache zu machen. Er ist lebendig, er hat eine Seele, und doch ist er eine Sache. Ein seltsames Wesen: eine Sache, die eine Seele hat; ein seltsamer Zustand für eine Seele« (*Ilias*, S. 116).

Die Hirntodtheorie kann sich nicht darauf berufen, daß der Begriff des Lebens beim Hirntoten nicht »angreifen« könne wie z.B. der Begriff des Schmerzes beim Stein (vgl. S. 144). Erst die Transplantationspraxis schafft Verhältnisse, die geeignet scheinen, aus dem Hirntoten zunächst ein »Zwitterwesen« (»Menschengemüse«), dann einen leblosen Gegenstand zu machen, dessen Gegenwart keinen anderen Einfluß auf den Rest der Lebenden hat als Unbelebtes. Simone Weil hat um die Gefährdung unsrer Einstellungen durch »die Gewalt« gewußt: »Dieser undefinierbare Einfluß der menschlichen Gegenwart geht nicht von Menschen aus, denen eine ungeduldige Bewegung das Leben rauben kann, ehe noch der Gedanke Zeit hatte, sie zum Tod zu verurteilen« (*Ilias*, S. 117).

6.3 Todesbegriff und Tötungsverbot

In den vorigen Abschnitten dieses Kapitels habe ich den Bezug des Todesbegriffs auf Einstellungen verteidigt, die uns den Menschen als Lebendigen vor Augen führen. Spontane Reaktionen wie das Mitleid, das Sprechen mit ihm, die pflegende Sorgfalt usw. vermitteln uns auch das »Wissen« um die Lebendigkeit des Hirninfarkt-Patienten. Eine Vielzahl der geschilderten und ähnlicher Einstellungen liegt am Grunde des sich einer Definition widersetzenden Lebensbegriffs.

Das Geflecht »vitaler Kategorien« (Michael Thompson), die Rede vom Lebendigen, wurzelt in spezifischen Einstellung zu Lebewesen überhaupt und zum lebenden Menschen im besonderen. Die Formulierung von Kriterien des Lebens- bzw. Todesbegriffs kultiviert die naturwüchsige Vertrautheit mit dem Leben des Menschen, ohne daß diese Rationalisierung den Bezug auf primitive »Intuitionen« überholte. Die Todeszeitbestimmung in Abhängigkeit von Kreislauf und Atmung begreife ich somit als *Ausbau unseres primitiven Todesbenehmens*. Wir kennen zudem keine Ausnahmen (der unwiderrufliche Ausfall der Gehirntätigkeit wird irrtümlich für eine solche gehalten), die eine Revision des traditionellen Standards der Todesbestimmung notwendig machten.

Begriffsverstehen – Umstände und Konsequenzen

Mit dem herkömmlichen Begriff des menschlichen Todes und seinen Kriterien sind Umstände (z.b. Pulslosigkeit und Atemstillstand) benannt, die es uns erlauben das Wort »Tod« zu verwenden. Über das in Kapitel 2 Gesagte hinaus skizziere ich hier eine Auffassung vom Verstehen eines Begriffs bzw. eine Bedeutungstheorie, die neben solchen Bedingungen der Begriffsverwendung auch die Rolle berücksichtigt, die ein Ausdruck in gültigen Folgerungen spielt. Ich folge damit den Ausführungen der Philosophen Michael Dummett und Robert Brandom.

Zum Begriffsverstehen gehört Dummett zufolge nicht nur 1. ein Wissen um die Umstände, die es erlauben, einen Begriff anzuwenden, d.h. *Bedingungen der Behauptbarkeit*, sondern auch 2. ein Wissen um die *Konsequenzen der Begriffsverwendung* – ein Wissen, worauf man sich mit der Verwendung eines sprachlichen Ausdrucks einläßt. Die Verwendung eines Begriffs legt den Sprecher darauf fest, eine Folgerung von den Gründen zu den Konsequenzen oder Implikationen der Anwendung des Ausdrucks zu unterschreiben (Brandom).

Die enge Verknüpfung von Umständen – oder Behauptbarkeitsbedingungen – und Konsequenzen der Begriffsverwendung läßt sich insbesondere an stark negativ besetzten, pejorativen Ausdrücken veranschaulichen. Zum Beispiel zählt zu den Anwendungsbedingungen des französischen Schimpfwortes »Boche« die Tatsache, daß der so Bezeichnete deutscher Nationalität ist (Umstand bzw. Grund der Begriffsverwendung): »Deutsche sind Boches«. Wer das Wort verwendet, spricht jedem Deutschen außerdem eine bestimmte Eigenschaft, hier: eine besondere Grobheit, zu (Konsequenz der Begriffsverwendung): »Deutsche sind grob (oder: barbarisch)«. Beide Aspekte gehen als Folgerungsmuster – »wenn deutsch, dann barbarisch« – in die Bedeutung von »Boche« ein.

Das zeigt sich, wenn wir den Begriff zurückweisen. Dann nämlich behaupten wir nicht, daß z.B. nicht alle Deutsche Boches sind. Denn mit der Verwendung von »Boche« lassen wir uns auf das in ihm beschlossene Folgerungsmuster – »wenn Deutscher, dann besonders grob« – ein. Unsere Behauptung

(»nicht alle Deutsche sind Boches«) ergäbe keinen Sinn, wenn wir den Ausdruck »Boche« durch die ihm entsprechende Folgerung (»wenn deutscher Nationalität, dann Barbar«) austauschen würden. In einen vergleichbaren Widerspruch führte die Aussage: »Boches sind nicht gröber als z.b. andere Europäer« (die außergewöhnliche Grobheit ist ja die Pointe des Schimpfwortes). Der Unsinn wird wiederum offenkundig, wenn wir die implizite Folgerung ausfalten: »Deutsche, also Barbaren, sind nicht barbarisch«. Wenn wir das Folgerungsmuster, die Verknüpfung von Nationalität und Vorwurf der Barbarei, zurückweisen wollen, müssen wir den entsprechenden Ausdruck von vornherein ablehnen: »Boche« gehört nicht zu unserem Sprachschatz. Wer dieses Wort (oder z.b. das Wort »Nigger«) verwendet, legt sich auf unhaltbare und noch dazu beleidigende Thesen über Menschen eines bestimmten Herkunftslandes (oder einer bestimmten Hautfarbe usw.) fest; er sollte den Ausdruck aus seinem Vokabular (und den entsprechenden Begriff aus seinem Denken) ersatzlos streichen.

Am Wort »Eigentum« läßt sich die Bedeutung der skizzierten Theorie des Begriffsverstehens für die Moral erläutern. Wir zählen zu den Umständen, die es erlauben vom Eigentum eines Menschen zu sprechen, daß er das in Frage stehende Gut rechtmäßig erworben hat. Das Wort »Eigentum« bedeutet also zunächst »rechtmäßig erworbenes Gut«. Und für den rechtmäßigen Besitz eines Gutes, z.B. eines Buches, haben wir *Kriterien*: den Kaufbeleg, einen Stempel im Buch oder die Aussage von Zeugen bzw. desjenigen, der das Buch verschenkt hat. Wer die Kriterien versteht, hat den – für mein Beispiel ohnehin vereinfachten – Begriff des Eigentums allerdings noch nicht hinreichend verstanden. Ihm würde die Aussage »Sieh auf den Stempel! Das Buch gehört der Bibliothek« noch keinen *Grund* angeben, das entliehene Buch nicht zu verschenken. Mit der Verwendung von »Eigentum« läßt man sich aber auf solche Konsequenzen ein. Wer weiß, daß er im Begriff ist, fremdes Eigentum zu verschenken, hat einen Grund, davon Abstand zu nehmen. Der Eigentumsbegriff führt das Folgerungsmuster »rechtmäßig erworben, also nur vom Besitzer bzw. mit dessen Zustimmung zu verschenken« mit sich. Der Ausdruck »Eigentum« ist selbst entbehrlich bzw. eine Abkürzung für diesen Übergang von bestimmten konventionellen Eigenschaften, also Kriterien (hier: der Stempel im Buch), zu Gründen, etwas zu tun bzw. nicht zu tun (hier: das Buch verschenken).

Würde der *Zusammenhang von Regeln der Wortverwendung und Regeln des Verhaltens* hinreichend häufig ohne Protest mißachtet, entstünde also die Praxis, daß man dem »Eigentümer« rechtmäßig »Erworbenes« wegnähme, ohne gestraft zu werden, so entstünde damit ein *neuer Begriff* von »Eigentum«. Der Gebrauch des Ausdrucks »Eigentum« implizierte nicht länger *eine Praxis der Nennung und Forderung von Gründen* im Zusammenhang mit Besitz, Verfügungsrecht und Diebstahl. Das Beispiel zeigt auch, daß die Veränderung eines Begriffs notwendigerweise Veränderungen der Bedeutung anderer Ausdrücke, mit denen der ursprüngliche Begriff in Folgerungsbeziehungen steht, zur Folge hat (hier z.b. »Schenken«, »Stehlen«, »Leihgabe«).

Die Aufgabe der Philosophie

Die Philosophie hat Brandom zufolge eine *expressive* oder *explizierende* Funktion. Begriffswissen ist ein in der richtigen Wortverwendung implizites Know-how, das die Philosophie im Interesse der Harmonisierung von in der sprachlichen Praxis beschlossen liegenden Ansprüchen und Behauptungen zum expliziten Knowing-that erhebt. In der Regel können wir einen Begriff wie den des Eigentums problemlos verwenden, ohne die Regeln seines Gebrauchs, nach denen wir uns wie selbstverständlich und fraglos richten, angeben zu können. Die Philosophie hilft uns, *Begriffe als* die *Normen* zu artikulieren, die festlegen, was als Grund für eine bestimmte Behauptung und was als deren Folge zählt.

Diese Explikation von Behauptbarkeitsbedingungen und Konsequenzen der Verwendung eines Ausdrucks ist insbesondere dann von Bedeutung, wenn in einem bestimmten Bereich unseres Sprechens und Handelns die »Harmonie« (Dummett) innerhalb der Folgerungen bzw. Folgerungsmuster, in denen ein bestimmter Begriff Bedeutung gewinnt, in Frage steht. Wie verhalten sich Umstände und Konsequenzen der Begriffsverwendung zueinander? Welche Übergänge sind erlaubt, welche verboten? Wie weit erstrecken sich die Implikationen eines bestimmten Begriffs in unserem (sprachlichen und nichtsprachlichen) Verhalten?

Die Hirntodtheorie verlangt z.B., den Lebensbegriff so zu konzipieren, daß die Aussagen »er bewegt sich, schwitzt und atmet« oder »er ist bewußtlos« nicht länger unter die Prämissen von »er lebt« gerechnet werden können. Damit verändert die Hirntodtheorie *Implikationen des Lebensbegriffs*; sie kann z.B. den entscheidenden Übergang von »sein Herz schlägt« zu »die Entnahme seines schlagenden Herzens ist Tötung« nicht mitvollziehen.

Die Philosophie ist bemüht, begriffliche Zusammenhänge transparent zu machen und so die Frage nach der Legitimität begrifflicher Veränderungen – wie der durch die Hirntodtheorie – zu ermöglichen.

Begriffsverstehen und Hirntodtheorie

Die Auseinandersetzung um den Hirntod hat zur *Infragestellung des Tötungsverbots* geführt (vgl. S. 20-43). Befürworter wie Gegner der Hirntodtheorie bemühen sich *im Interesse von Transplantationsmedizin und Euthanasie* um eine Revision des unbedingten Verbots der Fremd- wie Selbsttötung. Vertreter von Hirntodtheorien behaupten zumeist, keine Reform der Moral, sondern einen Beitrag zur Bedeutung des Todesbegriffs zu leisten. Hirntod-Kritiker dagegen beanspruchen, den herkömmlichen Todesbegriff zu verteidigen, dann aber unsere Moral am Lebensende zu modernisieren. Auf der gemeinsamen Grundlage – Steigerung des Organaufkommens – unterscheiden sich die jeweils gestellten Fragen: 1. Wer den Hirntod einführt, will bloß *Anthropologie* betreiben, nur die Frage »Wann ist der Mensch tot?« beantworten; das Tötungsverbot stehe »auf einem anderen Blatt«. 2. Die Möglichkeiten der Lebensverlängerung und -erleichterung durch Organverpflanzung verlangen mancher Hirntod-Kritik zufolge allein eine *ethische* Reflexion. Die Frage: »Dürfen wir in bestimmten Fällen einen Menschen absichtlich töten?«, verlange keine Neubesinnung auf den Todesbegriff. Beide Seiten nehmen an, man könne Todesbegriff und Tötungsverbot *unabhängig* voneinander thematisieren. Der gegenseitige Vorwurf lautet, die jeweils andere Seite verkenne die eigentliche Frage in der Hirntod-Debatte.

Meine These ist: Die genannte Alternative »Anthropologie *oder* Ethik von Hirntod bzw. Organverpflanzung« verkennt den Todesbegriff. *Wer versteht, was das Wort »Tod« bedeutet, dem ist das Tötungsverbot bewußt.* Regeln der Verwendung des Wortes »Tod« sind mit Regeln des Umgangs mit anderen Menschen, unter denen das Tötungsverbot einen prominenten Platz einnimmt, verknüpft. Zum Begriffs-Trio »Mensch – Leben – Tod« gehört: Die Tatsache, daß ein Wesen ein lebender Mensch ist, ist ein Grund, es nicht zu töten.

Selbst der Mörder weiß um die *normativen Bezüge* des Wortes »Tod«. Dazu gehört v.a. die tötungsverbietende Norm *im Zusammenhang menschlichen Lebens.* Das *handlungsleitende* Moment des Todesbegriffs zeigt sich daher auch in der Verwendung des Wortes »Mensch«: Wenn wir über eine Kultur sprechen, in der das Tötungsverbot nicht denselben Stellenwert hat wie bei uns, sagen wir z.B., die Spartaner hätten die Heloten nicht wie Menschen, sondern *wie Tiere behandelt*. Damit meinen wir, daß in Sparta für die Tötung eines Heloten ähnliche Gesichtspunkte gegolten hätten wie für die Tötung von Schlachtvieh – und nicht so etwas wie *Menschenrecht oder Menschenwürde*. Ein ähnlicher Beleg für die begriffliche *Verknüpfung von bestimmten Verhaltensweisen mit den Kriterien des Menschseins bzw. des menschlichen Lebens* ist die frühneuzeitliche Verhandlung der Frage, ob die Indios von Natur aus Sklaven seien. Im Streit gegen Ausbeutung, Mißhandlung und Tötung der mittelamerikanischen Ureinwohner muß Bartolomé de Las Casas die Behauptung zurückweisen, die Indianer hätten keine Vernunftseele, d.h. sie seien keine *Menschen*, sondern wilde Tiere. Das koloniale Unrecht wird offenkundig, wenn die Kolonial-Herren ihre Indio-Sklaven »Menschen« nennen. Denn zur richtigen Verwendung von »Mensch« gehört z.B. die Tatsache, daß jemand der zu unserer Art gehört, anders behandelt werden sollte als ein gefährliches Raubtier.

Die normativen Implikationen des Begriffs menschlichen Lebens sind von Bedeutung für die Einschätzung der Hirntod-Debatte. Der überkommene Todesbegriff wird sowohl von Hirntodtheoretikern als auch von einem bestimmten Lager der Hirntod-Kritik umgedeutet: 1. Die Hirntodtheorie verändert die *Umstände*, unter denen ein Mensch »tot« genannt wird, bzw. die Bedingungen der Anwendbarkeit der Ausdrücke »Tod«, »Leiche«, »Leben« usw. Es gilt z.B. nicht mehr, daß derjenige lebt, der atmet. 2. Die am Leitbegriff der Selbstbestimmung orientierte Hirntod-Kritik hält zwar die Umstände der Verwendung von »Tod« konstant, verändert aber die das Handeln betreffenden *Konsequenzen* der Aussage »der Hirntote lebt«. Obwohl der Hirntote lebe, könne die Entnahme des schlagenden Herzens, also Tötung durch Organentnahme, erlaubt sein.

Vor allem letztere Position verkennt, daß wir einige unserer Begriffe nur beherrschen, wenn wir ihre Rolle in Folgerungen (d.h. ihre Stellung in impliziten Folgerungsmustern der alltäglichen Begriffsverwendung) kennen. Die Konsequenzen einer verfehlten Bedeutungstheorie sind also keineswegs bloß sprachlicher Natur. *Die Verwendung des Todesbegriffs hat Implikationen, die das Handeln betreffen*. Das zeigt sich deutlich in der Rekonstruktion unseres Personbegriffs durch Teilhirntodtheorien und den bioethischen Personismus.

6.4 Menschlicher Tod

Nachdem geklärt ist, daß der Hirntote keine Leiche ist, fragen manche Moralphilosophen, ob denn der Tod des Lebewesens Mensch überhaupt moralisch relevant sei. Muß nicht unsere überkommene Moral der Einsicht weichen, daß nicht alle Menschen das Recht auf Leben genießen oder daß das Tötungsverbot nur manche Menschen mit bestimmten, nicht an unsere Spezies gebundenen Eigenschaften – sogenannte »Personen« – schützt?

Teilhirntodtheorie und Personenmoral

Das »konsequent zu Ende gedachte Hirntodkonzept« (Martin Kurthen und Detlef Linke), die Teilhirntodtheorie, gründet auf der Unterscheidung von »biologischem« und »personalem« menschlichem Leben. Tristram Engelhardt, der zusammen mit Robert Veatch zu den Pionieren des Teilhirntodes zählt, spricht von einer »kritischen Unterscheidung« von »Tod der Person« einerseits und »Tod des biologischen Organismus« andererseits. Allein der erste (Personen-)Tod sei moralisch relevant. Menschen sind einer solchen Ansicht zufolge nicht alle gleichermaßen moralisch zu berücksichtigen. Allein das Personsein, nicht schon das Menschsein, sei von Bedeutung für unser Handeln an und mit Artgenossen. Teilhirntodtheoretiker bestreiten die moralische Relevanz des biologischen Todes (Ende des Organismus); dieser Tod trete ohnehin nicht schon mit der Zerstörung des ganzen Gehirns ein. (Die Ganzhirntod-Kritik von Teilhirntodtheorien stimmt in vielen Punkten mit meiner Hirntodkritik überein, die Pointen der jeweiligen Kritik sind allerdings grundsätzlich verschieden.) Wo unsere Moral sich auf einen biologischen Todesbegriff stütze, müsse sie – wie in Transplantations- und Abtreibunspraxis bereits »erfolgreich« geschehen – einer vernünftigen Revision unterzogen werden.

Den allein moralisch relevanten »Personen«-Tod führen personistische Moraltheorien in bezug auf die Vernunftbegabung des Menschen ein. Robert Veatch erklärt: »Woran wir wirklich interessiert sind, ist … die Fähigkeit, bewußt zu sein, zu denken, zu fühlen und anderer Menschen gewahr zu sein.« Zweifellos spielt die Vernunftbegabung – oben war von der Beseelung des Menschen die Rede – eine außergewöhnlich bedeutsame Rolle im menschlichen Leben. Für Engelhardt, Veatch u.a. soll die menschliche Bewußtseins- und Erinnerungsfähigkeit aber nicht nur die ausgezeichnete Lebensform »Mensch« charakterisieren (wie wir sie am gesunden Erwachsenen ablesen), sondern darüber hinaus die Grenzen des Lebens bestimmen. Letztlich entscheide über den Tod der »Person« der irreversible *Bewußtseinsverlust*. Und der ist schon mit dem Ausfall bestimmter, nicht erst aller Gehirnteile feststellbar – i.d.R. wird die Großhirnrinde genannt (man spricht auch vom »neokortikalen Tod«). Daß uns bis auf weiteres Teilhirntote (und Hirntote) – Engelhardt nennt sie »biologisch lebendige Leichen« – wie Lebende erscheinen, sei ein Problem der öffentlichen Wahrnehmung und deren gezielter Veränderung. Wir hätten eben das Sehen neu zu lernen, denn: »Ob atmend oder nicht, eine Leiche bleibt eine Leiche« (Puccetti, S. 85). Bis sich der Lernerfolg einstelle, schiene es in der Tat »äußerst geschmacklos, spontan Atmende, aber unwiderruflich bewußtlose Patienten zu ›ersticken‹ oder zu ›beerdigen‹« (Bartlett/Youngner, S. 203).

Teilhirntodtheoretiker bestreiten jedoch, daß unsere auf Todesbenehmen bezogenen Intuitionen Grundlage einer Zurückweisung ihrer Todestheorie sein könnten. Es lasse sich kein schlüssiges Argument entwickeln, zu dessen Prämissen unsere mangelnde Bereitschaft, Teilhirntote als Leichen zu behandeln, zählen würde. Schon heute sprächen, so Veatch, nur ästhetische Gründe gegen die Beerdigung (ganz-)hirntoter Menschen:

»Ich würde eine Person, die aufgrund des Ganzhirntod-Konzepts für tot erklärt worden ist, nicht beerdigen wollen, wenn diese Person noch an einem Beatmungsgerät atmen und ihr Herz immer noch schlagen würde. Aus ästhetischen Gründen würde ich vor dem Begräbnis das Beatmungsgerät abkoppeln wollen und ihr Herz zum Erliegen kommen lassen« (S. 176).

Daß die Ablehnung eines Begräbnisses mehr als *ästhetisch* begründet sein könnte, erwägt Veatch gar nicht erst. Mit Martyn Evans bin ich der Meinung, daß die Weigerung, Implikationen der Toterklärung (die Möglichkeiten von Begräbnis, Organentnahme, Autopsie usw.) zu unterschreiben, die Unangemessenheit der Toterklärung offenkundig macht. Es geht nicht bloß um die Überwindung eines ästhetischen Problems – z.B. durch die Schulung der Wahrnehmung von atmenden Leichen.

Ein Vorurteil zugunsten der eigenen Art?

Die zentrale These einer personistischen Moral ist die von der *Belanglosigkeit des Menschseins für die Moral*. Viele Bioethiker gehen davon aus, daß es Menschen gibt, die keine »Personen«

sind. Ich spreche von »Personismus« bzw. »personistisch« oder setze »Person« in Anführungszeichen, um die Differenz eines solchen vom Menschsein prinzipiell ablösbaren Personbegriffs zum gängigen Personbegriff zu markieren, der es nicht zuläßt, von a-personalen lebenden Menschen zu sprechen. Den üblichen Personbegriff erläutere und verteidige ich im nächsten Abschnitt.

Hier rekonstruiere ich zunächst mit Cora Diamond das typische Argumentationsmuster von bioethischen Personismen: Menschsein wird verstanden als Besitz bestimmter Eigenschaften, die uns zu Mitgliedern einer bestimmten biologischen Spezies machen. Solche Eigenschaften seien moralisch belanglos. Wenn wir allerdings Menschsein unabhängig von einer biologischen Klassifikation unter Bezugnahme auf z.B. Vernunftbegabung und Selbstbewußtsein definierten, könnten diese Eigenschaften in der Tat moralisch relevant sein. Da die moralische Bedeutung solcher Eigenschaften allerdings unabhängig von der Spezies-Zugehörigkeit sei, solle man die Rede von »Menschen« durch die von »Personen« austauschen, um anzudeuten, daß nicht jeder Mensch, vielleicht aber auch manch anderes Lebewesen diese Eigenschaften besitze.

»Die Zugehörigkeit zu einer biologischen Spezies ist nicht, was jemandes Interessen moralisch bedeutsam macht«, sagt James Rachels. Die personistische Alternative lautet bei ihm: »Es sind individuelle Eigenschaften, und nicht die Artzugehörigkeit, die Wesen moralisch auszeichnen«. Auch Michael Tooley betont, daß die »Zugehörigkeit zu einer bestimmten biologischen Spezies ... nicht an sich moralisch bedeutsam« ist. Ihm zufolge sind es bestimmte *Fähigkeiten und Zustände des Individuums*, die dessen moralischen Status begründen. Für das Tötungsverbot heißt das: »Es ist falsch, irgendein Individuum zu töten, unabhängig davon, zu welcher Spezies es gehört, das bestimmte psychologische Fähigkeiten besitzt oder bestimmte psychologische Zustände hat«. Die Position von Tristram Engelhardt ist der von Rachels und Tooley nahe: »Was wichtig ist«, sagt er, »ist nicht unsere Zugehörigkeit zur Spezies *homo sapiens* als solche«.

Die Gegenposition nennen Bioethiker wie James Rachels, Michael Tooley oder Tristram Engelhardt pejorativ »Speziesismus«. Tim Chappell definiert Speziesismus als die Überzeugung, daß *Unterschiede der Art oder Spezies* hinreichende Gründe liefern, entscheidende Unterschiede moralischer Bedeutsamkeit anzuerkennen, die z.B. Unterschiede des Geschlechts, der Rasse, Intelligenz oder Schmerzempfindlichkeit nicht begründen.

Einer personistischen Moral erschlösse sich zwanglos ein am Ausfall »höherer« Gehirnfunktionen orientiertes Todesverständnis. Richard Zaner, Herausgeber eines Sammelbandes zur Verteidigung der Teilhirntodtheorie, betont: »Wenn ein Individuum in der Folge der Zerstörung höherer Gehirnfunktionen irreversibel komatös ist, ist die Grundlage für ein bewußtes und damit personales Leben in dieser Welt für immer verloren« (S. 6). Ob man das Ende der durch ihre Bewußtseinsfähigkeit bestimmten »Person« nun »Tod« nennt oder nicht – immer ist es, sagen viele Bioethiker, die Bedingung, unter der es angemessen sein soll, »Todesverhalten« (Veatch) zu initiieren – also Verhaltensweisen, die normalerweise den Tod eines Menschen voraussetzen. Veatch nennt z.B. Trauer, Testamentseröffnung oder den Abbruch medizinischer bzw. pflegerischer Maßnahmen, die auf jeden Fall bis zum Tod fortgeführt werden müssen (er meint z.B. die Überwachung von Kreislauf und Atmung eines Intensivpatienten); natürlich ist auch an die Organentnahme zu denken.

»Person« – metaphysische und alltägliche Wortverwendung

Im folgenden will ich meine Rede vom »Personismus« der Bioethik verteidigen. Das Wort »Person« sollte nicht vorschnell als *Terminus technicus* an Konzepte, die das Menschsein als belanglos für die Moral erachten, abgetreten werden. Ich frage nach der alltäglichen Verwendung von »Person«, die m.E. nicht dem Vorschlag einer Personenmoral entspricht und komme damit einer Forderung von Ludwig Wittgenstein nach: »Wenn die Philosophen ein Wort gebrauchen ... muß man sich immer fragen: Wird denn dieses Wort in der Sprache, in der es seine Heimat hat, je tatsächlich so gebraucht?« (*Philosophische Untersuchungen* I, § 116)

Jenny Teichman diagnostiziert im Anschluß an Wittgenstein eine »philosophische« im Unterschied zu einer alltäglichen Verwendung von »Person« und bestimmt das Verhältnis der entsprechenden Personbegriffe. Die zugrundeliegende Einsicht ist, daß die Suche nach dem philosophisch Interessanten uns nicht von der tatsächlichen Bedeutung eines Wortes oder seiner überkommenen Verwendung wegführen sollte. Wer Philosophie so versteht, beabsichtigt die Klärung begrifflicher Unschärfen und Verwirrungen, nicht die Einführung einer neuen Begrifflichkeit. Eine »philosophische« Terminologie wird zwar nicht immer vermeidbar sein, sie sollte aber stets im Dienst begrifflicher Analyse stehen und nicht um ihrer selbst willen betrieben werden. Theorien-Produktion ist nicht die Aufgabe der Philosophie.

Teichman geht von der Tatsache aus, daß wir das Wort »Person« im gewöhnlichen, unreflektierten Sprachgebrauch ungefähr so wie das Wort »Mensch« verwenden: »Wenn das Wort gelehrt und gelernt wird, wird es behandelt, als ob seine Extension identisch mit der von ›Mensch‹ sei – sogar als ob seine Intension identisch sei. ... Derjenige, der, ohne nachzudenken, annimmt, alle Personen seien Menschen und umgekehrt, hat ausreichend viel vom Personbegriff verstanden, um mit jedem Elfen oder Marsmenschen, dem er begegnen könnte, umzugehen« (*Wittgenstein*, S. 139).

Selbst Dieter Birnbacher, ein Vertreter der Personenmoral, gesteht zu, daß »der Personenbegriff auch ohne alle normativen oder evaluativen Komponenten gefaßt und dann in einem rein deskriptiven Sinne verstanden werden (kann). So wird der Begriff ja auch in der Alltagssprache verwendet: ›Wieviele Personen dürfen mit diesem Aufzug fahren?‹, ›Wieviele Personen haben den Unfall gesehen?‹« (S. 11)

Mit dem *Oxford English Dictionary* erkennt Teichman neben dem alltäglichen, »menschlichen« Sinn von »Person« (»An individual human being [man, woman or child]. ... Human being, as distinguished from thing or animal«) auch einen philosophischen Sinn von »Person« an: »a self-conscious or rational being«. Muß nun, so fragt Teichman, jedes Individuum, solange es lebt, Selbstbewußtsein und (oder) Vernunft manifestieren, wie bioethische Personismen annehmen? Oder genügt für den Personen-Status die *Zugehörigkeit zu einer durch Selbstbewußtsein und Rationalität ausgezeichneten Spezies*? Ein bewußtloser oder geistig behinderter Mensch wäre nicht (mehr) Person, sollten wir das Wort »Person« wie das Wort »Seiltänzer« verwenden: Nicht jeder Mensch kann auf einem Drahtseil in luftiger Höhe das Gleichgewicht halten, und verliert der Artist seine Fähigkeit dazu (z.B. durch Gleichgewichtsstörung oder Amputation), ist er zugleich kein Seiltänzer mehr.

Die Alternative – Personsein als Merkmal einer natürlichen Art – lautet: Das Wort »Person« wird in Abhängigkeit von einer Spezies, nicht von aktuellen Fähigkeiten eines Individuums ebendieser Spezies, verwendet. (Der Gebrauch von »Person« gleicht damit dem des Wortes »Säugetier«. Auch Stiere sind Säugetiere, obwohl nur – und nicht einmal alle – Kühe jemals ein Kalb säugen.) Anselm Müller spricht vom »Personsein als Lebensform«: Das Personsein durchdringt und prägt alle Bereiche des menschlichen Lebens in einer umfassenden Weise.

»Hierin ist das *Personsein* nicht mit der *Fähigkeit zu jonglieren* vergleichbar, sondern allenfalls mit einem ebenso *durchgängigen*

Zug wie etwa *Sexualität*. Auch diese tritt nicht zeitweilig auf, nur als Fähigkeit zu geschlechtlicher Fortpflanzung oder gar als sexuelle Betätigung, sondern betrifft das Leben eines Menschen *umfassend*: vom Anfang bis zum Ende, anatomisch und physiologisch, hormonell und emotional, ontogenetisch, individuell und sozial« (Müller, S. 186).

Alle Menschen sind demnach – unabhängig von den ihnen gegenwärtig zukommenden Eigenschaften und von ihren Leistungen – Personen. Ein Individuum ist, auch wenn es keine Zeichen von Rationalität oder Selbstbewußtsein aufweist, dennoch eine Person, sofern es einer rationalen Art angehört.

Für diese »speziesistische« Lesart im Gegensatz zu einer aktualistischen oder individualistischen Lesart der »philosophischen« Definition von »Person« spricht die Relevanz des alltäglichen Personbegriffs in Recht und Moral. Die Allgegenwart des Personseins in der menschlichen Lebensform zeigt sich gerade im Umgang mit bioethischen »Nicht-Personen«. Anenzephale Säuglinge, Senile, (hirntote und andere) Komatöse sind vom charakteristischen Umgang der Menschen miteinander nicht ausgeschlossen:

»Auch sie *betrachten und behandeln wir als unseresgleichen*: in unseren Erinnerungen *an sie*; in der Wahrnehmung ihrer Gesichtszüge und anderer verbliebener Lebensäußerungen; in Ehrfurcht, Mitgefühl und anderen emotionalen Reaktionen; in Sorge und Pflege; und schließlich im Beistand beim Nahen des Todes. Unsere Einstellung zu ihnen ist nicht die Einstellung zu einem niederen Lebewesen, sondern die Einstellung zu *einem der unseren*, dem etwas Wichtiges fehlt« (Müller, S. 186).

Das Leben von Hirntoten, Apallikern und Dementen ist also kein »Vegetieren«, wie es die Bezeichnungen »*persistent/permanent vegetative state*« und »*human vegetables*« unterstellen. Ihre Lebensäußerungen kennzeichnen gerade nicht einen paradigmatischen Vertreter einer nicht-menschlichen Spezies (etwa eines Spargels oder einer Muschel), dessen Lebensweise ein »Vegetieren« wäre: »Anders als einer Pflanze oder einem Tier, *fehlt diesen Menschen etwas*, da sie sich ihrer selbst, ihrer Zukunft usw. nicht bewußt sind. *Als* Personen sind sie schwer beeinträchtigt« (Müller, S. 187).

»Ich- und Zukunftsbewußtsein, Erinnerungs- und Reflexionsvermögen, zukunftsbezogene Wünsche, Freiheit der Wahl und Autonomie, die Fähigkeit zu Kommunikation und andere Ausprägungen der Rationalität« (S. 171) sind nicht, wie viele Bioethiker meinen, Kriterien des Personseins, sondern kennzeichnen Müller zufolge »die *Lebensform der Spezies Mensch*, die somit eine Spezies von Personen ist. Für die Unterscheidung zwischen menschlichen Personen und menschlichen Nicht-Personen ist in dieser Sicht kein Platz. ... Die menschliche Person ist es, die mit der Empfängnis zu existieren beginnt und mit dem Tod ihr Dasein beendet« (S. 187).

6.5 Die Menschlichkeit der Moral

Wer nur den »Personen« der Bioethik moralisches Gewicht zuerkennt, verstößt gegen Recht und Moral.

Cora Diamond betont den (oft nicht einmal erwähnten) personistischen *Verstoß gegen geltendes Recht*: »Philosophen, die fragen, ob es sinnvoll ist, Beschränkten und Geisteskranken Rechte zuzuschreiben, sollten zur Kenntnis nehmen, daß kein Zweifel besteht, daß diesen nach der US-amerikanischen Verfassung [ebenso wie nach dem deutschen Grundgesetz] Rechte, z.B. das Recht auf Eigentum, zukommen ... Es sollte zur Kenntnis genommen werden, daß es ein Verbrechen ist, eine irreversibel komatöse Frau zu vergewaltigen« (S. 52f.).

Der bioethische Abschied vom geltenden Recht ist aber auch ein Abschied von unserer »speziesistischen« Moral. Nicht nur vor dem Gesetz zählen auch unreife, behinderte, kranke und sterbende Menschen als Personen. Wir erkennen sie in der Weise, wie wir von ihnen reden, als Personen an: »Die geläufigste Bedeutung des Wortes ›Person‹ ist ›Mensch‹, und dies ist die Bedeutung, die moralisches Gewicht hat. Denn Moral existiert ... um der Menschen, nicht um einer philosophisch definierten Klasse von rationalen Substanzen willen. Jeder, der jemandem das *Personsein* absprechen will, der Mensch ist (z.B. einem Fremden oder Komatösen), verneint zwangsläufig auch die *Menschlichkeit*« (Teichman, *Wittgenstein*, S. 140).

Eine Moraltheorie, die meint, unsere Moral mit dem bioethischen Begriff der Person auslegen zu können, kann nicht erklären, warum uns die Vergewaltigung einer Geisteskranken als Angriff auf ihre Würde, als Beleidigung dieses Menschen und nicht nur als Korruption des Vergewaltigers mit Abscheu erfüllt: »Man besinne sich auf die Entrüstung, die wir angesichts der Vergewaltigung einer jungen Frau empfinden würden, der Sprache und Verständnis fehlen – der alles das fehlt, woran wir bei moralischer Persönlichkeit denken, und der die Fähigkeit zur autonomen Wahl fehlt, die zudem unfähig ist, das Ereignis erniedrigend und die Erinnerung schmerzhaft zu finden, wie es eine normale Frau tun würde. ... Für jeden Moraltheoretiker, der denkt, daß Eigenschaften wie Selbstbewußtsein und Autonomie für unser Verständnis dessen zentral sind, was eine Handlung zu einem Angriff auf einen Menschen, zu einer Verfehlung gegen diese Person macht, muß diese Vergewaltigung ein geringeres Verbrechen sein als die Vergewaltigung einer normalen Frau« (Diamond, S. 56).

Fundamente der Moral

Manchen Bioethiker wird nicht schrecken, daß nicht nur hirntote, sondern auch hirngeschädigte, ungeborene oder geisteskranke Menschen in seiner Moral keinen anderen (oder einen geringeren) Status haben als gesunde Menschenaffen oder intelligente Haustiere. Eine vernünftige Revision der Moral solle doch gerade absehen von »unseren vor-reflexiven Überzeugungen dazu, was in einzelnen Fällen richtig oder falsch ist« (James Rachels, S. 130). Solche moralischen »Intuitionen« (etwa bezüglich der Vergewaltigung einer Geisteskranken, der Kindstötung oder der Tötung durch Herzentnahme) seien »das Ergebnis von Vorurteil, Selbstliebe oder kultureller Konditionierung. Sie können Relikte diskreditierter religiöser oder metaphysischer Systeme sein. Die Prinzipien einer Moraltheorie, die an all unserer ›Intuition‹ festhält, wird bloß unsere Irrationalität bewahren« (Rachels, S. 133). Wie weit ist es her mit der von Rachels skizzierten »Rationalität« einer bioethisch revidierten und der »Irrationalität« unserer herkömmlichen Moral?

Die Bewertung einer Moraltheorie bemißt sich nicht nur nach internen Kriterien wie dem der Kohärenz (vgl. das Argument gegen eine Moralauffassung, die positive Pflichten höher als negative bewerten will, S. 125ff.), sondern auch an der Plausibilität ihrer Konsequenzen: »Eine Moraltheorie überzeugt nicht, wenn sie zu Forderungen oder Erlaubnissen führt, die paradigmatischen Ideen von Recht und Unrecht widerstreiten« (Müller, S. 180). Wenn aus der Personenmoral folgt, daß man Säuglinge ebenso wie Alzheimer-Patienten und Hirntote töten darf – es sei denn, ein gewichtiges Interesse von »Personen«, z.B. der Eltern oder Angehörigen, stehe dem entgegen –, ist es vernünftig, die Personenmoral abzulehnen. Denn deren Begründung ist uns weniger gewiß ist als das Verbot der Tötung von Säuglingen und anderen Nicht-»Personen«.

»Die kritische Besinnung auf *fraglose Paradigmen tatsächlichen Urteilens und Folgerns*« (Müller), die Rachels als bloße

»Intuitionen« diskreditiert, liefert also Prinzipien einer vernünftigen Bewertung von Moraltheorien. Eine Moraltheorie, die sich solche weithin geteilten »Vorurteile«, d.h. (durch Natur und Erziehung gestützte) spontane Reaktionen auf einzelne Fälle untersagte, würde sich zugleich die Basis moralischen Urteilens in Fällen entziehen, die eine moralische Reflexion fordern. Anne Maclean betont, daß Bioethiker ebenso wie diejenigen, deren Irrationalität sie betonen, abhängig von ihren Antworten auf bestimmte Fälle sind. Denn »niemand, der all seine Ansichten in Fragen von Leben und Tod beiseite läßt, könnte *irgend etwas* dazu sagen, was ein wertvolles Leben ausmacht« (S. 23).

Die Forderung nach einer rationalen Grundlegung der Moral jenseits von einem »natürlichen Sinn der Identifizierung mit anderen Menschen ... ungeachtet der Tatsache, wie glücklos sie sind« (Rachels), verkennt die Struktur von tatsächlichen Begründungen: »Die Begründung ... kommt zu einem Ende; – das Ende aber ist nicht, daß uns gewisse Sätze unmittelbar als wahr einleuchten, also eine Art *Sehen* unsrerseits, sondern unser *Handeln*, welches am Grunde des Sprachspiels liegt« (Wittgenstein, *Über Gewißheit*, § 204).

Das Sprachspiel der Begründung wurzelt – darauf macht Wittgenstein in der zitierten Bemerkung aufmerksam – gerade in den »Intuitionen«, besser: Einstellungen, die Rachels um seiner »Rationalität« willen aufgeben will. Moralische Einstellungen zeigen sich *in unserem Verhalten*: »Wir sind nicht der *Meinung*, ... daß es im allgemeinen falsch ist, Säuglinge zu töten. Unser entsprechendes Denken – unsere ›Wertschätzung ihres Lebens‹ – ist eine Sache dessen, was wir *wie selbstverständlich und fraglos tun*« (Maclean, S. 36).

Fraglose moralische Urteile gründen in primitivem Verhalten im Sinne Wittgensteins. Die Kennzeichnung als »primitiv« meint keinen Defekt solchen Verhaltens, sondern, »daß die Verhaltungsweise *vorsprachlich* ist: daß ein Sprachspiel *auf ihr* beruht, daß sie das Prototyp einer Denkweise ist und nicht das Ergebnis des Denkens« (*Zettel*, § 541). Solcherart *primitives Verhalten* ist selbst keiner Begründung zugänglich; Gründe gibt es erst in einem Sprachspiel, das »nur ein Hilfsmittel und weiterer Ausbau« (Wittgenstein) primitiven Benehmens ist.

Die Achtung vor dem lebenden Menschen ist eine der »vielen natürlichen Arten des Verhaltens zu den andern Menschen« wie Wittgenstein sagt (er scheut sich nicht, auch den Begriff des Instinkts auf unsere Spezies und ihre typischen Verhaltensweisen anzuwenden): »Menschen wertzuschätzen, heißt nicht, *Gründe* zu haben, sie auf bestimmte und nicht auf andere Weise zu behandeln; Wertschätzung *besteht* einfach *darin*, sie auf bestimmte und nicht auf andere Weisen zu behandeln« (Maclean, S. 136).

Menschenmoral

Wer gegen »Eindrücke und spontane Reaktionen« – die dann oft »äußerer Schein oder subjektives Gefühl« heißen – bereit ist, den Hirntoten (und nicht nur ihn) wie ein Bündel vitaler Organe zu behandeln, ihm also (wenn nicht gleich das Leben, so immerhin) das Lebensrecht abzusprechen, trägt die Beweislast für die Rationalität seiner »nicht-natürlichen« Auffassung. *Menschliche Vernunft*, so betont Maclean, kann der menschlichen Natur – der Art und Weise, wie wir natürlicherweise fühlen, denken und handeln – nicht fremd sein, ihr nicht widersprechen.

Den Beweis für die Richtigkeit der Hirntodtheorie wie der personistischen Moral *kann* nicht antreten, wer die fundamentale Bedeutung primitiver, vor-rationaler Reaktionen und Einstellungen leugnet: »Unsere *Einstellungen*, die unserer Rationalität vorausliegen und nicht von ihr gestützt werden, sind grundlegend für unser Verstehen. Wir sehen Dinge in dieser und nicht in jener Weise; dies ist der Grund für unseren moralischen Widerwillen«, der sich angesichts der Tötung Hirntoter durch Organentnahme einstellt (Evans, *Plea*, S. 230).

Eine Auffassung, die tatsächliche Maßstäbe moralischen Urteilens geringschätzt, formuliert z.B. Johann Ach im Kontext der Diskussion von Xenotransplantationen, d.h. der therapeutischen Übertragung von Tierorganen auf Menschen. Ach betont zurecht: »Moralische Empörung allein ersetzt keine Argumente« (S. 312). Er verlangt aber zuviel, wenn er die *durchgängige* Begründung moralischer Einstellungen fordert: »Moralische Intuitionen haben eine wichtige Funktion im moralischen Denken. Aber sie sind nicht selbstverständlich. Sie müssen vielmehr mit Argumenten als begründet ausgewiesen werden« (S. 293). Die Folgen des überzogenen Begründungsanspruchs offenbaren sich in Achs Anfragen an eine (zukünftige) Praxis der Xenotransplantation: »Warum nicht … eine menschliche Niere auf einen Pavian übertragen, dem anders nicht zu helfen ist?« (S. 311) Also: Warum dem Kind eher eine Pavian-Niere einpflanzen als umgekehrt? Ist das nicht bloß der ungerechtfertigte Ausdruck »einer prinzipiellen speziesistischen Zurückstellung tierlicher hinter menschliche Interessen« (Ach, S. 311)? Die Rationalität einer solchen intuitionskritischen Moraltheorie mag irregeleiteten Tierschützern gefallen, kann aber kaum als *vernünftiger Ausbau* unserer Moral, auch nicht als ein *angemessenes Verständnis* ihres Funktionierens verstanden werden.

Nun sind die moralischen Einstellungen, von denen ich spreche, nicht bioethischen »Personen« vorbehalten, sondern gelten allen Menschen – auch kranken, wehrlosen, behinderten und sterbenden. Wir freuen uns z.b. über die Geburt eines Kindes (keine »Person«), verabscheuen die Vergewaltigung einer Geisteskranken (keine »Person«), bemitleiden den Senilen (keine »Person«), sprechen Hirntote (keine »Personen«) an und pflegen sie usw. Unsere Moral ist durch und durch menschlich: eine Einrichtung von Menschen – wir kennen keine Spezies außer der unseren, die ihr Verhalten auch nach moralischen Maßstäben ausrichtete; sie ist gegründet auf besonderen Einstellungen, die Menschen miteinander auf andere Weise verbinden als mit der übrigen belebten Natur; und Moral ist verknüpft mit anderen Einrichtungen menschlicher Gesellschaften wie Familie, Recht und Sitte. Wer die so verstandene Menschlichkeit unserer Moral als »Speziesismus« abtut, plädiert nicht für die vernünftige Reform, sondern für den *Abschied* von der Moral.

Nicht den Tod verabschieden

Die Hirntodtheorie gefährdet die Achtung vor dem lebenden Menschen, indem sie den Lebensbegriff gegen »emotionale« Widerstände verfügbar macht. Die neue Verfügbarkeit der für unser Zusammenleben so fundamentalen Begriffe wie »Leben« und »Tod« macht sich *eine bioethisch verkürzte Rationalität* zunutze, die für eine exklusive Moraltheorie von »Personen« wirbt.

Die Besinnung auf die Grenzen der Hirntodtheorie verhindert, daß wir Menschen aus der Moral ausgrenzen, die den *numerus clausus* des bioethischen Rationalismus nicht bestehen. Die Verteidigung des überkommenen Todesbegriffs hält die *Menschlichkeit unserer Moral* fest und eröffnet Chancen des Umgangs mit Schwachen und Kranken jenseits von Machbarkeitswahn und Begehrlichkeiten aller Art. Wenn wir uns auf die *Endlichkeit unserer Natur und unseres Könnens* besinnen, werden wir der Selbsttäuschung durch das medizinisch Mögliche widerstehen können: Die Therapie kann Leben erleichtern und unter Umständen verlängern, es aber nicht gegen das Sterben oder gar den Tod immunisieren.

Öffnen wir uns aber der Motivation, im Interesse von Heilung und Aussicht auf Lebensverlängerung Menschen für tot zu erklären bzw. aus dem Schutzbereich des Tötungsverbots auszugrenzen, dann steht damit ein Stück *unserer Menschlichkeit* in Frage. Wie wollen wir uns – auch in Krankheit oder Sterben – verstehen? Mit der Umdefinierung des Todes jedenfalls entfernen wir uns von *Selbstverständlichkeiten* der Tradition, die unser *Selbstverständnis* bestimmen.

Die Hirntodtheorie läuft auf den *Versuch* hinaus, *Tod und Sterben zu verabschieden.* Das wäre aber der Abschied von einem wesentlichen Aspekt dessen, was wir als Menschen sind. Ähnliches gilt von Vorschlägen zu einer »Ethik der Organverpflanzung«, denen zufolge Tötung durch Organentnahme (bei Hirninfarkt-Patienten) erlaubt sein soll: Schmidt-Jortzig, Höfling u.a. geben die geläufige Bedeutung des Wortes »töten« preis. Mit der *Manipulation des begrifflichen Zusammenhangs von menschlichem Leben und Tötungsverbot* setzen sie zugleich ein wesentliches Moment unserer Menschlichkeit aufs Spiel.

Wer Hirntodtheorie und »Organspende-Euthanasie« ablehnt, wahrt die dem Menschen eigene und ihm angemessene Möglichkeit, den *Abschied vom Leben* nicht erst in Krankheit und Todesnot einzuüben. Meine Ausführungen haben Hindernisse für einen gelingenden Umgang mit dem Wissen um den Tod, das dem Menschen eigen ist, ausgeräumt. Erst wenn wir die Ansprüche der Hirntodtheorie zurückweisen, wird der Blick frei auf *die Grenzen des menschlichen Lebens und die Grenzen unseres Könnens,* die eine »menschenfreundliche Medizin« (Andrea Fischer) nicht ausblenden darf.

Die Moralphilosophie fragt nach den *Gestalten eines guten Lebens,* dessen Glück nicht durch Sterben und Tod entwertet wird. In der Auseinandersetzung mit der Hirntodtheorie habe ich für die Menschlichkeit der Medizin geworben und die aufrichtige Konfrontation mit dem Tod eingefordert. Ohne die Desillusionierung von Heilserwartungen an die moderne Medizin wird es nicht gelingen, das gute Leben.

Lese-Hinweise

Zur Erläuterung des Lebensbegriffs greife ich zurück auf: M. Thompson, »The Representation of Life« (in: *Virtues and Reasons,* hrsg. von R. Hursthouse u.a., Oxford 1995); L. Wittgenstein (*Zettel,* vgl. S. 45; *Philosophische Untersuchungen* und *Bemerkungen über die Philosophie der Psychologie,* vgl. S. 168); P. Winch, »»Eine Einstellung zur Seele«« (in: *Proceedings of the Aristotelian Society* 81, 1980/81) – dort findet sich das Zitat von

S. Weil (dt.: S. Weil, »Ilias: Dichtung der Gewalt«, in: *Merkur* 5, 1951); M. Evans, »A Plea for the Heart« (in: *Bioethics* 4, 1990); ders. »Against Brainstem Death« (in: *Principles of Health Care Ethics*, hrsg. von R. Gillon, Chichester 1994).

Vom »emotionalen Paradox« der Hirntodtheorie spricht D. Birnbacher, »Fünf Bedingungen für ein akzeptables Todeskriterium« (in: *Hirntod und Organverpflanzung*, vgl. S. 44) – was gemeint ist, zeigen die Beiträge zu *Ich pflege Tote* (vgl. S. 76) und der Aufsatz von R. Rotondo (vgl. S. 76).

Meine Ausführungen zum Begriffsverstehen orientieren sich an: M. Dummett, *Frege: The Philosophy of Language* (London 1973); R. T. Brandom, *Making It Explicit* (Cambridge, London 1994; dt.: *Expressive Vernunft*, Frankfurt am Main 2000); ders., *Articulating Reasons* (London, Cambridge 2000).

Teilhirntodtheorien vertreten: R. M. Veatch (vgl. S. 132); H. T. Engelhardt, »Defining Death« (in: *American Review of Respiratory Disease* 112, 1975); die Beiträger zu *Death: Beyond Whole-Brain Criteria* (vgl. S. 168) – dazu gehören z.B. R. Puccetti, E. T. Bartlett/S. J. Youngner, R. M. Veatch; M. Kurthen/D. B. Linke, »Vom Hirntod zum Teilhirntod« (in: *Wann ist der Mensch tot?*, vgl. S. 44).

Bei der Diskussion um Speziesismus und Personenmoral habe ich folgende Titel berücksichtigt: C. Diamond, »The Importance of Being Human« (in: *Human Beings*, hrsg. von D. Cockburn, Cambridge 1991); T. Chappell, »In Defence of Speciesism« (in: *Human Lives*, hrsg. von D. S. Oderberg und J. A. Laing, Basingstoke 1997); M. Tooley, »Decisions to Terminate Life and the Concept of Person« (in: *Ethical Issues Relating to Life and Death*, hrsg. von J. Ladd, New York, Oxford 1979); J. Rachels, *The End of Life* (Oxford 1986); H. T. Engelhardt, *The Foundations of Bioethics*, New York, Oxford [2]1996; D. Birnbacher, »Das Dilemma des Personenbegriffs« (in: *Personsein aus bioethischer Sicht*, hrsg. von P. Strasser und E. Starz, Stuttgart 1997); J. S. Ach, »Ersatzteillager Tier« (in: *Hirntod und Organverpflanzung*, vgl. S. 44; J. Teichman, »Wittgenstein on Persons and Human Beings« (in: *Understanding Wittgenstein*, hrsg. von G. Vesey, New York 1974); dies., »The Definition of Person« (in: *Philosophy* 60, 1985); A. Maclean, *The Elimination of Morality* (London, New York 1993); Kapitel 7 von A. W. Müller, *Tötung auf Verlangen* (vgl. S. 132). A. Maclean und A. W. Müller greifen zur Klärung der Struktur moralischen Begründens auf L. Wittgensteins *Über Gewißheit* (Werkausgabe, Bd. 8, Frankfurt am Main [6]1994) zurück.

THEMA: ETHIK

Johannes Fischer

HANDLUNGSFELDER ANGEWANDTER ETHIK

Eine theologische Orientierung
1998. 240 Seiten. Kart. DM 39,80
ISBN 3-17-014784-6

Die Vermittlung theologischer
Orientierung mit den immer kom-
plexer werdenden Fragestellungen
angewandter Ethik ist zur ständigen
Herausforderung geworden. Dieses
Buch stellt sich dieser Herausforderung auf verschiedenen Feldern
angewandter Ethik, u.a. der Wirt-
schaftsethik, der Medizinethik, der
Rechtsethik, der ökologischen Ethik.

Dabei ist das Verhältnis von Theologie und allen anderen Wissen-
schaftsbereichen mit zu bedenken.
Angestrebt wird eine einheitliche
Konzeption theologischer Ethik, die
am Begriff des Lebens orientiert ist
und für die der Anspruch erhoben
wird, daß sie auch über Theologie
und Kirche hinaus verständlich und
in ihrer Geltung einsichtig zu
machen ist.

Alberto Bondolfi
Stefan Grotefeld (Hrsg.)

ETHIK UND GESETZGEBUNG

Probleme – Lösungsversuche –
Konzepte
2000. 192 Seiten. Kart. DM 48,90
ISBN 3-17-016615-8

Immer mehr wird in Gesetzgebungs-
prozessen auf „Ethik" Bezug genommen. Was gemeint ist, wenn man
sich auf „Ethik" beruft und welche
Implikationen damit verbunden
sind, ist Gegenstand dieses Sammelbandes, dessen Beiträge sich im
Grenzbereich zwischen philosophischer und theologischer Ethik und
Rechtswissenschaft bewegen.

Untersucht wird insbesondere,
inwiefern diese Entwicklung ein
neues Licht auf die klassische
Debatte über das Verhältnis von
Ethik und Recht wirft und ob in
Gesetzgebungsverfahren auf religiö-
se Überzeugungen Bezug genommen werden darf. Anhand der neue-
ren Entwicklung im Strafrecht sowie
Fragen der rechtlichen Regulierung
von Pornographie und Euthanasie
wird die Problematik schließlich
exemplarisch konkretisiert.

Kohlhammer

W. Kohlhammer GmbH · 70549 Stuttgart